그리스도인의 바른 신앙
CHRISTIAN HANDBOOK
(성경 핵심 교리)

최 성 균

성 결 사

추 천 사

할렐루야!

예수교대한성결교회의 총회장을 지내신 존경하는 최성균 목사님께서 쓰신 '그리스도인의 바른 신앙'(성경 핵심 교리)을 읽으면서 감동을 받았습니다.

이 책을 펼쳐보니 두껍지 않고 얇지만 우리 목회자들과 성도들이 꼭 알아야 할 성경의 진리들을 한 눈에 찾아볼 수 있도록 일목요연하게 정리하여 출판하게 된 것을 기뻐하며 진심으로 축하드립니다.

특히 다른 신학서적에서는 쉽게 찾아볼 수 없는 '성결의 교리'와 '영화의 교리'는 이 책에서만 볼 수 있는 고유의 보물이라고 생각합니다.

각 주제마다 거기에 맞는 성경구절까지 적절하게 제시하였기에 설교자들이 곁에 두고 필요할 때마다 쉽게 찾아볼 수 있어서 더욱 유익할 것으로 판단됩니다.

이 책을 성경책 옆에 두고 바른 신학적 지식과 함께 영적으로 풍성함을 누리는 기회가 주어지시길 기원합니다.

2023년 10월 20일

예수교대한성결교회 총회장 조일구 목사

머 리 말

하나님의 부르심을 받아 예수 그리스도의 복음의 일꾼으로 사역하면서 알기 쉽고도 분명한 성경 교리의 필요성을 절감해 오던 중 1981년 8월 15일 생명줄을 통해 첫 출판 후 42년 만에 보완하여 성결사에서 2차 출판하게 되었습니다.

이 책을 통해서 보다 많은 분들이 하나님의 생명의 말씀인 성경과 친숙해지리라 믿으며, 하나님의 사랑과 은혜 안에서 믿음으로 약속된 구원의 기쁨과 승리의 생활과 하나님 나라에 대한 소망이 넘치게 될 줄로 믿습니다.

이 책이 출판되기까지 조언과 협력을 아끼지 아니한 평생 동반자 이혜원과 타이핑을 해준 강호경 목사님, 추천사를 써주신 총회장 조일구 목사님, 출판에 힘써주신 장종용 목사님, 황성연 장로님께 감사를 드립니다.

뒤에 수록된 문헌들의 도움으로 이 책이 나오게 되었습니다.

참조 성구들은 개역 한글판으로부터 인용되었습니다.

그리스도인들에게 기도를 부탁드리며 모든 영광을 하나님께 돌립니다

2023년 10월 25일

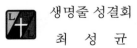

생명줄 성결회

최 성 균

목차

제1장 신앙의 근거

1. 하나님의 계시

하나님의 계시(Revelation)란 하나님께서 인간에게 주시는 진리의 초자연적인 전달을 의미한다(계 1:1).

초자연적이란 자연과 이성의 빛을 초월한 현상을 가리킨 말이다.

(계 1:1) 예수 그리스도의 계시라 이는 하나님이 그에게 주사 반드시 속히 될 일을 그 종들에게 보이시려고 그 천사를 그 종 요한에게 보내어 지시하신 것이라

(고전 1:21) 하나님의 지혜에 있어서는 이 세상이 자기 지혜로 하나님을 알지 못하는 고로 하나님께서 전도의 미련한 것으로 믿는 자들을 구원하시기를 기뻐하셨도다

무한하신 지혜와 능력과 선이신 **하나님**을 믿는 모든 자들은 **하나님**께서 기뻐하시는 방법으로 인간들에게 자신을 나타내신다는 가능성을 받아들여야만 하는데, 인간들을 납득시키고 확신시켜 주기 위한 그와 같은 전달은 **하나님**께로부터 온 것이다.

소크라테스(Socrates)와 같이 매우 지혜로운 철학자들도 **계시**에 대한 희망을 피력했다면 보다 평범한 사람들에게야 얼마나 더 **계시**가 필요하겠는가!

(골 1:26-27) 이 비밀은 만세와 만대로부터 옴으로 감취었던 것인데 이제는

그의 성도들에게 나타났고, 하나님이 그들로 하여금 이 비밀의 영광이 이방인 가운데 어떻게 풍성한 것을 알게 하려 하심이라 이 비밀은 너희 안에 계신 그리스도시니 곧 영광의 소망이니라

인간의 마음에는 종교적 진리인 **계시**의 책에 대한 억제할 수 없는 자연적인 소원이 있다. 이교주의의 형태들도 대부분 책을 통해 자신들을 나타내고 있는 것이다.

1) 필요성

하나님의 계시의 필요성은 여러 가지로 말할 수 있다.

① 인간의 의견들은 각각 다르며 모순이 있기 때문에 바른 행동의 규칙이나 생활의 길잡이로 삼기에는 충분치 못함으로 **하나님의 계시**가 필요하다.

② 인간의 이성(판단)은 불충분하기 때문이다.

이성을 따라 살았다고 고백한 사람들 중에 어떤 이는 참 **하나님**을 섬기기도 했고, 어떤 이는 **하나님**께서 이루어 놓으신 일을 섬겼고, 어떤 이들은 자신의 일을 숭배했으며, 어떤 이는 전혀 **하나님** 없이 살았기 때문이다.

모든 사람들은 **자연**이란 동일한 책을 보아왔고, 도덕적 규칙들을 마련할 만한 능력을 소유하고 있지만 그들의 실제 생활에는 큰 차이가 있었다.

찬란한 문화와 문명 속에서도 엄청난 도덕적 타락이 있었던 것을

보아 그렇게 말할 수 있다(행 17:18-23, 롬 1:18-23).

(행 17:18-23) 어떤 에비구레오와 스도이고 철학자들도 바울과 쟁론할새 혹은 이르되 이 말쟁이가 무슨 말을 하고자 하느뇨 하고 혹은 이르되 이방 신들을 전하는 사람인가보다 하니 이는 바울이 예수와 또 몸의 부활 전함을 인함이러라. 붙들어 가지고 아레오바고로 가며 말하기를 우리가 너의 말하는 이새 교가 무엇인지 알 수 있겠느냐. 네가 무슨 이상한 것을 우리 귀에 들려 주니 그 무슨 뜻인지 알고자 하노라 하니. 모든 아덴 사람과 거기서 나그네 된 외국인들이 가장 새로 되는 것을 말하고 듣는 이 외에 달리는 시간을 쓰지 않음이더라. 바울이 아레오바고 가운데 서서 말하되 아덴 사람들아 너희를 보니 범사에 종교성이 많도다. 내가 두루 다니며 너희의 위하는 것들을 보다가 알지 못하는 신에게라고 새긴 단도 보았으니 그런즉 너희가 알지 못하고 위하는 그것을 내가 너희에게 알게 하리라.

(롬 1:18-23) 하나님의 진노가 불의로 진리를 막는 사람들의 모든 경건치 않음과 불의에 대하여 하늘로 좇아 나타나나니. 이는 하나님을 알 만한 것이 저희 속에 보임이라 하나님께서 이를 저희에게 보이셨느니라. 창세로부터 그의 보이지 아니하는 것들 곧 그의 영원하신 능력과 신성이 그 만드신 만물에 분명히 보여 알게 되나니 그러므로 저희가 핑계치 못할지니라. 하나님을 알되 하나님으로 영화롭게도 아니하며 감사치도 아니하고 오히려 그 생각이 허망하여지며 미련한 마음이 어두워졌나니. 스스로 지혜 있다 하나 우준하게 되어. 썩어지지 아니하는 하나님의 영광을 썩어질 사람과 금수와 버러지 형상의 우상으로 바꾸었느니라.

③ 덕스러운 생활과 경건한 생활을 위해서 적절한 동기를 부여할 수 있는 **계시**가 필요한 것이다.

④ 모든 덕의 최고이신 **하나님**의 도덕적인 성품은 물질세계(자연)를 통해서 충분히 알려질 수 없으므로 **계시**가 필요하다.

⑤ 고대 이교주의자들의 도덕적인 상태가 **하나님의 계시**의 필요성을 잘 말해주고 있다(롬 1:21-31, 3:9-18, 고전 6:9,10, 엡 2:2,3).

(롬 1:21-31) 하나님을 알되 하나님으로 영화롭게도 아니하며 감사치도 아니하고 오히려 그 생각이 허망하여지며 미련한 마음이 어두워졌나니. 스스로 지혜 있다 하나 우준하게 되어, 썩어지지 아니하는 하나님의 영광을 썩어질 사람과 금수와 버러지 형상의 우상으로 바꾸었느니라. 그러므로 하나님께서 저희를 마음의 정욕대로 더러움에 내어 버려 두사 저희 몸을 서로 욕되게 하셨으니, 이는 저희가 하나님의 진리를 거짓 것으로 바꾸어 피조물을 조물주보다 더 경배하고 섬김이라 주는 곧 영원히 찬송할 이시로다 아멘. 이를 인하여 하나님께서 저희를 부끄러운 욕심에 내어 버려 두셨으니 곧 저희 여인들도 순리대로 쓸 것을 바꾸어 역리로 쓰며. 이와 같이 남자들도 순리대로 여인 쓰기를 버리고 서로 향하여 음욕이 불일듯 하매 남자가 남자로 더불어 부끄러운 일을 행하여 저희의 그릇됨에 상당한 보응을 그 자신에 받았느니라. 또한 저희가 마음에 하나님 두기를 싫어하매 하나님께서 저희를 그 상실한 마음대로 내어 버려 두사 합당치 못한 일을 하게 하셨으니, 곧 모든 불의, 추악, 탐욕, 악의가 가득한 자요 시기, 살인, 분쟁, 사기, 악독이 가득한 자요 수군수군하는 자요. 비방하는 자요 하나님의 미워하시는 자요 능욕하는 자요 교만한 자요

자랑하는 자요 악을 도모하는 자요 부모를 거역하는 자요, 우매한 자요 배약하는 자요 무정한 자요 무자비한 자라.

(롬 3:9-18) 그러면 어떠하뇨 우리는 나으뇨 결코 아니라 유대인이나 헬라인이나 다 죄 아래 있다고 우리가 이미 선언하였느니라. 기록한 바 의인은 없나니 하나도 없으며, 깨닫는 자도 없고 하나님을 찾는자도 없고, 다 치우쳐 한가지로 무익하게 되고 선을 행하는 자는 없나니 하나도 없도다. 저희 목구멍은 열린 무덤이요 그 혀로는 속임을 베풀며 그 입술에는 독사의 독이 있고, 그 입에는 저주와 악독이 가득하고, 그 발은 피 흘리는 데 빠른지라. 파멸과 고생이 그 길에 있어. 평강의 길을 알지 못하였고, 저희 눈 앞에 하나님을 두려워함이 없느니라 함과 같으니라.

(고전 6:9,10) 불의한 자가 하나님의 나라를 유업으로 받지 못할 줄을 알지 못하느냐 미혹을 받지 말라 음란하는 자나 우상 숭배하는 자나 간음하는 자나 탐색하는 자나 남색하는 자나. 도적이나 탐람하는 자나 술 취하는 자나 후욕하는 자나 토색하는 자들은 하나님의 나라를 유업으로 받지 못하리라.

(엡 2:2,3) 그 때에 너희가 그 가운데서 행하여 이 세상 풍속을 좇고 공중의 권세 잡은 자를 따랐으니 곧 지금 불순종의 아들들 가운데서 역사하는 영이라. 전에는 우리도 다 그 가운데서 우리 육체의 욕심을 따라 지내며 육체와 마음의 원하는 것을 하여 다른 이들과 같이 본질상 진노의 자녀이었더니.

소크라테스(Socrates)는 도덕을 그의 철학의 제목으로만 삼았던 것이다. 그는 점치는 일을 권했으며 자신은 음란에 빠졌던 것이다.

플라토(Plato)는 **소크라테스**의 수제자로 거짓말하는 것은 존경할만하다고 가르쳤다.

뛰어난 이교도의 표본으로 알려진 **세네카**(Seneca)는 음란에 곁눈질했고 자살을 칭찬했으며 드디어 자살했다.

덕의 완전한 모델이라고 격찬 받은 **카토**(Cato)는 매춘죄에 빠졌고 술주정뱅이였으며 스스로 목숨을 끊었다.

현대의 이교도들의 도덕적 상태가 또한 **계시**의 필요성을 더욱 알게 하고 있다.

성경은 **그리스도인**들을 이교도들과 다르게 만들었다. **성경**이 없다면 우리도 머지않아 무식하고, 불결하며, 잔인스러운 미신에 빠지게 될 것이다(시 19:7-11, 119:9, 잠 6:20-23).

(시 19:7-11) 여호와의 율법은 완전하여 영혼을 소성케 하고 여호와의 증거는 확실하여 우둔한 자로 지혜롭게 하며, 여호와의 교훈은 정직하여 마음을 기쁘게 하고 여호와의 계명은 순결하여 눈을 밝게 하도다. 여호와를 경외하는 도는 정결하여 영원까지 이르고 여호와의 규례는 확실하여 다 의로우니, 금 곧 많은 정금보다 더 사모할 것이며 꿀과 송이꿀보다 더 달도다. 또 주의 종이 이로 경계를 받고 이를 지킴으로 상이 크니이다.

(시 119:9) 청년이 무엇으로 그 행실을 깨끗케 하리이까 주의 말씀을 따라 삼갈 것이니이다

(잠 6:20-23) 내 아들아 네 아비의 명령을 지키며 네 어미의 법을 떠나지 말고, 그것을 항상 네 마음에 새기며 네 목에 매라. 그것이 너의 다닐 때에 너를 인도하며 너의 잘 때에 너를 보호하며 너의 깰 때에 너로 더불어 말하리니, 대저 명령은 등불이요 법은 빛이요 훈계의 책망은 곧 생명의 길이라

(행 18:28) 이는 성경으로써 예수는 그리스도라고 증거하여 공중 앞에서 유력하게 유대인의 말을 이김일러라

2) 구두 계시와 기록된 계시

구두 계시란 한 세대에서 다른 세대로 진리가 입을 통해 전달된 계시를 말한다.

장수했던 족장들에게 주어진 **계시**가 **구두 계시**인데, 이 최초의 진리들이 **모세**에게까지 전달되었으며, **하나님**의 지시로 **시내산**에 있을 때에 책으로 쓰게 되었고, 그것을 **오경**이라 부르게 된 것이다.

오경의 주요 사실들은 세상의 창조, 인간의 창조, 최초의 행복, **아담**의 타락, **구주**의 약속, 대 홍수, 소수의 보존, **바벨탑**, **아브라함**을 부르심, **애굽**에서의 **이스라엘**의 속박, 출애굽, 율법을 주신 일들이다.

모세는 **아브라함**의 동시대의 사람들과 살았고, **아브라함**은 **노아**의 동시대 사람들과 살았으며, **노아**는 **아담**의 동시대 사람들과 살았던 것이다.

3) 순수성과 진실성

순수한 책이란 그 책이 밝히고 있는 기자에 의해서 기록된 책을 말한다. 우리 앞에 **성경**이 있다. 누군가에 의해서 쓰여진 것이다. 그 책이 말하고 있는 사람에 의해서 기록된 것이 아니라면 누가 기록했는지 알아내는 일은 어려울 수밖에 없다.

악한 자를 정죄한 **성경**을 악한 사람이 썼다고는 할 수 없을 것이다.

(욥 20:4-7) 네가 알지 못하느냐 예로부터 사람이 이 세상에 있어 옴으로, 악인의 이기는 자랑도 잠시요 사곡한 자의 즐거움도 잠깐이니라. 그 높기가 하늘에 닿고 그 머리가 구름에 미칠지라도, 자기의 똥처럼 영원히 망할 것이라 그를 본 자가 이르기를 그가 어디 있느냐 하리라.

(시 7:11) 하나님은 의로우신 재판장이심이여 매일 분노하시는 하나님이시로다

(시 9:17) 악인이 음부로 돌아감이여 하나님을 잊어버린 모든 열방이 그리하리로다

(시 11:5-6) 여호와는 의인을 감찰하시고 악인과 강포함을 좋아하는 자를 마음에 미워하시도다. 악인에게 그물을 내려치시리니 불과 유황과 태우는 바람이 저희 잔의 소득이 되리로다.

(시 50:16-22) 악인에게는 하나님이 이르시되 네가 어찌 내 율례를 전하며 내 언약을 네 입에 두느냐. 네가 교훈을 미워하고 내 말을 네 뒤로 던지며, 도적을 본즉 연합하고 간음하는 자와 동류가 되며, 네 입을 악에게 주고 네 혀로 궤사를 지으며, 앉아서 네 형제를 공박하며 네 어미의 아들을 비방하는도다.네가 이 일을 행하여도 내가 잠잠하였더니 네가 나를 너와 같은 줄로 생각하였도다 그러나 내가 너를 책망하여 네 죄를 네 목전에 차례로 베풀리라 하시는도다. 하나님을 잊어버린 너희여 이제 이를 생각하라 그렇지 않으면 내가 너희를 찢으리니 건질 자 없으리라.

(사 57:20-21) 오직 악인은 능히 안정치 못하고 그 물이 진흙과 더러운 것을 늘 솟쳐내는 요동하는 바다와 같으니라. 내 하나님의 말씀에 악인에게는 평강이 없다 하셨느니라.

(빌 3:19) 저희의 마침은 멸망이요 저희의 신은 배요 그 영광은 저희의 부끄러움에 있고 땅의 일을 생각하는 자라

(살후 1:8,9) 하나님을 모르는 자들과 우리 주 예수의 복음을 복종치 않는 자들에게 형벌을 주시리니, 이런 자들이 주의 얼굴과 그의 힘의 영광을 떠나 영원한 멸망의 형벌을 받으리로다.

(벧후 2:1-19) 그러나 민간에 또한 거짓 선지자들이 일어났었나니 이와 같이 너희 중에도 거짓 선생들이 있으리라 저희는 멸망케 할 이단을 가만히 끌어들여 자기들을 사신 주를 부인하고 임박한 멸망을 스스로 취하는 자들이라. 여럿이 저희 호색하는 것을 좇으리니 이로 인하여 진리의 도가 훼방을 받을 것이요. 저희가 탐심을 인하여 지은 말을 가지고 너희로 이를 삼으니 저희 심판은 옛적부터 지체하지 아니하며 저희 멸망은 자지 아니하느니라. 하나님이 범죄한 천사들을 용서치 아니하시고 지옥에 던져 어두운 구덩이에 두어 심판 때까지 지키게 하셨으며, 옛 세상을 용서치 아니하시고 오직 의를 전파하는 노아와 그 일곱 식구를 보존하시고 경건치 아니한 자들의 세상에 홍수를 내리셨으며, 소돔과 고모라 성을 멸망하기로 정하여 재가 되게 하사 후세에 경건치 아니할 자들에게 본을 삼으셨으며, 무법한 자의 음란한 행실을 인하여 고통하는 의로운 롯을 건지셨으니, (이 의인이 저희 중에 거하여 날마다 저 불법한 행실을 보고 들음으로 그 의로운 심령을 상하니라). 주께서 경건한 자는 시험에서 건지시고 불의한 자는 형벌 아래 두어 심판 날까지 지키시며, 육체를 따라 더러운 정욕 가운데서 행하며 주관하는 이를 멸시하는 자들에게 특별히 형벌하실 줄을 아시느니라 이들은 담대하고 고집하여 떨지 않고 영광 있는 자를 훼방하거니와, 더 큰 힘과 능력을 가진 천사들이라도 주 앞에서 저희를 거스려 훼방하는 송사를 하지 아니하느니라. 그러나 이 사람들은 본래 잡혀 죽기 위하여 난 이성 없는 짐승 같아서 그 알지 못한 것을 훼방하고 저희 멸망 가운데서 멸망을 당하며, 불의의 값으로 불의를 당하며 낮에 연락을 기쁘게 여기는 자들이니 점과 흠이라 너희와 함께 연회할 때에 저희 간사한 가운데 연락하며, 음심이 가득한 눈을 가지고 범죄하기를 쉬지 아니하고 굳세지 못한 영혼들을 유혹하며 탐욕에 연단된 마음을 가진 자들이니 저주의

자식이라. 저희가 바른 길을 떠나 미혹하여 브올의 아들 발람의 길을 좇는도 다 그는 불의의 삯을 사랑하다가, 자기의 불법을 인하여 책망을 받되 말 못하는 나귀가 사람의 소리로 말하여 이 선지자의 미친 것을 금지하였느니라. 이 사람들은 물 없는 샘이요 광풍에 밀려가는 안개니 저희를 위하여 캄캄한 어두움이 예비되어 있나니. 저희가 허탄한 자랑의 말을 토하여 미혹한 데 행하는 사람들에게서 겨우 피한 자들을 음란으로써 육체의 정욕 중에서 유혹하여. 저희에게 자유를 준다 하여도 자기는 멸망의 종들이니 누구든지 진 자는 이긴 자의 종이 됨이니라.

(계 22:12) 보라 내가 속히 오리니 내가 줄 상이 내게 있어 각 사람에게 그의 일한 대로 갚아 주리라

(계 22:19) 만일 누구든지 이 책의 예언의 말씀에서 제하여 버리면 하나님이 이 책에 기록된 생명나무와 및 거룩한 성에 참여함을 제하여 버리시리라.

선한 사람은 자신의 일을 **하나님**의 일처럼 세상에 말함으로 죄를 범치 않을 것이다.

교회의 기록들은 선지자들과 사도들이 **성경**을 썼다고 분명히 선언하고 있다.

진실한 책이란 실제로 있었던 일이 사실로 기록된 책을 말한다.

거룩한 기자들은 반복해서 그들이 **하나님**께서 주신 **영감**에 의해 쓴 것이라고 주장하고 있다.

(사 8:1) 여호와께서 내게 이르시되 너는 큰 서판을 취하여 그 위에 통용 문자로 마헬살랄하스바스라 쓰라.

(렘 2:1) 여호와의 말씀이 내게 임하니라 이르시되

(겔 1:3) 갈대아 땅 그발 강 가에서 여호와의 말씀이 부시의 아들 제사장 나
에스겔에게 특별히 임하고 여호와의 권능이 내 위에 있으니라

바울은 특별히 그의 서간들에서 "명령에 의해 쓰여진 것이 아니
다."라고 밝힘으로 그 서간들이 **영감**에 의한 것임을 말하고 있으며,
로마서 9:1에서 그것이 진실임을 쓰고 있다.

그들의 주장이 진실임을 증명하기 위해 밝힌 것은 공중 앞에서 이
루어졌고, 모든 사람들이 보고 알았던 기적들이었음을 지적하고 있
다(벧후 1:16-18).

(롬 9:1) 내가 그리스도 안에서 참말을 하고 거짓말을 아니하노라 내게 큰 근
심이 있는 것과 마음에 그치지 않는 고통이 있는 것을 내 양심이 성령 안에서
나로 더불어 증거하노니

(벧후 1:16–18) 우리 주 예수 그리스도의 능력과 강림하심을 너희에게 알게
한 것이 공교히 만든 이야기를 좇은 것이 아니요 우리는 그의 크신 위엄을 친
히 본 자라. 지극히 큰 영광 중에서 이러한 소리가 그에게 나기를 이는 내 사
랑하는 아들이요 내 기뻐하는 자라 하실 때에 저가 하나님 아버지께 존귀와
영광을 받으셨느니라. 이 소리는 우리가 저와 함께 거룩한 산에 있을 때에 하
늘로서 나옴을 들은 것이라

그들은 진실 때문에 고난을 당했고, 심지어 죽임을 당하기도 했던
것이다.

4) 영감의 형태

하나님의 **영감**의 독특한 방법에 관해서 두 의견들이 있다.

① **하나님**의 **성령**께서 기자에게 생각을 주셔서 쓰게 하신 것으로 기자 자신의 용어, 경험, 표현법으로 나타내게 하셨으나 **성령**께서 인도하셨음으로 오류가 없게 하셨다.

② 모든 말씀 하나 하나가 **하나님**의 **성령**에 의해서 제시되었으므로 기자는 그저 쓰기만 한 것이다. 이것을 **축자영감설**이라고 한다.

다음의 성구들이 이 주장을 말해주고 있다.

(마 5:18) 진실로 너희에게 이르노니 천지가 없어지기 전에는 율법의 일점 일 획이라도 반드시 없어지지아니하고 다 이루리라.

(행 1:16) 형제들아 성령이 다윗의 입을 의탁하사 예수 잡는 자들을 지로한 유다를 가리켜 미리 말씀하신 성경이 응하였으니 마땅하도다

(행 28:25) 서로 맞지 아니하여 흩어질 때에 바울이 한 말로 일러 가로되 성 령이 선지자 이사야로 너희 조상들에게 말씀하신 것이 옳도다

(벧후 1:21) 예언은 언제든지 사람의 뜻으로 낸 것이 아니요 오직 성령의 감 동하심을 입은 사람들이 하나님께 받아 말한 것임이니라

(딤전 4:1) 그러나 성령이 밝히 말씀하시기를 후일에 어떤 사람들이 믿음에서 떠나 미혹케 하는 영과 귀신의 가르침을 좇으리라 하셨으니

위의 두 견해들이 **성경**을 모든 오류에 빠지지 않게 하고 있다.

2. 성경

1) 소개

어떤 이는 **성경**을 "**하나님**의 도서관"이라 말했는데 옳은 말이다.

성경을 한 책으로 생각하고 있으나 66권으로 되어 있다. **성경**은 39 권의 **구약**과 27권의 **신약**으로 크게 나누어져 있다.

구약성경은 **모세 오경**이 쓰여진 B.C. 1600년경으로부터 마지막 선지서인 **말라기**가 쓰여진 B.C. 420년경 사이에 쓰여진 것이다.

신약성경은 마태복음이 기록된 주후 38년경에서 **요한 계시록**이 쓰여진 주후 96년 사이에 쓰여진 것이다.

2) 누가 썼을까?

인간의 입장에서 볼 때 **성경**은 약 1700년에 걸쳐 약 40명의 기자에 의해서 쓰여졌다. 그러나 기억해야 할 중요한 사실은 이들이 **하나님**의 직접적인 조종에 의해서 썼다는 것이다. 이것을 우리는 **영감**이라 한다.

다음의 말씀들이 명백하게 **성경**은 하나님의 감동으로 쓰여졌다는 것을 가르치고 있다.

"예언은 언제든지 사람의 뜻으로 낸 것이 아니요, 오직 **성령**의 감동하심을 입은 사람들이 하나님께 받아 말한 것임이라."(벧후1:21)

"모든 **성경**은 하나님의 감동으로 된 것으로 교훈과 책망과 바르게 함과 의로 교육하기에 유익하니 이는 **하나님**의 사람으로 온전케 하며 모든 선한 일을 행하기에 온전케 하려 함이라."(딤후 3:16,17)

(렘 36:2-4) 너는 두루마리 책을 취하여 내가 네게 말하던 날 곧 요시야의 날부터 오늘까지 이스라엘과 유다와 열방에 대하여 나의 네게 이른 모든 말을 그것에 기록하라. 유다 족속이 내가 그들에게 내리려한 모든 재앙을 듣고 각기 악한 길에서 돌이킬 듯하니라 그리하면 내가 그 악과 죄를 사하리라. 이에 예레미야가 네리야의 아들 바룩을 부르매 바룩이 예레미야의 구전대로 여호와께서 그에게 이르신 모든 말씀을 두루마리 책에 기록하니라

(삼하 23:2) 여호와의 신이 나를 빙자하여 말씀하심이여 그 말씀이 내 혀에 있도다

(사 1:2) 하늘이여 들으라 땅이여 귀를 기울이라 여호와께서 말씀하시기를 내가 자식을 양육하였거늘 그들이 나를 거역하였도다

(사 44:28) 고레스에 대하여는 이르기를 그는 나의 목자라 나의 모든 기쁨을 성취하리라 하며 예루살렘에 대하여는 이르기를 중건되리라 하며 성전에 대하여는 이르기를 네 기초가 세움이 되리라 하는 자니라

(미 5:2) 베들레헴 에브라다야 너는 유다 족속 중에 작을지라도 이스라엘을 다스릴 자가 네게서 내게로 나올 것이라 그의 근본은 상고에, 태초에니라

그러므로 **성경**은 하나님의 말씀이다. **성경**이 하나님의 말씀을 담고 있다고 말하는 것은 충분치가 않다. 그 이유는 **성경**의 어떤 부분은 **영감**된 것이고, 어떤 부분은 그렇지 않다고 하는 말이 되기 때문이다.

성경의 모든 말씀이 **영감**된 것이다(딤후 3:16).

기억해야 할 또 다른 중요한 점은 **성경**만이 **하나님**께로부터 인간에게 주어진 **기록된 계시**라는 것이다.

하나님께서는 **성경** 말씀에 더 보태는 것이나 **성경** 말씀에서 **빼** 버리는 것을 금하고 있으며(신 4:2, 잠 30:5,6), 마지막 **성경**인 **요한 계시록** 22:18,19에서 인간들에게 경고하고 있다.

(딤후 3:16) 모든 성경은 하나님의 감동으로 된 것으로 교훈과 책망과 바르게 함과 의로 교육하기에 유익하니

(신 4:2) 내가 너희에게 명하는 말을 너희는 가감하지 말고 내가 너희에게 명하는 너희 하나님 여호와의 명령을 지키라

(잠 30:5,6) 하나님의 말씀은 다 순전하며 하나님은 그를 의지하는 자의 방패시니라. 너는 그 말씀에 더하지 말라 그가 너를 책망하시겠고 너는 거짓말하는 자가 될까 두려우니라

(계 22:18,19) 내가 이 책의 예언의 말씀을 듣는 각인에게 증거하노니 만일 누구든지 이것들 외에 더하면 하나님이 이 책에 기록된 재앙들을 그에게 더하실 터이요. 만일 누구든지 이 책의 예언의 말씀에서 제하여 버리면 하나님이 이 책에 기록된 생명나무와 및 거룩한 성에 참여함을 제하여 버리시리라

3) 성경의 제목은 무엇일까?

성경이 66권으로 되어 있다 할지라도 한 주된 제목을 가지고 있다. **그리스도**가 **성경**의 위대한 주제이다.

구약성경에는 **그리스도**에 관한 많은 예언의 말씀이 나와 있고, **신약성경**은 그의 오신 것에 대하여 말하고 있다.

4) 성경은 무엇을 말하고 있나?

성경은 시간의 시작으로부터 **새 하늘**과 **새 땅**이 있게 될 때까지의

미래에 대한 세계의 기록이다.

창세기는 세상의 창조, 죄가 들어옴, 홍수, **이스라엘** 나라의 시작에 대해 말하고 있고, **출애굽기**부터 **에스더서**까지는 **그리스도**의 탄생 400년 전까지의 **이스라엘** 나라의 역사이며, **욥기**부터 **솔로몬**의 **아가서**까지는 놀라운 시와 지혜가 나와 있으며, **구약성경**의 나머지 부분인 **이사야**부터 **말라기**까지는 예언서로서 **이스라엘**의 당시 형편과 미래의 운명에 관해서 **하나님**께서 **이스라엘**에게 말씀하신 메시지를 담고 있다.

신약성경은 주 **예수 그리스도**의 생애를 말하고 있는 **4복음**으로 시작되어 있고, **사도행전**에는 초기 기독교의 시작과 대 사도 **바울**의 생애가 나와 있으며, **로마서**에서 **유다서**까지는 **그리스도인**의 신앙의 위대한 진리와 **그리스도인**의 생활에 대한 실제적인 가르침을 교회와 개인들에게 보낸 서간들로 되어 있다.

요한 계시록은 지옥에서와 땅과 **하늘나라**에서 있을 미래의 일에 대한 것들을 말해 주고 있다.

5) 결어

성경은 **하나님**의 생각과 인간의 형편과 구원의 방법과 죄인의 운명과 신자의 행복을 내용으로 하고 있다.

성경의 교리는 거룩하고, 그 교훈은 감화력이 크고, 그의 역사는 참되고, 그의 결정엔 변함이 없다. **성경**을 읽어 현명하게 되고, 이를 믿어 구원받고, 이를 실천해서 거룩하게 된다.

성경은 그대를 인도하는 빛이요, 그대를 길러주는 양식이며, 그대를 기쁘게 하는 위안이다.

성경은 여행자의 안내도요, 순례자의 지팡이며, 조종사의 나침반이요, 군인의 검이요, **그리스도인**의 헌장이다.

성경에서 **낙원**은 회복되고, **천국**은 열리며, **지옥** 문은 드러나게 된다.

그리스도는 **성경**의 큰 주제이다.

인간의 행복이 **성경**의 계획이고, **하나님**의 영광이 **성경**의 목적이다.

성경이 우리의 기억을 채워야 하고, 우리의 마음을 지배해야하며, 우리의 발길을 인도해야 한다.

성경은 부광이며, 영광의 낙원이요, 기쁨의 원천이다.

성경은 인간의 최고 책임을 말해주고, 최대의 수고를 갚아주고, 그리고 그의 거룩한 내용을 가볍게 다루는 모든 사람들을 정죄하는 책이다.

성경은 책 중의 책이요, 하나님의 책이며, 인간을 향한 **하나님의 계시**이다.

제2장 삼위일체 하나님

하나님께서 자신에 관해 주신 첫 번째의 **계시**는 한 **하나님** 안에 복수의 인격(persons)이 있다는 것이다. 후에 **하나님의 계시**들은 이 인격들이 세 분으로서 **성부, 성자, 성신**임을 밝히고 있다.

1. 하나님의 이름에 의해 계시되었다

하나님이란 **히브리** 원어는 "**엘로힘**"인데 이 말이 복수 표현으로 되어 있다.

창세기 1:1. "태초에 **하나님**(복수)이 천지를 창조하시니라(단수)."

2. 하나님께 대한 대명사에 의해서 계시되었다

창세기 1:26. "**하나님**이 가라사대 **우리**의 형상을 따라 **우리**의 모양대로 **우리**가 사람을 만들고."

3. 분명한 말씀으로 계시되었다

1) 구약성경

신명기 6:4. "**이스라엘아**, 들으라. 우리 **하나님**(복수) **여호와**(단수)는 오직 하나인 **여호와**(단수)시니."

이사야 48:16. "주 **여호와** 그의 신이 나를 보내었노라."

이사야 6:3. "거룩하다. 거룩하다. 거룩하다. 만군의 **여호와여**."

구약성경에는 한 **하나님**께 복수의 인격이 **삼위**라고는 분명히 나와 있지 않다.

2) 신약성경

신약성경에는 **하나님**의 인격의 수가 **삼위**임이 명확하게 언급되어 있다.

마태복음 3:16-17. "**예수**께서 세례를 받으시고 곧 물에서 올라오실 때 하늘이 열리고 **하나님**의 **성령**이 비둘기 같이 내려 자기 위에 임하심을 보시더니 하늘로서 소리가 있어 말씀하시되 이는 **내** 사랑하는 아들이요 **내** 기뻐하는 자라."

성부 하나님은 음성으로, **성자 예수님**은 실재로, **성령**은 비둘기의 형태로, **삼위 하나님**의 임재가 나타나 있다.

요한복음 14:16. "내가 아버지께 구하겠으니 그가 또 다른 **보혜사**를 너희에게 주사 영원토록 너희와 함께 있게 하시리라."

4. 삼위일체

삼위일체란 말이 **성경**에 나와 있지는 않으나, **계시**된 말씀에 의해서 2세기부터 **그리스도인**들 사이에 쓰여지게 된 용어이다.

삼위의 **하나님**께서 한 **하나님**이시란 것을 어떻게 이해할 수 있는가가 **그리스도인**들에게 요구되는 중요한 점이 아니고, 모든 참된 **그리스**

도인들이 믿고 있는 **성경**에 계시된 사실이라는 점이 중요한 것이다.

　　성부 하나님께 감사하는 바는 구원의 계획을 세우심이요, **성자 하나님**께 감사하는 바는 구원의 계획을 시행하심이요, **성신 하나님**께 감사함은 구원의 계획을 필요한 심령들에게 적용하심이다.

　　세 인격이 어떻게 한 **하나님**이 되느냐고 물을 사람이 있을지 모른다.

　　마음은 하나로되 그 마음은 판단과 기억과 상상의 세 기능을 가지고 있는 것이다. 세 기능을 가졌다고 세 마음이 있는 것이 아니고 한 마음인 것이다.

제3장 하 나 님

1. 하나님의 존재

성경이 밝힌 첫 말씀의 교리는 한 **하나님**이 계신 것과 그 **하나님**은 모든 것의 창조주라는 것이다(창 1:1).

이 교리에 대한 믿음이 모든 참 신앙의 으뜸이 되며 근본적이 원칙이 되는 것이다.

성령의 감동함을 받은 기자는 이 교리야말로 알려지고 확립된 진리로 여겼던 것이다. 그러므로 **하나님**의 존재에 대한 공식적인 증명을 하려고 하지 않았다.

하나님의 존재는 우리 자신의 존재와 우리 주위에서 보이는 것들의 존재와 **성경**이 선포하고 있는 말씀에 의해서 증명되어진다.

보이는 모든 것들이 존재하기 시작했다. 그것들은 스스로 창조되었거나, 우연히 존재하게 되었거나, 아니면 다른 존재에 의해서 창조된 것이다.

스스로 창조되었다는 것은 모순이 되는데 왜냐하면 존재하기 전에는 행동이 불가능하기 때문이다.

우연히 창조되었다는 말도 모순이 된다. 어떤 것이 생산되었는데 그것이 생기게 한 원인이 없다고 말하는 것이 되기 때문이다.

그렇다면 나타나게 된 모든 것은 어떤 분에 의해서 창조되어야만 했던 것이다.

그분은 곧 **하나님**이시다.

(창 1:1) 태초에 하나님이 천지를 창조하시니라

(행 14:15) 가로되 여러분이여 어찌하여 이러한 일을 하느냐 우리도 너희와 같은 성정을 가진 사람이라 너희에게 복음을 전하는 것은 이 헛된 일을 버리고 천지와 바다와 그 가운데 만유를 지으시고 살아 계신 하나님께로 돌아오라 함이라

(행 17:24) 우주와 그 가운데 있는 만유를 지으신 신께서는 천지의 주재시니 손으로 지은 전에 계시지 아니하시고

(히 3:4) 집마다 지은 이가 있으니 만물을 지으신 이는 하나님이시라

(히 11:3) 믿음으로 모든 세계가 하나님의 말씀으로 지어진 줄을 우리가 아나니 보이는 것은 나타난 것으로 말미암아 된 것이 아니니라

눈에 보이는 우주의 조화나 구성이나 또는 운행에서 발견할 수 있는 설계는 **하나님**의 존재를 증명하고 있다.

설계(우주)의 표식들은 너무 명확함으로 거부할 수 없다.

우주는 설계자가 있음을 말해주고, 설계자는 사물들이 설계되기 전에 존재해야만 하는 분임을 알 수 있다.

이 설계자는 **하나님**이라 일컬음을 받는 분이시다.

사람이나 동물이 어떤 미생물로부터 기인했다는 **현대 진화론**이 만일 옳다 할지라도 이 미생물의 창조주는 있어야만 하는 것이다. **진화론**은 진화시키는 분이 있어야 함을 함축하고 있다. 이 분이야말로 **하나님**이시다.

창조의 역사들이 **하나님**의 존재를 증명하고 있다.

(시 19:1) 하늘이 하나님의 영광을 선포하고 궁창이 그 손으로 하신 일을 나타내는도다

(시 95:3-5) 대저 여호와는 크신 하나님이시요 모든 신 위에 크신 왕이시로다. 땅의 깊은 곳이 그 위에 있으며 산들의 높은 것도 그의 것이로다. 바다가 그의 것이라 그가 만드셨고 육지도 그의 손이 지으셨도다

(시 100:3) 여호와가 우리 하나님이신 줄 너희는 알지어다 그는 우리를 지으신 자시요 우리는 그의 것이니 그의 백성이요 그의 기르시는 양이로다.

(사 40:12) 누가 손바닥으로 바닷물을 헤아렸으며 뼘으로 하늘을 재었으며 땅의 티끌을 되에 담아 보았으며 명칭으로 산들을, 간칭으로 작은 산들을 달아보았으랴

(행 17:24) 우주와 그 가운데 있는 만유를 지으신 신께서는 천지의 주재시니 손으로 지은 전에 계시지 아니하시고

(롬 1:20) 창세로부터 그의 보이지 아니하는 것들 곧 그의 영원하신 능력과 신성이 그 만드신 만물에 분명히 보여 알게 되나니 그러므로 저희가 핑계치 못할지니라

땅위에 있는 생명의 존재가 지능이 뛰어나신 창조주를 증명한다.

지질학에 의하면 이 땅이 녹아있는 상태에서 식은 직후에는 생명의 흔적을 찾아 볼 수 없다는 것이다. 가장 오래된 **화성암**에서는 생명의 흔적을 찾아볼 수 없다.

그러나 **수성암** 층의 바로 위에서 최초 생명의 흔적을 볼 수 있다.

무생물과 생물 사이의 간격은 무한히 넓은 것이다. 어떤 자연적인 법칙으로도 이 사이를 이을 수 없으나 전능하신 능력의 창조적 역사

의 간섭으로만 다리가 놓아 질 수 있는 것이다.

하나님의 이름은 **하나님**이 어떤 분이신 가를 밝히고 있다. **하나님**은 모든 것 위에 뛰어 나시고, 선하시며, 영원하시다. **히브리인**들은 **하나님**께 대한 너무도 깊은 경외심을 가졌으므로 그 이름을 발음하지 않았다고 한다.

(신 10:17) 너희의 하나님 여호와는 신의 신이시며 주의 주시요 크고 능하시며 두려우신 하나님이시라 사람을 외모로 보지 아니하시며 뇌물을 받지 아니하시고

(시 97:7) 조각 신상을 섬기며 허무한 것으로 자긍하는 자는 다 수치를 당할 것이라 너희 신들아 여호와께 경배할지어다

(사 41:23) 후래사를 진술하라 너희의 신 됨을 우리가 알리라 또 복을 내리든지 화를 내리라 우리가 함께 보고 놀라리라

(요 10:35) 성경은 폐하지 못하나니 하나님의 말씀을 받은 사람들을 신이라 하셨거든

(신 6:4) 이스라엘아 들으라 우리 하나님 여호와는 오직 하나인 여호와시니

(고전 8:4–6) 그러므로 우상의 제물 먹는 일에 대하여는 우리가 우상은 세상에 아무것도 아니며 또한 하나님은 한 분밖에 없는 줄 아노라. 비록 하늘에나 땅에나 신이라 칭하는 자가 있어 많은 신과 많은 주가 있으나, 그러나 우리에게는 한 하나님 곧 아버지가 계시니 만물이 그에게서 났고 우리도 그를 위하며 또한 한 주 예수 그리스도께서 계시니 만물이 그로 말미암고 우리도 그로 말미암았느니라

(출 3:14,15) 하나님이 모세에게 이르시되 나는 스스로 있는 자니라 또 이르시되 너는 이스라엘 자손에게 이같이 이르기를 스스로 있는 자가 나를 너희

에게 보내셨다 하라. 하나님이 또 모세에게 이르시되 너는 이스라엘 자손에게

이같이 이르기를 나를 너희에게 보내신 이는 너희 조상의 하나님 곧 아브라

함의 하나님, 이삭의 하나님, 야곱의 하나님 여호와라 하라 이는 나의 영원한

이름이요 대대로 기억할 나의 표호니라

(시 83:18) 여호와라 이름하신 주만 온 세계의 지존자로 알게 하소서

(계 1:8) 주 하나님이 가라사대 나는 알파와 오메가라 이제도 있고 전에도 있

었고 장차 올 자요 전능한 자라 하시더라

(계 4:8) 네 생물이 각각 여섯 날개가 있고 그 안과 주위에 눈이 가득하더라

그들이 밤낮 쉬지 않고 이르기를 거룩하다 거룩하다 거룩하다 주 하나님 곧

전능하신 이여 전에도 계셨고 이제도 계시고 장차 오실 자라 하고

(계 11:17) 가로되 감사하옵나니 옛적에도 계셨고 시방도 계신 주 하나님 곧

전능하신 이여 친히 큰 권능을 잡으시고 왕 노릇 하시도다

자연 세계를 통치하시나, 그것과는 구별된 계시자로서 인격적인
하나님을 믿는 신자들은 **유신론**자들이라 부른다.

초자연적인 **계시**로는 인간들에게 말씀하지 않는 인격적인 **하나님**
을 믿는다고 하는 자들을 **자연신론**자들이라 부른다.

하나님의 독특한 인격을 부인하고 그를 우주로써 말하는 자들이
바로 **범신론**자들이다.

범신론자들 중 물질만이 존재하는 실체라고 주장하는 자들을 **물질
주의 범신론**자들이라 부르며, 물질의 존재를 부인하고 모든 것들을
이념에 귀착시키는 자들을 **이념주의 범신론**자들이라 한다.

하나님의 존재를 부인하는 자들을 **무신론**자들이라 한다. **유신론**자

들이 아닌 모든 사람들은 **성경**이 **하나님의 계시**된 뜻이라는 사실을 거절하고 있다. 그러므로 그들은 철학을 빙자하게 되나, 이해나 마음에 퇴화를 가져올 뿐이다.

> (시 10:4) 악인은 그 교만한 얼굴로 말하기를 여호와께서 이를 감찰치 아니하신다 하며 그 모든 사상에 하나님이 없다 하나이다
>
> (시 14:1) 어리석은 자는 그 마음에 이르기를 하나님이 없다 하도다 저희는 부패하고 소행이 가증하여 선을 행하는 자가 없도다
>
> (시 19:1) 하늘이 하나님의 영광을 선포하고 궁창이 그 손으로 하신 일을 나타내는도다
>
> (시 82:5) 저희는 무지무각하여 흑암 중에 왕래하니 땅의 모든 터가 흔들리도다
>
> (욥 21:14,15) 그러할지라도 그들은 하나님께 말하기를 우리를 떠나소서 우리가 주의 도리 알기를 즐겨하지 아니하나이다. 전능자가 누구기에 우리가 섬기며 우리가 그에게 기도한들 무슨 이익을 얻으랴 하는구나

2. 하나님의 본성

1) 하나님은 영이시다(요 4:24).

이 말은 **하나님**께 몸이 없다는 말이다.

하나님은 눈에 보이지 않는다. 그러나 **하나님**께서는 인간들에게 보이는 형태로서 자신을 **계시**하실 수도 있다. **하나님**께서는 **예수 그리스도**로 인간의 몸을 입고 이 땅에 오셨던 것이다.

> (요 4:24) 하나님은 영이시니 예배하는 자가 신령과 진정으로 예배할지니라

(요 1:14) 말씀이 육신이 되어 우리 가운데 거하시매 우리가 그 영광을 보니 아버지의 독생자의 영광이요 은혜와 진리가 충만하더라

(요 1:18) 본래 하나님을 본 사람이 없으되 아버지 품속에 있는 독생하신 하나님이 나타내셨느니라

(골 1:15) 그는 보이지 아니하시는 하나님의 형상이요 모든 창조물보다 먼저 나신 자니

(히 1:3) 이는 하나님의 영광의 광채시요 그 본체의 형상이시라 그의 능력의 말씀으로 만물을 붙드시며 죄를 정결케 하는 일을 하시고 높은 곳에 계신 위엄의 우편에 앉으셨느니라

2) 하나님은 인격이시다(출 3:14).

하나님은 지식을 가지신 분(사 55:9,10)으로 말씀되어 있고, 감정을 가지신 분(창 6:6)으로 나타나 있으며, 뜻을 가지신 분(수 3:10)으로 **성경**에 기록되어 있다.

하나님은 우리에게 말씀하시고, 우리의 기도를 들으시며, 사랑을 주고받으시는 분이시다.

(출 3:14) 하나님이 모세에게 이르시되 나는 스스로 있는 자니라 또 이르시되 너는 이스라엘 자손에게 이같이 이르기를 스스로 있는 자가 나를 너희에게 보내셨다 하라

(사 55:9,10) 하늘이 땅보다 높음같이 내 길은 너희 길보다 높으며 내 생각은 너희 생각보다 높으니라. 비와 눈이 하늘에서 내려서는 다시 그리로 가지 않고 토지를 적시어서 싹이 나게 하며 열매가 맺게 하여 파종하는 자에게 종자를 주며 먹는 자에게 양식을 줌과 같이

(창 6:6) 땅 위에 사람 지으셨음을 한탄하사 마음에 근심하시고

(수 3:10) 또 말하되 사시는 하나님이 너희 가운데 계시사 가나안 족속과 헷 족속과 히위 족속과 브리스 족속과 기르가스 족속과 아모리 족속과 여부스 족속을 너희 앞에서 정녕히 쫓아내실 줄을 이 일로 너희가 알리라

3) 하나님의 단일성

성경은 한 하나님이 계신 것을 명백히 가르치고 있다.

(딤전 2:5) 하나님은 한 분이시요 또 하나님과 사람 사이에 중보도 한 분이시니 곧 사람이신 그리스도 예수라

(신 4:35) 이것을 네게 나타내심은 여호와는 하나님이시요 그 외에는 다른 신이 없음을 네게 알게 하려 하심이니라

(삼하 7:22) 여호와 하나님이여 이러므로 주는 광대하시니 이는 우리 귀로 들은 대로는 주와 같은 이가 없고 주 외에는 참 신이 없음이니이다

(요 17:3) 영생은 곧 유일하신 참 하나님과 그의 보내신 자 예수 그리스도를 아는 것이니이다

4) 삼위일체의 하나님(창 1:1, 창 1:26)

성경은 한 **하나님**이 계심을 말하면서 또한 **삼위(성부, 성자, 성신)**의 **하나님**이심을 가르치고 있다.

이것은 인간들의 마음에는 신비스럽고 이해되기 어렵다 할지라도 **하나님**의 말씀이 그렇게 말했음으로 믿을 수 있다.

다음의 말씀들이 이 진리를 보여주고 있다.

(창 1:1) 태초에 하나님이 천지를 창조하시니라

(창 1:26) 하나님이 가라사대 우리의 형상을 따라 우리의 모양대로 우리가 사람을 만들고 그로 바다의 고기와 공중의 새와 육축과 온 땅과 땅에 기는 모든 것을 다스리게 하자 하시고

(마 3:16,17) 예수께서 세례를 받으시고 곧 물에서 올라오실새 하늘이 열리고 하나님의 성령이 비둘기같이 내려 자기 위에 임하심을 보시더니, 하늘로서 소리가 있어 말씀하시되 이는 내 사랑하는 아들이요 내 기뻐하는 자라 하시니라

(마 28:19) 그러므로 너희는 가서 모든 족속으로 제자를 삼아 아버지와 아들과 성령의 이름으로 세례를 주고

(고후 13:13) 주 예수 그리스도의 은혜와 하나님의 사랑과 성령의 교통하심이 너희 무리와 함께 있을지어다

(롬 1:7) 로마에 있어 하나님의 사랑하심을 입고 성도로 부르심을 입은 모든 자에게 하나님 우리 아버지와 주 예수 그리스도로 좇아 은혜와 평강이 있기를 원하노라

(히 1:8) 아들에 관하여는 하나님이여 주의 보좌가 영영하며 주의 나라의 홀은 공평한 홀이니이다

(행 5:3,4) 베드로가 가로되 아나니아야 어찌하여 사단이 네 마음에 가득하여 네가 성령을 속이고 땅 값 얼마를 감추었느냐. 땅이 그대로 있을 때에는 네 땅이 아니며 판 후에도 네 임의로 할 수가 없더냐 어찌하여 이 일을 네 마음에 두었느냐 사람에게 거짓말 한 것이 아니요 하나님께로다

3. 하나님의 속성

하신 일을 통해서 알 수 있는 하나님의 성격이다.

하나님의 속성에는 **자연적인 속성**과 **도덕적인 속성**이 있다.

1) 자연적인 속성(외적)
① 영원성
하나님은 과거에나 미래에 끝이 없이 계신 분이시다.

(신 33:27) 영원하신 하나님이 너의 처소가 되시니 그 영원하신 팔이 네 아래 있도다 그가 네 앞에서 대적을 쫓으시며 멸하라 하시도다

(시 90:2) 산이 생기기 전, 땅과 세계도 주께서 조성하시기 전 곧 영원부터 영원까지 주는 하나님이시니이다

(시 93:2) 주의 보좌는 예로부터 견고히 섰으며 주는 영원부터 계셨나이다

(시 102:24) 나의 말이 나의 하나님이여 나의 중년에 나를 데려가지 마옵소서 주의 연대는 대대에 무궁하니이다

(시 102:27) 주는 여상하시고 주의 연대는 무궁하리이다

(사 44:6) 이스라엘의 왕인 여호와, 이스라엘의 구속자인 만군의 여호와가 말하노라 나는 처음이요 나는 마지막이라 나 외에 다른 신이 없느니라

(사 57:15) 지존 무상하며 영원히 거하며 거룩하다 이름하는 자가 이같이 말씀하시되 내가 높고 거룩한 곳에 거하며 또한 통회하고 마음이 겸손한 자와 함께 거하나니 이는 겸손한 자의 영을 소성케 하며 통회하는 자의 마음을 소성케 하려 함이라

(히 1:12) 의복처럼 갈아 입을 것이요 그것들이 옷과 같이 변할 것이나 주는 여전하여 연대가 다함이 없으리라 하였으나

(계 1:4) 요한은 아시아에 있는 일곱 교회에 편지하노니 이제도 계시고 전에도 계시고 장차 오실 이와 그 보좌 앞에 일곱 영과

(계 1:8) 주 하나님이 가라사대 나는 알파와 오메가라 이제도 있고 전에도 있었고 장차 올 자요 전능한자라 하시더라

(딤전 1:17) 만세의 왕 곧 썩지 아니하고 보이지 아니하고 홀로 하나이신 하나님께 존귀와 영광이 세세토록 있어지이다 아멘

② 편재성

하나님께서는 어디에나 계신 분이시다.

(왕상 8:27) 하나님이 참으로 땅에 거하시리이까 하늘과 하늘들의 하늘이라도 주를 용납지 못하겠거든 하물며 내가 건축한 이 전이오리이까

(시 139:7-10) 내가 주의 신을 떠나 어디로 가며 주의 앞에서 어디로 피하리이까. 내가 하늘에 올라갈지라도 거기 계시며 음부에 내 자리를 펼지라도 거기 계시니이다. 내가 새벽 날개를 치며 바다 끝에 가서 거할지라도, 곧 거기서도 주의 손이 나를 인도하시며 주의 오른손이 나를 붙드시리이다

(렘 23:23,24) 나 여호와가 말하노라 나는 가까운 데 하나님이요 먼 데 하나님은 아니냐. 나 여호와가 말하노라 사람이 내게 보이지 아니하려고 누가 자기를 은밀한 곳에 숨길 수 있겠느냐 나 여호와가 말하노라 나는 천지에 충만하지 아니하냐

(엡 1:23) 교회는 그의 몸이니 만물 안에서 만물을 충만케 하시는 자의 충만이니라

한 **무신론**자가 어린이에게 "**하나님**이 어디에 계신지 말해보라"했다고 한다. 어린이가 그 사람에게 "만일 당신이 **하나님**께서 안 계신 곳을 말해 주신다면 말해 드리겠습니다."고 대답했다는 이야기가 있다.

③ 전지성

하나님은 모든 것을 다 아신다.

(대하 16:9) 여호와의 눈은 온 땅을 두루 감찰하사 전심으로 자기에게 향하는 자를 위하여 능력을 베푸시나니 이 일은 왕이 망령되이 행하였은즉 이 후부터는 왕에게 전쟁이 있으리이다 하매

(욥 34:21,22) 하나님은 사람의 길을 주목하시며 사람의 모든 걸음을 감찰하시나니, 악을 행한 자는 숨을 만한 흑암이나 어두운 그늘이 없느니라

(욥 37:16) 구름의 평평하게 뜬 것과 지혜가 온전하신 자의 기묘한 일을 네가 아느냐

(시 139:1-6) 여호와여 주께서 나를 감찰하시고 아셨나이다. 주께서 나의 앉고 일어섬을 아시며 멀리서도 나의 생각을 통촉하시오며, 나의 길과 눕는 것을 감찰하시며 나의 모든 행위를 익히 아시오니, 여호와여 내 혀의 말을 알지 못하시는 것이 하나도 없으시니이다. 주께서 나의 전후를 두르시며 내게 안수하셨나이다. 이 지식이 내게 너무 기이하니 높아서 내가 능히 미치지 못하나이다

(시 147:5) 우리 주는 광대하시며 능력이 많으시며 그 지혜가 무궁하시도다

(잠 15:3) 여호와의 눈은 어디서든지 악인과 선인을 감찰하시느니라

(잠 24:12) 네가 말하기를 나는 그것을 알지 못하였노라 할지라도 마음을 저울질하시는 이가 어찌 통찰하지 못하시겠으며 네 영혼을 지키시는 이가 어찌 알지 못하시겠느냐 그가 각 사람의 행위대로 보응하시리라

(사 40:28) 너는 알지 못하였느냐 듣지 못하였느냐 영원하신 하나님 여호와, 땅 끝까지 창조하신 자는 피곤치 아니하시며 곤비치 아니하시며 명철이 한이 없으시며

(겔 11:5) 여호와의 신이 내게 임하여 가라사대 너는 말하기를 여호와의 말씀에 이스라엘 족속아 너희가 이렇게 말하였도다 너희 마음에서 일어나는 것을 내가 다 아노라

(단 2:22) 그는 깊고 은밀한 일을 나타내시고 어두운 데 있는 것을 아시며 또 빛이 그와 함께 있도다

(요 21:17) 세 번째 가라사대 요한의 아들 시몬아 네가 나를 사랑하느냐 하시니 주께서 세 번째 네가 나를 사랑하느냐 하시므로 베드로가 근심하여 가로되 주여 모든 것을 아시오매 내가 주를 사랑하는 줄을 주께서 아시나이다 예수께서 가라사대 내 양을 먹이라

(행 1:24) 저희가 기도하여 가로되 뭇 사람의 마음을 아시는 주여 이 두 사람 중에 누가 주의 택하신 바 되어

(행 15:18) 즉 예로부터 이것을 알게 하시는 주의 말씀이라 함과 같으니라

(히 4:13) 지으신 것이 하나라도 그 앞에 나타나지 않음이 없고 오직 만물이 우리를 상관하시는 자의 눈 앞에 벌거벗은 것같이 드러나느니라

(요일 3:20) 우리 마음이 혹 우리를 책망할 일이 있거든 하물며 우리 마음보다 크시고 모든 것을 아시는 하나님일까 보냐

(계 3:15) 내가 네 행위를 아노니 네가 차지도 아니하고 더웁지도 아니하도다 네가 차든지 더웁든지 하기를 원하노라

④ 전능성

하나님의 본성에 모순되지 않는 모든 것을 할 수 있는 능력이다. 이 **하나님**의 능력이 악인들에게는 두려움이 되나 의인에게는 힘과 위로가 된다.

(창 17:1) 아브람의 구십구 세 때에 여호와께서 아브람에게 나타나서 그에게 이르시되 나는 전능한 하나님이라 너는 내 앞에서 행하여 완전하라

(욥 9:12) 하나님이 빼앗으시면 누가 막을 수 있으며 무엇을 하시나이까 누가 물을 수 있으랴

(사 26:4) 너희는 여호와를 영원히 의뢰하라 주 여호와는 영원한 반석이심이로다

(사 43:13) 과연 태초로부터 나는 그니 내 손에서 능히 건질 자가 없도다 내가 행하리니 누가 막으리요

(렘 27:5) 나는 내 큰 능과 나의 든 팔로 땅과 그 위에 있는 사람과 짐승들을 만들고 나의 소견에 옳은 대로 땅을 사람에게 주었노라

(렘 32:17) 슬프도소이다 주 여호와여 주께서 큰 능과 드신 팔로 천지를 지으셨사오니 주에게는 능치 못한 일이 없으시니이다

(단 4:35) 땅의 모든 거민을 없는 것같이 여기시며 하늘의 군사에게든지, 땅의 거민에게든지 그는 자기 뜻대로 행하시나니 누가 그의 손을 금하든지 혹시 이르기를 네가 무엇을 하느냐 할 자가 없도다

(마 19:26) 예수께서 저희를 보시며 가라사대 사람으로는 할 수 없으되 하나님으로서는 다 할 수 있느니라

(계 1:8) 주 하나님이 가라사대 나는 알파와 오메가라 이제도 있고 전에도 있었고 장차 올 자요 전능한 자라 하시더라

(계 19:6) 또 내가 들으니 허다한 무리의 음성도 같고 많은 물 소리도 같고 큰 뇌성도 같아서 가로되 할렐루야 주 우리 하나님 곧 전능하신 이가 통치하시도다

(시 121:1-8) 내가 산을 향하여 눈을 들리라 나의 도움이 어디서 올꼬, 나의

도움이 천지를 지으신 여호와에게서로다. 여호와께서 너로 실족지 않게 하시며 너를 지키시는 자가 졸지 아니하시리로다. 이스라엘을 지키시는 자는 졸지도 아니하고 주무시지도 아니하시리로다. 여호와는 너를 지키시는 자라 여호와께서 네 우편에서 네 그늘이 되시나니. 낮의 해가 너를 상치 아니하며 밤의 달도 너를 해치 아니하리로다. 여호와께서 너를 지켜 모든 환난을 면케 하시며 또 네 영혼을 지키시리로다. 여호와께서 너의 출입을 지금부터 영원까지 지키시리로다.

(롬 4:20,21) 믿음이 없어 하나님의 약속을 의심치 않고 믿음에 견고하여져서 하나님께 영광을 돌리며, 약속하신 그것을 또한 능히 이루실 줄을 확신하였으니

(롬 8:31) 그런즉 이 일에 대하여 우리가 무슨 말 하리요 만일 하나님이 우리를 위하시면 누가 우리를 대적하리요

⑤ 불변성

하나님은 만세 반석이시다.

자연의 질서를 통해 잘 알 수 있다. 변치 않는 원칙에 따라 **하나님**은 있게도 하시고 없게도 하시며 사랑하시고 미워하시는 것이다.

(말 3:6) 나 여호와는 변역지 아니하나니 그러므로 야곱의 자손들아 너희가 소멸되지 아니하느니라

(약 1:17) 각양 좋은 은사와 온전한 선물이 다 위로부터 빛들의 아버지께로서 내려오나니 그는 변함도 없으시고 회전하는 그림자도 없으시니라

(출 32:14) 여호와께서 뜻을 돌이키사 말씀하신 화를 그 백성에게 내리지 아니하시니라

(겔 18:20-30) 범죄하는 그 영혼은 죽을지라 아들은 아비의 죄악을 담당치 아니할 것이요 아비는 아들의 죄악을 담당치 아니하리니 의인의 의도 자기에게로 돌아가고 악인의 악도 자기에게로 돌아가리라. 그러나 악인이 만일 그 행한 모든 죄에서 돌이켜 떠나 내 모든 율례를 지키고 법과 의를 행하면 정녕 살고 죽지 아니할 것이라. 그 범죄한 것이 하나도 기억함이 되지 아니하리니 그 행한 의로 인하여 살리라. 나 주 여호와가 말하노라 내가 어찌 악인의 죽는 것을 조금인들 기뻐하랴 그가 돌이켜 그 길에서 떠나서 사는 것을 어찌 기뻐하지 아니하겠느냐. 만일 의인이 돌이켜 그 의에서 떠나서 범죄하고 악인의 행하는 모든 가증한 일대로 행하면 살겠느냐 그 행한 의로운 일은 하나도 기억함이 되지 아니하리니 그가 그 범한 허물과 그 지은 죄로 인하여 죽으리라. 그런데 너희는 이르기를 주의 길이 공평치 않다 하는도다 이스라엘 족속아 들을지어다 내 길이 어찌 공평치 아니하냐 너희 길이 공평치 않은 것이 아니냐. 만일 의인이 그 의를 떠나 죄악을 행하고 인하여 죽으면 그 행한 죄악으로 인하여 죽는 것이요 만일 악인이 그 행한 악을 떠나 법과 의를 행하면 그 영혼을 보전하리라. 그가 스스로 헤아리고 그 행한 모든 죄악에서 돌이켜 떠났으니 정녕 살고 죽지 아니하리라. 그런데 이스라엘 족속은 이르기를 주의 길이 공평치 않다 하는도다 이스라엘 족속아 나의 길이 어찌 공평치 아니하냐 너희 길이 공평치 않은 것이 아니냐. 나 주 여호와가 말하노라 이스라엘 족속아 내가 너희 각 사람의 행한 대로 국문할지라 너희는 돌이켜 회개하고 모든 죄에서 떠날지어다 그리한즉 죄악이 너희를 패망케 아니하리라

⑥ 불가시성

하나님은 우리 눈에 안 보이신다.

(출 33:20–23) 또 가라사대 네가 내 얼굴을 보지 못하리니 나를 보고 살 자가 없음이니라. 여호와께서 가라사대 보라 내 곁에 한 곳이 있으니 너는 그 반석 위에 섰으라. 내 영광이 지날 때에 내가 너를 반석 틈에 두고 내가 지나도록 내 손으로 너를 덮었다가. 손을 거두리니 네가 내 등을 볼 것이요 얼굴은 보지 못하리라

(요 1:18) 본래 하나님을 본 사람이 없으되 아버지 품속에 있는 독생하신 하나님이 나타내셨느니라

(골 1:15) 그는 보이지 아니하시는 하나님의 형상이요 모든 창조물보다 먼저 나신 자니

(딤전 6:16) 오직 그에게만 죽지 아니함이 있고 가까이 가지 못할 빛에 거하시고 아무 사람도 보지 못하였고 또 볼 수 없는 자시니 그에게 존귀와 영원한 능력을 돌릴지어다 아멘

(히 11:27) 믿음으로 애굽을 떠나 임금의 노함을 무서워 아니하고 곧 보이지 아니하는 자를 보는 것같이 하여 참았으며

⑦ 불가해성

하나님은 어떤 유한한 개념에 의해서 온전히 이해될 수 없다.

(욥 11:7,8) 네가 하나님의 오묘를 어찌 능히 측량하며 전능자를 어찌 능히 온전히 알겠느냐. 하늘보다 높으시니 네가 어찌 하겠으며 음부보다 깊으시니 네가 어찌 알겠느냐

(욥 26:14) 이런 것은 그 행사의 시작점이요 우리가 그에게 대하여 들은 것도 심히 세미한 소리뿐이니라 그 큰 능력의 우뢰야 누가 능히 측량하랴

(욥 36:26) 하나님은 크시니 우리가 그를 알 수 없고 그 연수를 계산할 수 없

느니라

(욥 37:23) 전능자를 우리가 측량할 수 없나니 그는 권능이 지극히 크사 심판이나 무한한 공의를 굽히지 아니하심이니라

(시 145:3) 여호와는 광대하시니 크게 찬양할 것이라 그의 광대하심을 측량치 못하리로다

(롬 11:33) 깊도다 하나님의 지혜와 지식의 부요함이여, 그의 판단은 측량치 못할 것이며 그의 길은 찾지 못할 것이로다

2) 도덕적인 속성(내적)

① 하나님의 지혜

지식과 사랑이 겸비된 완전한 것이다. **하나님**의 창조와 섭리와 **구속**의 역사가 이것을 증명하고 있다.

(출 34:6) 여호와께서 그의 앞으로 지나시며 반포하시되 여호와로라 여호와로라 자비롭고 은혜롭고 노하기를 더디하고 인자와 진실이 많은 하나님이로라

(시 104:24) 여호와여 주의 하신 일이 어찌 그리 많은지요 주께서 지혜로 저희를 다 지으셨으니 주의 부요가 땅에 가득하니이다

(잠 3:19) 여호와께서는 지혜로 땅을 세우셨으며 명철로 하늘을 굳게 펴셨고

(잠 8:14) 내게는 도략과 참 지식이 있으며 나는 명철이라 내게 능력이 있으므로

(렘 10:12) 여호와께서 그 권능으로 땅을 지으셨고 그 지혜로 세계를 세우셨고 그 명철로 하늘들을 펴셨으며

(단 2:20) 다니엘이 말하여 가로되 영원 무궁히 하나님의 이름을 찬송할 것은 지혜와 권능이 그에게 있음이로다

(롬 11:33) 깊도다 하나님의 지혜와 지식의 부요함이여, 그의 판단은 측량치 못할 것이며 그의 길은 찾지 못할 것이로다

(고전 3:19) 이 세상 지혜는 하나님께 미련한 것이니 기록된 바 지혜 있는 자들로 하여금 자기 궤휼에 빠지게 하시는 이라 하였고

(골 2:3) 그 안에는 지혜와 지식의 모든 보화가 감취어 있느니라

(유 1:25) 곧 우리 구주 홀로 하나이신 하나님께 우리 주 예수 그리스도로 말미암아 영광과 위엄과 권력과 권세가 만고 전부터 이제와 세세에 있을지어다 아멘

(계 5:12) 큰 음성으로 가로되 죽임을 당하신 어린 양이 능력과 부와 지혜와 힘과 존귀와 영광과 찬송을 받으시기에 합당하도다 하더라

② 인자(Goodness)

최고의 행복을 전하려는 하나님의 성품이다.

(출 34:6) 여호와께서 그의 앞으로 지나시며 반포하시되 여호와로라 여호와로라 자비롭고 은혜롭고 노하기를 더디하고 인자와 진실이 많은 하나님이로라

(시 33:5) 저는 정의와 공의를 사랑하심이여 세상에 여호와의 인자하심이 충만하도다

(시 52:1) 강포한 자여 네가 어찌하여 악한 계획을 스스로 자랑하는고 하나님의 인자하심은 항상 있도다

(시 107:8,9) 여호와의 인자하심과 인생에게 행하신 기이한 일을 인하여 그를 찬송할지로다. 저가 사모하는 영혼을 만족케 하시며 주린 영혼에게 좋은 것으로 채워주심이로다

(시 119:68) 주는 선하사 선을 행하시오니 주의 율례로 나를 가르치소서

(시 145:7) 저희가 주의 크신 은혜를 기념하여 말하며 주의 의를 노래하리이다

(시 145:9) 여호와께서는 만유를 선대하시며 그 지으신 모든 것에 긍휼을 베푸시는도다

(나 1:7) 여호와는 선하시며 환난 날에 산성이시라 그는 자기에게 의뢰하는 자들을 아시느니라

(마 19:17) 예수께서 가라사대 어찌하여 선한 일을 내게 묻느냐 선한 이는 오직 한 분이시니라 네가 생명에 들어가려면 계명들을 지키라

(약 1:17) 각양 좋은 은사와 온전한 선물이 다 위로부터 빛들의 아버지께로서 내려오나니 그는 변함도 없으시고 회전하는 그림자도 없으시니라

③ 성결

하나님의 완전하고 절대적인 본성의 순결과 정직이다. 모든 도덕적인 존재에 대한 한결같은 **하나님**의 태도와 **하나님**의 말씀으로 알 수 있다.

(출 15:11) 여호와여 신 중에 주와 같은 자 누구니이까 주와 같이 거룩함에 영광스러우며 찬송할 만한 위엄이 있으며 기이한 일을 행하는 자 누구니이까

(레 11:44) 나는 여호와 너희 하나님이라 내가 거룩하니 너희도 몸을 구별하여 거룩하게 하고 땅에 기는 바 기어다니는 것으로 인하여 스스로 더럽히지 말라

(수 24:19) 여호수아가 백성에게 이르되 너희가 여호와를 능히 섬기지 못할 것은 그는 거룩하신 하나님이시요 질투하는 하나님이시니 너희 허물과 죄를 사하지 아니하실 것임이라

(시 22:3) 이스라엘의 찬송 중에 거하시는 주여 주는 거룩하시니이다

(시 111:9) 여호와께서 그 백성에게 구속을 베푸시며 그 언약을 영원히 세우셨으니 그 이름이 거룩하고 지존하시도다

(시 145:17) 여호와께서는 그 모든 행위에 의로우시며 그 모든 행사에 은혜로우시도다

(사 6:3) 서로 창화하여 가로되 거룩하다 거룩하다 거룩하다 만군의 여호와여 그 영광이 온 땅에 충만하도다

(벧전 1:15,16) 오직 너희를 부르신 거룩한 자처럼 너희도 모든 행실에 거룩한 자가 되라. 기록하였으되 내가 거룩하니 너희도 거룩할지어다 하셨느니라

(계 15:4) 주여 누가 주의 이름을 두려워하지 아니하며 영화롭게 하지 아니하오리이까 오직 주만 거룩하시니이다 주의 의로우신 일이 나타났으매 만국이 와서 주께 경배하리이다 하더라

④ 정의

행동으로 나타난 **성결**의 표현이다.

(출 34:6) 여호와께서 그의 앞으로 지나시며 반포하시되 여호와로라 여호와로라 자비롭고 은혜롭고 노하기를 더디하고 인자와 진실이 많은 하나님이로라

(신 32:4) 그는 반석이시니 그 공덕이 완전하고 그 모든 길이 공평하며 진실무망하신 하나님이시니 공의로우시고 정직하시도다

(느 9:13) 또 시내 산에 강림하시고 하늘에서부터 저희와 말씀하사 정직한 규례와 진정한 율법과 선한 율례와 계명을 저희에게 주시고

(욥 8:3) 하나님이 어찌 심판을 굽게 하시겠으며 전능하신 이가 어찌 공의를

굽게 하시겠는가

(시 89:14) 의와 공의가 주의 보좌의 기초라 인자함과 진실함이 주를 앞서 행하나이다

(사 45:21) 너희는 고하며 진술하고 또 피차 상의하여 보라 이 일을 이전부터 보인 자가 누구냐 예로부터 고한 자가 누구냐 나 여호와가 아니냐 나 외에 다른 신이 없나니 나는 공의를 행하며 구원을 베푸는 하나님이라 나 외에 다른 이가 없느니라

(계 15:3) 하나님의 종 모세의 노래, 어린 양의 노래를 불러 가로되 주 하나님 곧 전능하신 이시여 하시는 일이 크고 기이하시도다 만국의 왕이시여 주의 길이 의롭고 참되시도다

⑤ 자비

사랑이시다(겔 34:16, 애 3:33).

잘못한 자들에 대한 용서나 불쌍한 자들을 애석하게 여기는 성품이다.

죄의 존재로 말미암아 기인된 것으로, 필수적인 속성은 아니로되 **하나님**의 선하심으로부터 흘러나는 것이다.

(겔 34:16) 그 잃어버린 자를 내가 찾으며 쫓긴 자를 내가 돌아오게 하며 상한 자를 내가 싸매어 주며 병든 자를 내가 강하게 하려니와 살진 자와 강한 자는 내가 멸하고 공의대로 그것들을 먹이리라

(애 3:33) 주께서 인생으로 고생하며 근심하게 하심이 본심이 아니시로다

(출 34:6,7) 여호와께서 그의 앞으로 지나시며 반포하시되 여호와로라 여호와로라 자비롭고 은혜롭고 노하기를 더디하고 인자와 진실이 많은 하나님이로

라. 인자를 천대까지 베풀며 악과 과실과 죄를 용서하나 형벌 받을 자는 결단코 면죄하지 않고 아비의 악을 자여손 삼 사대까지 보응하리라

(민 14:18) 여호와는 노하기를 더디하고 인자가 많아 죄악과 과실을 사하나 형벌받을 자는 결단코 사하지 아니하고 아비의 죄악을 자식에게 갚아 삼, 사대까지 이르게 하리라 하셨나이다

(신 4:31) 네 하나님 여호와는 자비하신 하나님이심이라 그가 너를 버리지 아니하시며 너를 멸하지 아니하시며 네 열조에게 맹세하신 언약을 잊지 아니하시리라

(시 62:12) 주여 인자함도 주께 속하였사오니 주께서 각 사람이 행한 대로 갚으심이니이다

(시 86:15) 그러나 주여 주는 긍휼히 여기시며 은혜를 베푸시며 노하기를 더디 하시며 인자와 진실이 풍성하신 하나님이시오니

(시 100:5) 대저 여호와는 선하시니 그 인자하심이 영원하고 그 성실하심이 대대에 미치리로다

(시 103:8) 여호와는 자비로우시며 은혜로우시며 노하기를 더디 하시며 인자하심이 풍부하시도다

(시 116:5) 여호와는 은혜로우시며 의로우시며 우리 하나님은 자비하시도다

(시 138:8) 여호와께서 내게 관계된 것을 완전케 하실지라 여호와여 주의 인자하심이 영원하오니 주의 손으로 지으신 것을 버리지 마옵소서

(애 3:22) 여호와의 자비와 긍휼이 무궁하시므로 우리가 진멸되지 아니함이니이다

(욘 4:2) 여호와께 기도하여 가로되 여호와여 내가 고국에 있을 때에 이러하겠다고 말씀하지 아니하였나이까 그러므로 내가 빨리 다시스로 도망하였

사오니 주께서는 은혜로우시며 자비로우시며 노하기를 더디하시며 인애가

크시사 뜻을 돌이켜 재앙을 내리지 아니하시는 하나님이신 줄을 알았음이

니이다

(미 7:18) 주와 같은 신이 어디 있으리이까 주께서는 죄악을 사유하시며 그

기업의 남은 자의 허물을 넘기시며 인애를 기뻐하심으로 노를 항상 품지 아

니하시나이다

(롬 8:32) 자기 아들을 아끼지 아니하시고 우리 모든 사람을 위하여 내어

주신 이가 어찌 그 아들과 함께 모든 것을 우리에게 은사로 주지 아니하시

겠느뇨

(고후 1:3) 찬송하리로다 그는 우리 주 예수 그리스도의 하나님이시요 자비의

아버지시요 모든 위로의 하나님이시며

(엡 2:4) 긍휼에 풍성하신 하나님이 우리를 사랑하신 그 큰 사랑을 인하여

⑥ 진리(완전 정직)

예언의 말씀을 성취시키시는 **하나님**의 신실성과 그의 약속을 지키

시고 실행하심에서 완전하심을 볼 수 있다.

(출 34:6) 여호와께서 그의 앞으로 지나시며 반포하시되 여호와로라 여호

와로라 자비롭고 은혜롭고 노하기를 더디하고 인자와 진실이 많은 하나님

이로라

(민 23:19) 하나님은 인생이 아니시니 식언치 않으시고 인자가 아니시니 후

회가 없으시도다 어찌 그 말씀하신 바를 행치 않으시며 하신 말씀을 실행치

않으시랴

(신 32:4) 그는 반석이시니 그 공덕이 완전하고 그 모든 길이 공평하며 진실

무망하신 하나님이시니 공의로우시고 정직하시도다

(시 100:5) 대저 여호와는 선하시니 그 인자하심이 영원하고 그 성실하심이 대대에 미치리로다

(시 146:6) 여호와는 천지와 바다와 그 중의 만물을 지으시며 영원히 진실함을 지키시며

(사 25:1) 여호와여 주는 나의 하나님이시라 내가 주를 높이고 주의 이름을 찬송하오리니 주는 기사를 옛적의 정하신 뜻대로 성실함과 진실함으로 행하셨음이라

(딤후 2:13) 우리는 미쁨이 없을지라도 주는 일향 미쁘시니 자기를 부인하실 수 없으시리라

(딛 1:2) 영생의 소망을 인함이라 이 영생은 거짓이 없으신 하나님이 영원한 때 전부터 약속하신 것인데

(계 15:3) 하나님의 종 모세의 노래, 어린 양의 노래를 불러 가로되 주 하나님 곧 전능하신 이시여 하시는 일이 크고 기이하시도다 만국의 왕이시여 주의 길이 의롭고 참되시도다

제4장 예수 그리스도

성경은 **성자 예수 그리스도**가 어떤 분이신가를 말해주고 있다.

1. 예수 그리스도는 참 인간이셨다

다음 성구들이 이것을 말해주고 있다. **인자**란 말이 80번 나와 있다.

1) 육신이 되었다(요한복음 1:14).

(요 1:14) 말씀이 육신이 되어 우리 가운데 거하시매 우리가 그 영광을 보니 아버지의 독생자의 영광이요 은혜와 진리가 충만하더라

2) 여자에게서 나셨다(갈라디아서 4:4).

(갈 4:4) 때가 차매 하나님이 그 아들을 보내사 여자에게서 나게 하시고 율법 아래 나게 하신 것은

3) 사람들과 같이 되셨다(빌립보서 2:7, 8).

(빌 2:7,8) 오히려 자기를 비어 종의 형체를 가져 사람들과 같이 되었고, 사람의 모양으로 나타나셨으매 자기를 낮추시고 죽기까지 복종하셨으니 곧 십자가에 죽으심이라

4) 아기로 나셨다(이사야 9:6, 7:14, 마태복음 1:18-25).

(사 9:6) 이는 한 아기가 우리에게 났고 한 아들을 우리에게 주신 바 되었는데 그 어깨에는 정사를 메었고 그 이름은 기묘자라, 모사라, 전능하신 하나님이라, 영존하시는 아버지라, 평강의 왕이라 할 것임이라

(사 7:14) 그러므로 주께서 친히 징조로 너희에게 주실 것이라 보라 처녀가 잉태하여 아들을 낳을 것이요 그 이름을 임마누엘이라 하리라

(마 1:18-25) 예수 그리스도의 나심은 이러하니라 그 모친 마리아가 요셉과 정혼하고 동거하기 전에 성령으로 잉태된 것이 나타났더니, 그 남편 요셉은 의로운 사람이라 저를 드러내지 아니하고 가만히 끊고자 하여, 이 일을 생각할 때에 주의 사자가 현몽하여 가로되 다윗의 자손 요셉아 네 아내 마리아 데려오기를 무서워 말라 저에게 잉태된 자는 성령으로 된 것이라. 아들을 낳으리니 이름을 예수라 하라 이는 그가 자기 백성을 저희 죄에서 구원할 자이심이라 하니라. 이 모든 일의 된 것은 주께서 선지자로 하신 말씀을 이루려 하심이니 가라사대, 보라 처녀가 잉태하여 아들을 낳을 것이요 그 이름은 임마누엘이라 하리라 하셨으니 이를 번역한즉 하나님이 우리와 함께 계시다 함이라. 요셉이 잠을 깨어 일어나서 주의 사자의 분부대로 행하여 그 아내를 데려왔으나, 아들을 낳기까지 동침치 아니하더니 낳으매 이름을 예수라 하니라

5) 장성하셨다(누가복음 2:52).

(눅 2:52) 예수는 그 지혜와 그 키가 자라가며 하나님과 사람에게 더 사랑스러워 가시더라

6) 슬픔을 당하셨다(이사야 53:3, 마태복음 26:38).

(사 53:3) 그는 멸시를 받아서 사람에게 싫어 버린 바 되었으며 간고를 많이

겪었으며 질고를 아는 자라 마치 사람들에게 얼굴을 가리우고 보지 않음을 받는 자 같아서 멸시를 당하였고 우리도 그를 귀히 여기지 아니하였도다

(마 26:38) 이에 말씀하시되 내 마음이 심히 고민하여 죽게 되었으니 너희는 여기 머물러 나와 함께 깨어 있으라 하시고

7) 주리셨다(마태복음 4:2).

(마 4:2) 사십 일을 밤낮으로 금식하신 후에 주리신지라

8) 지치셨다(요한복음 4:6).

(요 4:6) 거기 또 야곱의 우물이 있더라 예수께서 행로에 곤하여 우물 곁에 그대로 앉으시니 때가 제 육 시쯤 되었더라

9) 시험을 받으셨다(마태복음 4:3).

(마 4:3) 시험하는 자가 예수께 나아와서 가로되 네가 만일 하나님의 아들이어든 명하여 이 돌들이 떡덩이가 되게 하라

10) 땀을 흘리셨다(누가복음 22:44).

(눅 22:44) 예수께서 힘쓰고 애써 더욱 간절히 기도하시니 땀이 땅에 떨어지는 피 방울같이 되더라

11) 눈물을 흘리셨다(요한복음 11:35).

(요 11:35) 예수께서 눈물을 흘리시더라

12) 노하시고 슬퍼하셨다(마가복음 3:5).

(막 3:5) 저희 마음의 완악함을 근심하사 노하심으로 저희를 둘러보시고 그 사
람에게 이르시되 네 손을 내밀라 하시니 그가 내밀매 그 손이 회복되었더라

13) 죽음을 당하셨다(요한복음 19:33).

(요 19:33) 예수께 이르러는 이미 죽은 것을 보고 다리를 꺾지 아니하고

14) 장사되었다(요한복음 19:42).

(요 19:42) 이 날은 유대인의 예비일이요 또 무덤이 가까운 고로 예수를 거기
두니라

예수 그리스도께서 받으신 고난과 죽음은 그가 단순히 사람이었다
는 것을 증명하는 것이 아니고, **예수님**은 다른 사람들처럼 몸과 마음
을 소유하신 참 **인간**이셨다는 것을 알게 하는 것이다.

그리스도께서는 **구약성경**에 예언된 말씀대로 오셨다(사 7:14). 그
는 **성령**에 의해 잉태되셨고(눅 1:35), **동정녀**에게서 나셨으며(마
1:23), 그는 몸(히 10:5)과 혼(마 26:38)과 영(눅 23:46)을 가지신 참
인간이셨다.

(사 7:14) 그러므로 주께서 친히 징조로 너희에게 주실 것이라 보라 처녀가
잉태하여 아들을 낳을 것이요 그 이름을 임마누엘이라 하리라
(눅 1:35) 천사가 대답하여 가로되 성령이 네게 임하시고 지극히 높으신 이의
능력이 너를 덮으시리니 이러므로 나실 바 거룩한 자는 하나님의 아들이라
일컬으리라

(마 1:23) 보라 처녀가 잉태하여 아들을 낳을 것이요 그 이름은 임마누엘이라 하리라 하셨으니 이를 번역한즉 하나님이 우리와 함께 계시다 함이라

(히 10:5) 그러므로 세상에 임하실 때에 가라사대 하나님이 제사와 예물을 원치 아니하시고 오직 나를 위하여 한 몸을 예비하셨도다

(마 26:38) 이에 말씀하시되 내 마음이 심히 고민하여 죽게 되었으니 너희는 여기 머물러 나와 함께 깨어 있으라 하시고

(눅 23:46) 예수께서 큰 소리로 불러 가라사대 아버지여 내 영혼을 아버지 손에 부탁하나이다 하고 이 말씀을 하신 후 운명하시다

2. 예수 그리스도는 바로 하나님이시다

다음의 **성구**들이 이것을 말해주고 있다.

1) 하나님으로 말씀되어 있다

(요 1:1) 태초에 말씀이 계시니라 이 말씀이 하나님과 함께 계셨으니 이 말씀은 곧 하나님이시니라

(요 20:28) 도마가 대답하여 가로되 나의 주시며 나의 하나님이시니이다

(행 20:28) 너희는 자기를 위하여 또는 온 양 떼를 위하여 삼가라 성령이 저들 가운데 너희로 감독자를 삼고 하나님이 자기 피로 사신 교회를 치게 하셨느니라

(롬 9:5) 조상들도 저희 것이요 육신으로 하면 그리스도가 저희에게서 나셨으니 저는 만물 위에 계셔 세세에 찬양을 받으실 하나님이시니라 아멘

(골 2:9) 그 안에는 신성의 모든 충만이 육체로 거하시고

(빌 2:6) 그는 근본 하나님의 본체시나 하나님과 동등됨을 취할 것으로 여기지 아니하시고

(딤전 3:16) 크도다 경건의 비밀이여, 그렇지 않다 하는 이 없도다 그는 육신으로 나타난 바 되시고 영으로 의롭다 하심을 입으시고 천사들에게 보이시고 만국에서 전파되시고 세상에서 믿은 바 되시고 영광 가운데서 올리우셨음이니라

(딛 2:10) 떼어 먹지 말고 오직 선한 충성을 다하게 하라 이는 범사에 우리 구주 하나님의 교훈을 빛나게 하려 함이라

(히 1:8) 아들에 관하여는 하나님이여 주의 보좌가 영영하며 주의 나라의 홀은 공평한 홀이니이다

(요일 5:20) 또 아는 것은 하나님의 아들이 이르러 우리에게 지각을 주사 우리로 참된 자를 알게 하신 것과 또한 우리가 참된 자 곧 그의 아들 예수 그리스도 안에 있는 것이니 그는 참 하나님이시요 영생이시라

2) 그의 속성들이 이것을 말해준다
① 그의 영원성

(사 9:6) 이는 한 아기가 우리에게 났고 한 아들을 우리에게 주신 바 되었는데 그 어깨에는 정사를 메었고 그 이름은 기묘자라, 모사라, 전능하신 하나님이라, 영존하시는 아버지라, 평강의 왕이라 할 것임이라

(미 5:2) 베들레헴 에브라다야 너는 유다 족속 중에 작을지라도 이스라엘을 다스릴 자가 네게서 내게로 나올 것이라 그의 근본은 상고에, 태초에니라

(요 1:1) 태초에 말씀이 계시니라 이 말씀이 하나님과 함께 계셨으니 이 말씀은 곧 하나님이시니라

(요 8:58) 예수께서 가라사대 진실로 진실로 너희에게 이르노니 아브라함이 나기 전부터 내가 있느니라 하시니

(골 1:17) 또한 그가 만물보다 먼저 계시고 만물이 그 안에 함께 섰느니라

(히 7:3) 아비도 없고 어미도 없고 족보도 없고 시작한 날도 없고 생명의 끝도 없어 하나님 아들과 방불하여 항상 제사장으로 있느니라

(히 13:8) 예수 그리스도는 어제나 오늘이나 영원토록 동일하시니라

(계 1:8) 주 하나님이 가라사대 나는 알파와 오메가라 이제도 있고 전에도 있었고 장차 올 자요 전능한 자라 하시더라

② 그의 명칭들

"알파와 오메가" – 계시록 1:8, 21:6, 22:13.

(계 1:8) 주 하나님이 가라사대 나는 알파와 오메가라 이제도 있고 전에도 있었고 장차 올 자요 전능한 자라 하시더라

(계 21:6) 또 내게 말씀하시되 이루었도다 나는 알파와 오메가요 처음과 나중이라 내가 생명수 샘물로 목마른 자에게 값없이 주리니

(계 22:13) 나는 알파와 오메가요 처음과 나중이요 시작과 끝이라

"임마누엘" – 마태복음 1:23.

(마 1:23) 보라 처녀가 잉태하여 아들을 낳을 것이요 그 이름은 임마누엘이라 하리라 하셨으니 이를 번역한즉 하나님이 우리와 함께 계시다 함이라

"처음과 나중" – 계시록 1:17.

(계 1:17) 내가 볼 때에 그 발 앞에 엎드러져 죽은 자같이 되매 그가 오른손을

내게 얹고 가라사대 두려워 말라 나는 처음이요 나중이니

"영원한 아버지" – 이사야 9:6.

(사 9:6) 이는 한 아기가 우리에게 났고 한 아들을 우리에게 주신 바 되었는데 그 어깨에는 정사를 메었고 그 이름은 기묘자라, 모사라, 전능하신 하나님이라, 영존하시는 아버지라, 평강의 왕이라 할 것임이라

"능력 있는 하나님" – 이사야 9:6.

(사 9:6) 이는 한 아기가 우리에게 났고 한 아들을 우리에게 주신 바 되었는데 그 어깨에는 정사를 메었고 그 이름은 기묘자라, 모사라, 전능하신 하나님이라, 영존하시는 아버지라, 평강의 왕이라 할 것임이라

"거룩한 분" – 누가복음 4:34, 사도행전 3:14.

(눅 4:34) 아 나사렛 예수여 우리가 당신과 무슨 상관이 있나이까 우리를 멸하러 왔나이까 나는 당신이 누구인 줄 아노니 하나님의 거룩한 자니이다

(행 3:14) 너희가 거룩하고 의로운 자를 부인하고 도리어 살인한 사람을 놓아 주기를 구하여

"의로운 분" – 사도행전 7:52

(행 7:52) 너희 조상들은 선지자 중에 누구를 핍박지 아니하였느냐 의인이 오시리라 예고한 자들을 저희가 죽였고 이제 너희는 그 의인을 잡아 준 자요 살인한 자가 되나니

"영원한 왕" – 누가복음 1:33

(눅 1:33) 영원히 야곱의 집에 왕 노릇 하실 것이며 그 나라가 무궁하리라

"만왕의 왕이요, 만주의 주" – 디모데 전서 6:15, **계시록** 17:14, 19:16.

(딤전 6:15) 기약이 이르면 하나님이 그의 나타나심을 보이시리니 하나님은 복되시고 홀로 한 분이신 능하신 자이며 만왕의 왕이시며 만주의 주시오

(계 17:14) 저희가 어린 양으로 더불어 싸우려니와 어린 양은 만주의 주시요 만왕의 왕이시므로 저희를 이기실 터이요 또 그와 함께 있는 자들 곧 부르심을 입고 빼내심을 얻고 진실한 자들은 이기리로다

(계 19:16) 그 옷과 그 다리에 이름 쓴 것이 있으니 만왕의 왕이요 만주의 주라 하였더라

"영광의 주" – 고린도 전서 2:8.

(고전 2:8) 이 지혜는 이 세대의 관원이 하나도 알지 못하였나니 만일 알았더면 영광의 주를 십자가에 못 박지 아니하였으리라

"생명의 왕" – 사도행전 3:15.

(행 3:15) 생명의 주를 죽였도다 그러나 하나님이 죽은 자 가운데서 살리셨으니 우리가 이 일에 증인이로라

"구주" – 누가복음 2:11.

(눅 2:11) 오늘날 다윗의 동네에 너희를 위하여 구주가 나셨으니 곧 그리스도 주시니라

"지존자의 아들" – 누가복음 1:32.

(눅 1:32) 저가 큰 자가 되고 지극히 높으신 이의 아들이라 일컬을 것이요 주 하나님께서 그 조상 다윗의 위를 저에게 주시리니

"하나님의 아들" – 마태복음 16장.

(마 16:13–19) 예수께서 가이사랴 빌립보 지방에 이르러 제자들에게 물어 가라사대 사람들이 인자를 누구라 하느냐 가로되 더러는 세례 요한, 더러는 엘리야, 어떤 이는 예레미야나 선지자 중의 하나라 하나이다. 가라사대 너희는 나를 누구라 하느냐. 시몬 베드로가 대답하여 가로되 주는 그리스도시요 살아 계신 하나님의 아들이시니이다. 예수께서 대답하여 가라사대 바요나 시몬아 네가 복이 있도다 이를 네게 알게 한 이는 혈육이 아니요 하늘에 계신 내 아버지시니라. 또 내가 네게 이르노니 너는 베드로라 내가 이 반석 위에 내 교회를 세우리니 음부의 권세가 이기지 못하리라. 내가 천국 열쇠를 네게 주리니 네가 땅에서 무엇이든지 매면 하늘에서도 매일 것이요 네가 땅에서 무엇이든지 풀면 하늘에서도 풀리리라 하시고

③ 편재성

(마 18:20) 두 세 사람이 내 이름으로 모인 곳에는 나도 그들 중에 있느니라

(요 3:13) 하늘에서 내려온 자 곧 인자 외에는 하늘에 올라간 자가 없느니라

④ 전지성

(마 9:4) 예수께서 그 생각을 아시고 가라사대 너희가 어찌하여 마음에 악한 생각을 하느냐

(막 2:8) 저희가 속으로 이렇게 의논하는 줄을 예수께서 곧 중심에 아시고 이르시되 어찌하여 이것을 마음에 의논하느냐

(요 2:24) 예수는 그 몸을 저희에게 의탁지 아니하셨으니 이는 친히 모든 사람을 아심이요

(요 6:64) 그러나 너희 중에 믿지 아니하는 자들이 있느니라 하시니 이는 예수께서 믿지 아니하는 자들이 누구며 자기를 팔 자가 누군지 처음부터 아심이러라

(요 16:30) 우리가 지금에야 주께서 모든 것을 아시고 또 사람의 물음을 기다리시지 않는 줄 아나이다 이로써 하나님께로서 나오심을 우리가 믿삽나이다

(요 21:17) 세 번째 가라사대 요한의 아들 시몬아 네가 나를 사랑하느냐 하시니 주께서 세 번째 네가 나를 사랑하느냐 하시므로 베드로가 근심하여 가로되 주여 모든 것을 아시오매 내가 주를 사랑하는 줄을 주께서 아시나이다 예수께서 가라사대 내 양을 먹이라

(행 1:24) 저희가 기도하여 가로되 뭇 사람의 마음을 아시는 주여 이 두 사람 중에 누가 주의 택하신 바 되어

⑤ 전능성

(사 9:6) 이는 한 아기가 우리에게 났고 한 아들을 우리에게 주신 바 되었는데 그 어깨에는 정사를 메었고 그 이름은 기묘자라, 모사라, 전능하신 하나님이라, 영존하시는 아버지라, 평강의 왕이라 할 것임이라

(마 28:18) 예수께서 나아와 일러 가라사대 하늘과 땅의 모든 권세를 내게 주셨으니

(요 10:18) 이를 내게서 빼앗는 자가 있는 것이 아니라 내가 스스로 버리노라

나는 버릴 권세도 있고 다시 얻을 권세도 있으니 이 계명은 내 아버지에게서 받았노라 하시니라

(롬 9:5) 조상들도 저희 것이요 육신으로 하면 그리스도가 저희에게서 나셨으니 저는 만물 위에 계셔 세세에 찬양을 받으실 하나님이시니라 아멘

(엡 1:21) 모든 정사와 권세와 능력과 주관하는 자와 이 세상뿐 아니라 오는 세상에 일컫는 모든 이름 위에 뛰어나게 하시고

(골 1:16-18) 만물이 그에게 창조되되 하늘과 땅에서 보이는 것들과 보이지 않는 것들과 혹은 보좌들이나 주관들이나 정사들이나 권세들이나 만물이 다 그로 말미암고 그를 위하여 창조되었고, 또한 그가 만물보다 먼저 계시고 만물이 그 안에 함께 섰느니라. 그는 몸인 교회의 머리라 그가 근본이요 죽은 자들 가운데서 먼저 나신 자니 이는 친히 만물의 으뜸이 되려 하심이요

(골 2:10) 너희도 그 안에서 충만하여졌으니 그는 모든 정사와 권세의 머리시라

(히 1:13) 어느 때에 천사 중 누구에게 내가 네 원수로 네 발등상 되게 하기까지 너는 내 우편에 앉았으라 하셨느뇨

(계 1:8) 주 하나님이 가라사대 나는 알파와 오메가라 이제도 있고 전에도 있었고 장차 올 자요 전능한 자라 하시더라

⑥ 지혜

(골 2:3) 그 안에는 지혜와 지식의 모든 보화가 감취어 있느니라

⑦ 성결

(막 1:24) 나사렛 예수여 우리가 당신과 무슨 상관이 있나이까 우리를 멸하러

왔나이까 나는 당신이 누구인 줄 아노니 하나님의 거룩한 자니이다

⑧ 정의

(행 22:14) 그가 또 가로되 우리 조상들의 하나님이 너를 택하여 너로 하여금 자기 뜻을 알게 하시며 저 의인을 보게 하시고 그 입에서 나오는 음성을 듣게 하셨으니

⑨ 진리

(요 14:6) 예수께서 가라사대 내가 곧 길이요 진리요 생명이니 나로 말미암지 않고는 아버지께로 올 자가 없느니라

⑩ 선하심

(행 10:38) 하나님이 나사렛 예수에게 성령과 능력을 기름붓듯 하셨으매 저가 두루 다니시며 착한 일을 행하시고 마귀에게 눌린 모든 자를 고치셨으니 이는 하나님이 함께 하셨음이라

3) 행하신 일이 하나님이심을 말해주고 있다
① 창조의 역사

(요 1:3) 만물이 그로 말미암아 지은 바 되었으니 지은 것이 하나도 그가 없이는 된 것이 없느니라

(요 1:10) 그가 세상에 계셨으며 세상은 그로 말미암아 지은 바 되었으되 세상이 그를 알지 못하였고

(골 1:16) 만물이 그에게 창조되되 하늘과 땅에서 보이는 것들과 보이지 않는

것들과 혹은 보좌들이나 주관들이나 정사들이나 권세들이나 만물이 다 그로 말미암고 그를 위하여 창조되었고

(고전 8:6) 그러나 우리에게는 한 하나님 곧 아버지가 계시니 만물이 그에게서 났고 우리도 그를 위하며 또한 한 주 예수 그리스도께서 계시니 만물이 그로 말미암고 우리도 그로 말미암았느니라

(히 1:2) 이 모든 날 마지막에 아들로 우리에게 말씀하셨으니 이 아들을 만유의 후사로 세우시고 또 저로 말미암아 모든 세계를 지으셨느니라

② 영감의 역사

(벧전 1:11) 자기 속에 계신 그리스도의 영이 그 받으실 고난과 후에 얻으실 영광을 미리 증거하여 어느 시, 어떠한 때를 지시하시는지 상고하니라

(요 14:26) 보혜사 곧 아버지께서 내 이름으로 보내실 성령 그가 너희에게 모든 것을 가르치시고 내가 너희에게 말한 모든 것을 생각나게 하시리라

(요 18:37) 빌라도가 가로되 그러면 네가 왕이 아니냐 예수께서 대답하시되 네 말과 같이 내가 왕이니라 내가 이를 위하여 났으며 이를 위하여 세상에 왔나니 곧 진리에 대하여 증거하려 함이로다 무릇 진리에 속한 자는 내 소리를 듣느니라 하신대

③ 구원의 역사

이사야 45:21, **디모데 전서** 4:10, **사도행전** 4:12, **히브리서** 5:9, 7:25를 비교해 보기 바랍니다.

(사 45:21) 너희는 고하며 진술하고 또 피차 상의하여 보라 이 일을 이전부터 보인 자가 누구냐 예로부터 고한 자가 누구냐 나 여호와가 아니냐 나 외에 다

른 신이 없나니 나는 공의를 행하며 구원을 베푸는 하나님이라 나 외에 다른 이가 없느니라

(딤전 4:10) 이를 위하여 우리가 수고하고 진력하는 것은 우리 소망을 살아 계신 하나님께 둠이니 곧 모든 사람 특히 믿는 자들의 구주시라

(행 4:12) 다른 이로서는 구원을 얻을 수 없나니 천하 인간에 구원을 얻을 만한 다른 이름을 우리에게 주신 일이 없음이니라 하였더라

(히 5:9) 온전하게 되었은즉 자기를 순종하는 모든 자에게 영원한 구원의 근원이 되시고

(히 7:25) 그러므로 자기를 힘입어 하나님께 나아가는 자들을 온전히 구원하실 수 있으니 이는 그가 항상 살아서 저희를 위하여 간구하심이니라

④ 부활의 역사

(요 5:21) 아버지께서 죽은 자들을 일으켜 살리심같이 아들도 자기의 원하는 자들을 살리느니라

(요 5:28,29) 이를 기이히 여기지 말라 무덤 속에 있는 자가 다 그의 음성을 들을 때가 오나니, 선한 일을 행한 자는 생명의 부활로 악한 일을 행한 자는 심판의 부활로 나오리라

(요 6:40) 내 아버지의 뜻은 아들을 보고 믿는 자마다 영생을 얻는 이것이니 마지막 날에 이를 다시 살리리라 하시니라

(요 11:25) 예수께서 가라사대 나는 부활이요 생명이니 나를 믿는 자는 죽어도 살겠고

⑤ 심판의 역사

(마 24:30) 그 때에 인자의 징조가 하늘에서 보이겠고 그 때에 땅의 모든 족속들이 통곡하며 그들이 인자가 구름을 타고 능력과 큰 영광으로 오는 것을 보리라

(마 25:31) 인자가 자기 영광으로 모든 천사와 함께 올 때에 자기 영광의 보좌에 앉으리니

(행 17:31) 이는 정하신 사람으로 하여금 천하를 공의로 심판할 날을 작정하시고 이에 저를 죽은 자 가운데서 다시 살리신 것으로 모든 사람에게 믿을 만한 증거를 주셨음이니라 하니라

(롬 14:10) 네가 어찌하여 네 형제를 판단하느뇨 어찌하여 네 형제를 업신여기느뇨 우리가 다 하나님의 심판대 앞에 서리라

(고후 5:10) 이는 우리가 다 반드시 그리스도의 심판대 앞에 드러나 각각 선악간에 그 몸으로 행한 것을 따라 받으려 함이라

(딤후 4:1) 하나님 앞과 산 자와 죽은 자를 심판하실 그리스도 예수 앞에서 그의 나타나실 것과 그의 나라를 두고 엄히 명하노니

4) 그에 대한 경배가 그가 하나님이심을 말해 주고 있다
신약성경에 그에 대한 경배가 15번 나와 있다.

(마 2:11) 집에 들어가 아기와 그 모친 마리아의 함께 있는 것을 보고 엎드려 아기께 경배하고 보배합을 열어 황금과 유향과 몰약을 예물로 드리니라

(마 14:33) 배에 있는 사람들이 예수께 절하며 가로되 진실로 하나님의 아들이로소이다 하더라

(눅 24:52) 저희가 (그에게 경배하고) 큰 기쁨으로 예루살렘에 돌아가

(히 1:6) 또 맏아들을 이끌어 세상에 다시 들어오게 하실 때에 하나님의 모든 천사가 저에게 경배할지어다 말씀하시며

(요 5:23) 이는 모든 사람으로 아버지를 공경하는 것같이 아들을 공경하게 하려 하심이라 아들을 공경치 아니하는 자는 그를 보내신 아버지를 공경치 아니하느니라

(계 5:12) 큰 음성으로 가로되 죽임을 당하신 어린 양이 능력과 부와 지혜와 힘과 존귀와 영광과 찬송을 받으시기에 합당하도다 하더라

(계 5:13) 내가 또 들으니 하늘 위에와 땅 위에와 땅 아래와 바다 위에와 또 그 가운데 모든 만물이 가로되 보좌에 앉으신 이와 어린 양에게 찬송과 존귀와 영광과 능력을 세세토록 돌릴지어다 하니

3. 예수 그리스도는 신성과 인성을 겸비하신 분

1) 예수 그리스도란 이름이 바로 그것을 말해 준다

예수 즉 **구주**란 말은 인간적인 명칭이요, "기름 부음을 받다"라는 **그리스도**란 말은 공적인 명칭이다.

임마누엘 – 마태복음 1:23, **디모데 전서** 3:16, **요한복음** 1:14.

(마 1:23) 보라 처녀가 잉태하여 아들을 낳을 것이요 그 이름은 임마누엘이라 하리라 하셨으니 이를 번역한즉 하나님이 우리와 함께 계시다 함이라

(딤전 3:16) 크도다 경건의 비밀이여, 그렇지 않다 하는 이 없도다 그는 육신으로 나타난 바 되시고 영으로 의롭다 하심을 입으시고 천사들에게 보이시고 만국에서 전파되시고 세상에서 믿은 바 되시고 영광 가운데서 올리우셨음이니라

(요 1:14) 말씀이 육신이 되어 우리 가운데 거하시매 우리가 그 영광을 보니 아버지의 독생자의 영광이요 은혜와 진리가 충만하더라

2) 로마서 9장 5절의 말씀

"육신으로(인성)하면 **그리스도**가 저희에게 나셨으니 저는 만물 위에 계셔 세세에 찬양을 받으실 **하나님**(신성)이시니라."(롬 9:5)

3) 하나님으로서 예수 그리스도는 다윗과 그 나라의 뿌리이고, 원천이며, 기원이시고, 사람으로서 그는 다윗의 허리에서 나신 분이시다

(마 1:1) 아브라함과 다윗의 자손 예수 그리스도의 세계라

(막 12:36) 다윗이 성령에 감동하여 친히 말하되 주께서 내 주께 이르시되 내가 네 원수를 네 발 아래 둘 때까지 내 우편에 앉았으라 하셨도다 하였느니라

(계 22:16) 나 예수는 교회들을 위하여 내 사자를 보내어 이것들을 너희에게 증거하게 하였노라 나는 다윗의 뿌리요 자손이니 곧 광명한 새벽 별이라 하시더라

4) 사람으로서 그는 나사로의 무덤을 보고는 우셨고, 하나님으로서 그는 나사로를 죽음에서 일으키셨다

(요 11:35) 예수께서 눈물을 흘리시더라

(요 11:43,44) 이 말씀을 하시고 큰 소리로 나사로야 나오라 부르시니, 죽은 자가 수족을 베로 동인 채로 나오는데 그 얼굴은 수건에 싸였더라 예수께서 가라사대 풀어 놓아 다니게 하라 하시니라

5) 사람으로서 그는 고난 받으시고 죽으셨으나, 하나님으로서 그는 자신을 무덤에서 일으키셨다

(막 14:34,35) 말씀하시되 내 마음이 심히 고민하여 죽게 되었으니 너희는 여기 머물러 깨어 있으라 하시고, 조금 나아가사 땅에 엎드리어 될 수 있는 대로 이 때가 자기에게서 지나가기를 구하여

(막 15:34) 제 구 시에 예수께서 크게 소리지르시되 엘리 엘리 라마 사박다니 하시니 이를 번역하면 나의 하나님, 나의 하나님 어찌하여 나를 버리셨나이까 하는 뜻이라

(막 15:37) 예수께서 큰 소리를 지르시고 운명하시다

(요 10:18) 이를 내게서 빼앗는 자가 있는 것이 아니라 내가 스스로 버리노라 나는 버릴 권세도 있고 다시 얻을 권세도 있으니 이 계명은 내 아버지에게서 받았노라 하시니라

(요 14:9) 예수께서 가라사대 빌립아 내가 이렇게 오래 너희와 함께 있으되 네가 나를 알지 못하느냐 나를 본 자는 아버지를 보았거늘 어찌하여 아버지를 보이라 하느냐

예수 그리스도에게는 두 본성이 연합되어 있는 까닭에 이중적 형태로 말씀되어 있다.

요한복음 14:28에 있는 "나의 아버지는 나보다 크시다"란 말씀은 보냄을 받은 중보자적 입장에서 **성부**께 대한 자신의 직분을 말한 것이지 그의 본성을 가리켜 말한 것이 아니다.

"**하나님**은 나 보다 크시다"란 말을 누가 감히 할 수 있을까?

예수께서 그렇게 하신 말씀은 오히려 **하나님**과 동등됨을 밝히신

것이라 볼 수 있다.

> (요 14:28) 내가 갔다가 너희에게로 온다 하는 말을 너희가 들었나니 나를 사랑하였더면 나의 아버지께로 감을 기뻐하였으리라 아버지는 나보다 크심이니라

4. 예수 그리스도의 성육신

예수께서 인간의 몸을 입고 이 땅에 오신 것은 **성부 하나님**을 보이시기 위함이요(요 14:9), 자신의 희생을 통해서 죄를 없이하려 함이요(히 9:26), **사탄**의 일을 멸하려 하심이다(요일 3:8).

> (요 14:9) 예수께서 가라사대 빌립아 내가 이렇게 오래 너희와 함께 있으되 네가 나를 알지 못하느냐 나를 본 자는 아버지를 보았거늘 어찌하여 아버지를 보이라 하느냐
>
> (히 9:26) 그리하면 그가 세상을 창조할 때부터 자주 고난을 받았어야 할 것이로되 이제 자기를 단번에 제사로 드려 죄를 없게 하시려고 세상 끝에 나타나셨느니라
>
> (요일 3:8) 죄를 짓는 자는 마귀에게 속하나니 마귀는 처음부터 범죄함이라 하나님의 아들이 나타나신 것은 마귀의 일을 멸하려 하심이니라

5. 예수 그리스도의 십자가

예수 그리스도께서 **십자가**에 달리심은 필요한 죽음이었고(요 3:14), **하나님**의 영원한 목적 중에 든 것이며(히 10:7), **구약성경**의 예

언의 말씀 성취를 위해서도 필요했고(사 53:5), 인간을 위해 구원을 마련하는데 필요했다(엡 1:7).

(요 3:14) 모세가 광야에서 뱀을 든 것같이 인자도 들려야 하리니

(히 10:7) 이에 내가 말하기를 하나님이여 보시옵소서 두루마리 책에 나를 가리켜 기록한 것과 같이 하나님의 뜻을 행하러 왔나이다 하시니라

(사 53:5) 그가 찔림은 우리의 허물을 인함이요 그가 상함은 우리의 죄악을 인함이라 그가 징계를 받음으로 우리가 평화를 누리고 그가 채찍에 맞음으로 우리가 나음을 입었도다

(엡 1:7) 우리가 그리스도 안에서 그의 은혜의 풍성함을 따라 그의 피로 말미암아 구속 곧 죄 사함을 받았으니

6. 예수 그리스도의 부활

예수 그리스도의 **부활**은 십자가의 일을 완성하기 위해서 필요했고, 예언의 성취를 위해서도 필요했다.

(눅 24:39) 내 손과 발을 보고 나인 줄 알라 또 나를 만져 보라 영은 살과 뼈가 없으되 너희 보는 바와 같이 나는 있느니라

(요 20:27) 도마에게 이르시되 네 손가락을 이리 내밀어 내 손을 보고 네 손을 내밀어 내 옆구리에 넣어 보라 그리하고 믿음 없는 자가 되지 말고 믿는 자가 되라

(롬 4:25) 예수는 우리 범죄함을 위하여 내어 줌이 되고 또한 우리를 의롭다 하심을 위하여 살아나셨느니라

7. 예수 그리스도의 승천

예수 그리스도께서는 승천하셔서 **하나님** 우편에서 **하나님**의 백성들을 위해 역사하고 계신다.

> (막 16:19) 주 예수께서 말씀을 마치신 후에 하늘로 올리우사 하나님 우편에 앉으시니라
>
> (행 1:9) 이 말씀을 마치시고 저희 보는 데서 올리워 가시니 구름이 저를 가리워 보이지 않게 하더라

8. 선지자, 제사장 그리고 왕이신 예수 그리스도

성경 가운데 **예수 그리스도**는 선지자와 제사장과 왕으로 나타나 있다.

> (요 1:18) 본래 하나님을 본 사람이 없으되 아버지 품속에 있는 독생하신 하나님이 나타내셨느니라
>
> (히 4:14-16) 그러므로 우리에게 큰 대제사장이 있으니 승천하신 자 곧 하나님 아들 예수시라 우리가 믿는 도리를 굳게 잡을지어다. 우리에게 있는 대제사장은 우리 연약함을 체휼하지 아니하는 자가 아니요 모든 일에 우리와 한결같이 시험을 받은 자로되 죄는 없으시니라. 그러므로 우리가 긍휼하심을 받고 때를 따라 돕는 은혜를 얻기 위하여 은혜의 보좌 앞에 담대히 나아갈 것이니라
>
> (시 72:1-19) 하나님이여 주의 판단력을 왕에게 주시고 주의 의를 왕의 아들에게 주소서. 저가 주의 백성을 의로 판단하며 주의 가난한 자를 공의로 판단

하리니. 의로 인하여 산들이 백성에게 평강을 주며 작은 산들도 그리하리로 다. 저가 백성의 가난한 자를 신원하며 궁핍한 자의 자손을 구원하며 압박하는 자를 꺾으리로다. 저희가 해가 있을 동안에 주를 두려워하며 달이 있을 동안에 대대로 그리하리로다. 저는 벤 풀에 내리는 비같이, 땅을 적시는 소낙비 같이 임하리니. 저의 날에 의인이 흥왕하여 평강의 풍성함이 달이 다할 때까지 이르리로다. 저가 바다에서부터 바다까지와 강에서부터 땅 끝까지 다스리리니. 광야에 거하는 자는 저의 앞에 굽히며 그 원수들은 티끌을 핥을 것이며, 다시스와 섬의 왕들이 공세를 바치며 스바와 시바 왕들이 예물을 드리리로다. 만왕이 그 앞에 부복하며 열방이 다 그를 섬기리로다. 저는 궁핍한 자의 부르짖을 때에 건지며 도움이 없는 가난한 자도 건지며, 저는 가난한 자와 궁핍한 자를 긍휼히 여기며 궁핍한 자의 생명을 구원하며, 저희 생명을 압박과 강포에서 구속하리니 저희 피가 그 목전에 귀하리로다. 저희가 생존하여 스바의 금을 저에게 드리며 사람들이 저를 위하여 항상 기도하고 종일 찬송하리로다. 산꼭대기의 땅에도 화곡이 풍성하고 그 열매가 레바논같이 흔들리며 성에 있는 자가 땅의 풀같이 왕성하리로다. 이름이 영구함이여 그 이름이 해와 같이 장구하리로다 사람들이 그로 인하여 복을 받으리니 열방이 다 그를 복되다 하리로다. 홀로 기사를 행하시는 여호와 하나님 곧 이스라엘의 하나님을 찬송하며, 그 영화로운 이름을 영원히 찬송할지어다 온 땅에 그 영광이 충만할지어다 아멘 아멘 이새의 아들 다윗의 기도가 필하다

제5장 성 령

이제는 **삼위일체**이신 **하나님**의 셋째 위이신 **성신**께 관해서 살펴보겠다.

성신을 **성부**께 대한 다른 명칭이라고 하는 것과 **하나님**의 영향에 대한 말의 표현에 지나지 않는다고 하거나, 피조물이라고 말하는 것은 전혀 잘못된 주장이다.

성경에는 **성령**께 대한 명칭이 많이 나와 있는데 그 중에 대표적인 경우가 **성령**과 **성신**이다.

1. 삼위 일체 하나님으로서의 성령

성신께서 **성부**나 **성자**와 본질에 있어서 동등하신 분이나 약간 다른 직분을 가지고 계신 것이다.

성신의 속성과 직분을 알아보겠다.

1) 그의 명칭들이 신성을 말해준다.

제2위이신 **성자**나 마찬가지로 **성경**은 **성신**께서 **하나님**이심을 보이고 있다.

① 하나님으로 일컬음 받았다

베드로가 **아나니아**의 속임을 책망할 때에 다음과 같이 말했다.

"어찌하여 **사단**이 네 마음에 가득하여 네가 **성령**을 속이느냐? ……
사람에게 거짓말한 것이 아니요, **하나님**께로다."(행 5:3, 4)

(행 5:3,4) 베드로가 가로되 아나니아야 어찌하여 사단이 네 마음에 가득하여
네가 성령을 속이고 땅 값 얼마를 감추었느냐 땅이 그대로 있을 때에는 네 땅
이 아니며 판 후에도 네 임의로 할 수가 없더냐 어찌하여 이 일을 네 마음에
두었느냐 사람에게 거짓말 한 것이 아니요 하나님께로다

② 여호와의 이름으로 쓰였다

이사야서 6:1-10에 **여호와**께서 **이사야**에게 하신 말씀을 **바울**이 **사도
행전** 28:25에서 인용했는데 "**성령**이 선지자 **이사야**로 너희 조상들에
게 말씀하신 것이 옳도다."라고 했다.

(사 6:1-10) 웃시야 왕의 죽던 해에 내가 본즉 주께서 높이 들린 보좌에 앉으
셨는데 그 옷자락은 성전에 가득하였고, 스랍들은 모셔 섰는데 각기 여섯 날
개가 있어 그 둘로는 그 얼굴을 가리었고 그 둘로는 그 발을 가리었고 그 둘
로는 날며, 서로 창화하여 가로되 거룩하다 거룩하다 거룩하다 만군의 여호와
여 그 영광이 온 땅에 충만하도다. 이같이 창화하는 자의 소리로 인하여 문지
방의 터가 요동하며 집에 연기가 충만한지라. 그 때에 내가 말하되 화로다 나
여 망하게 되었도다 나는 입술이 부정한 사람이요 입술이 부정한 백성 중에
거하면서 만군의 여호와이신 왕을 뵈었음이로다. 때에 그 스랍의 하나가 화저
로 단에서 취한 바 핀 숯을 손에 가지고 내게로 날아와서, 그것을 내 입에 대
며 가로되 보라 이것이 네 입에 닿았으니 네 악이 제하여졌고 네 죄가 사하
여졌느니라 하더라. 내가 또 주의 목소리를 들은즉 이르시되 내가 누구를 보
내며 누가 우리를 위하여 갈꼬 그 때에 내가 가로되 내가 여기 있나이다 나를

보내소서. 여호와께서 가라사대 가서 이 백성에게 이르기를 너희가 듣기는 들어도 깨닫지 못할 것이요 보기는 보아도 알지 못하리라 하여, 이 백성의 마음으로 둔하게 하며 그 귀가 막히고 눈이 감기게 하라 염려컨대 그들이 눈으로 보고 귀로 듣고 마음으로 깨닫고 다시 돌아와서 고침을 받을까 하노라

(행 28:25) 서로 맞지 아니하여 흩어질 때에 바울이 한 말로 일러 가로되 성령이 선지자 이사야로 너희 조상들에게 말씀하신 것이 옳도다

③ 여러 명칭으로 쓰였다

"하나님의 성령" – 고린도 전서 3:16.

(고전 3:16) 너희가 하나님의 성전인 것과 하나님의 성령이 너희 안에 거하시는 것을 알지 못하느뇨

"여호와의 신" – 이사야 61:1.

(사 61:1) 주 여호와의 신이 내게 임하셨으니 이는 여호와께서 내게 기름을 부으사 가난한 자에게 아름다운 소식을 전하게 하려 하심이라 나를 보내사 마음이 상한 자를 고치며 포로된 자에게 자유를, 갇힌 자에게 놓임을 전파하며

"그리스도의 영" – 로마서 8:9.

(롬 8:9) 만일 너희 속에 하나님의 영이 거하시면 너희가 육신에 있지 아니하고 영에 있나니 누구든지 그리스도의 영이 없으면 그리스도의 사람이 아니라

"성결의 영" – 로마서 1:4.

(롬 1:4) 성결의 영으로는 죽은 가운데서 부활하여 능력으로 하나님의 아들로

인정되셨으니 곧 우리 주 예수 그리스도시니라

"영원한 성령" - 히브리서 9:14.

(히 9:14) 하물며 영원하신 성령으로 말미암아 흠 없는 자기를 하나님께 드린 그리스도의 피가 어찌 너희 양심으로 죽은 행실에서 깨끗하게 하고 살아 계신 하나님을 섬기게 못하겠느뇨

2) 그는 하나님의 속성(본성)을 가지고 계신다

성령은 **성부**나 **성자**와 동일한 **하나님**이시다.

① 영원성 – 히브리서 9:14

(히 9:14) 하물며 영원하신 성령으로 말미암아 흠 없는 자기를 하나님께 드린 그리스도의 피가 어찌 너희 양심으로 죽은 행실에서 깨끗하게 하고 살아 계신 하나님을 섬기게 못하겠느뇨

② 전능성 – 로마서 15:18

그의 능력은 **"하나님**의 **성령**의 능력"이라 불리워진다.

(롬 15:18) 그리스도께서 이방인들을 순종케 하기 위하여 나로 말미암아 말과 일이며 표적과 기사의 능력이며 성령의 능력으로 역사하신 것 외에는 내가 감히 말하지 아니하노라

③ 전지성 – 고린도 전서 2:10

(고전 2:10) 오직 하나님이 성령으로 이것을 우리에게 보이셨으니 성령은 모

든 것 곧 하나님의 깊은 것이라도 통달하시느니라

④ 편재성 – 시편 139:7

(시 139:7) 내가 주의 신을 떠나 어디로 가며 주의 앞에서 어디로 피하리이까

⑤ 성결 – 데살로니가 전서 4:3

(살전 4:3) 하나님의 뜻은 이것이니 너희의 거룩함이라 곧 음란을 버리고

3) 그는 하나님의 역사를 하심
① 창조 역사에 참여하심

"하나님의 신이 수면에 운행하시니라"(창 1:2)

(창 1:2) 땅이 혼돈하고 공허하며 흑암이 깊음 위에 있고 하나님의 신은 수면
에 운행하시니라

(시 104:29,30) 주께서 낯을 숨기신즉 저희가 떨고 주께서 저희 호흡을 취하
신즉 저희가 죽어 본 흙으로 돌아가나이다. 주의 영을 보내어 저희를 창조하
사 지면을 새롭게 하시나이다

② 부활 – 로마서 8:11

그리스도의 **부활**을 **성령**의 역사로 말씀했다.

(롬 8:11) 예수를 죽은 자 가운데서 살리신 이의 영이 너희 안에 거하시면 그
리스도 예수를 죽은 자 가운데서 살리신 이가 너희 안에 거하시는 그의 영으
로 말미암아 너희 죽을 몸도 살리시리라

③ 영감 – 베드로 후서 1:21

성경을 기록한 사도들과 선지자들의 **영감**이 **성령**에 의한 것으로 말씀되어 있다.

(벧후 1:21) 예언은 언제든지 사람의 뜻으로 낸 것이 아니요 오직 성령의 감동하심을 입은 사람들이 하나님께 받아 말한 것임이니라

4) 그의 이름이 성부와 성자와 함께 쓰임

"그러므로 너희는 가서 모든 족속으로 제자를 삼아 **아버지**와 **아들**과 **성령**의 이름으로 세례를 주고"(마 28:19)

"주 **예수 그리스도**의 은혜와 **하나님**의 사랑과 **성령**의 교통하심이 너희 무리와 함께 있을지어다."(고후 13:13)

2. 신자들과의 관계에 있어서의 성령

1) 성령께서 신자를 거듭나게 하신다

갈보리에서 흘리신 보혈로 마련된 **예수 그리스도**의 구원이 개인에게 효력이 있게 하는 것은 **성령**의 역사이다.

죄인이 죄를 회개하고 고백해서 믿음으로 용서를 구할 때 **성령**께서 거듭나게 하신다.

"사람이 물과 **성령**으로 거듭나지 아니하면 **하늘나라**에 들어갈 수 없느니라"(요 3:5)

사람이 거듭나는 것은 **하나님**의 **말씀**과 **성령**의 역사로 되는 것이다.

성령으로 거듭난 사람은 "**하나님**께로서 난 자"이다.

2) 그는 신자를 성결케 하신다

신자들이 **성령**으로 **세례**를 받게 된다.

예수께서 제자들을 떠나시면서 "몇 날이 못되어 **성령**으로 **세례**를 받으리라."(행 1:5)고 하셨다. 이 약속은 "저희가 다 **성령**의 충만함을 받음"(행 2:4)으로 **오순절**에 성취되었다.

> (행 1:5) 요한은 물로 세례를 베풀었으나 너희는 몇 날이 못되어 성령으로 세례를 받으리라 하셨느니라
>
> (행 2:4) 저희가 다 성령의 충만함을 받고 성령이 말하게 하심을 따라 다른 방언으로 말하기를 시작하니라

성령으로 **세례**를 받음이 신자들을 **성결**케 하는데, 고넬료의 집에서 "믿음으로 저희 마음을 깨끗이 하사 저희나 우리나 분간치 아니하셨다"고 신자들에게 일어난 일을 **베드로**가 **사도행전** 15:9에서 말하고 있다.

신자들의 마음이 정결케 된 이것이 곧 **성결**이다.

3) 그는 신자들을 영화롭게 하신다

"**예수**를 죽은 자 가운데서 살리신 이의 **영**이 너희 안에 거하시면, **그리스도 예수**를 죽은 자 가운데서 살리신 이가 너희 안에 거하시는 그의 **영**으로 말미암아 너희 죽을 몸도 살리시리라."(롬 8:11)

"그가 만물을 자기에게 복종케 하실 수 있는 자의 역사로 우리의 낮은 몸을 자기 영광의 몸의 형체와 같이 변하게 하시리라."(빌 3:21)

4) 성령은 우리의 보혜사(위로자)이시다

요한복음 14:16, 26, 15:26, 16:7에 나와 있다.

(요 14:16) 내가 아버지께 구하겠으니 그가 또 다른 보혜사를 너희에게 주사 영원토록 너희와 함께 있게 하시리니

(요 14:26) 보혜사 곧 아버지께서 내 이름으로 보내실 성령 그가 너희에게 모든 것을 가르치고 내가 너희에게 말한 모든 것을 생각나게 하시리라

(요 15:26) 내가 아버지께로서 너희에게 보낼 보혜사 곧 아버지께로서 나오시는 진리의 성령이 오실 때에 그가 나를 증거하실 것이요

(요 16:7) 그러하나 내가 너희에게 실상을 말하노니 내가 떠나가는 것이 너희에게 유익이라 내가 떠나가지 아니하면 보혜사가 너희에게로 오시지 아니할 것이요 가면 내가 그를 너희에게로 보내리니

성령께서는 **예수님**이 세례 받으실 때 비둘기 모양으로 임하셔서 거하셨다(눅 3:22, 요 1:32, 33).

(눅 3:22) 성령이 형체로 비둘기같이 그의 위에 강림하시더니 하늘로서 소리가 나기를 너는 내 사랑하는 아들이라 내가 너를 기뻐하노라 하시니라

(요 1:32,33) 요한이 또 증거하여 가로되 내가 보매 성령이 비둘기같이 하늘로서 내려와서 그의 위에 머물렀더라. 나도 그를 알지 못하였으나 나를 보내어 물로 세례를 주라 하신 그이가 나에게 말씀하시되 성령이 내려서 누구 위에든지 머무는 것을 보거든 그가 곧 성령으로 세례를 주는 이인 줄 알라 하셨기에

성령께서 내주하심으로 **예수님**은 생명의 사역을 하셨고, 기적을 행하셨으며, 십자가에서 죽으셨다가 **부활**하시고, **하나님**께로 돌아가셨다. **보혜사 성신**께서는 **예수 그리스도** 안에서의 자신의 일을 완수하기까지는 제자들에게 주어질 수 없다는 것을 **요한복음** 16:7 말씀으로 알 수 있다.

> (요 16:7) 그러하나 내가 너희에게 실상을 말하노니 내가 떠나가는 것이 너희에게 유익이라 내가 떠나가지 아니하면 보혜사가 너희에게로 오시지 아니할 것이요 가면 내가 그를 너희에게로 보내리니

요한복음 7:38과 39절 말씀으로 우리가 알 수 있는 사실은 **보혜사 성신**께서 주어지기 전 **예수 그리스도**께서 영화롭게 되셔야만 했다는 것이다.

> (요 7:38,39) 나를 믿는 자는 성경에 이름과 같이 그 배에서 생수의 강이 흘러 나리라 하시니, 이는 그를 믿는 자의 받을 성령을 가리켜 말씀하신 것이라 (예수께서 아직 영광을 받지 못하신 고로 성령이 아직 저희에게 계시지 아니하시더라)

오순절에 **보혜사**께서 **성부 하나님**의 약속을 기다렸던 약 120명의 제자들의 마음을 깨끗케 하시고 채우셨던 것이다.

예수님의 마음 속에 거하셨던 **성령**께서 **하나님**의 거룩한 자녀들의 마음을 이제 채우시게 됐다는 것은 놀라운 일이다.

그리스도인들은 특별히 **성령 세례(충만)**를 구해서 받아야 한다.

① 성령께서는 살아 계신 신랑을 확신시켜 주신다

오순절에 **성령**께서 신자들에게 충만히 임하신 것으로 **예수 그리스도**는 **성부 하나님**께 돌아가셨고, **하나님** 우편에 높임을 받으셨다는 것을 제자들이 알게 됐다.

한 탐험대가 아내의 비둘기를 가지고 탐험을 떠나 **북극**에 이르러서는 편지를 보낼 수 없어서 그 비둘기를 날려보냈던 것이다. 그 비둘기가 창문을 두드릴 때 그 아내는 남편이 살아 있음을 알게 됐다는 이야기가 있다.

성령의 **충만함**을 받은 자들마다 **사도행전** 4:33의 말씀대로 "큰 권능을 가지고 **주 예수**의 **부활**을 계속 증거 하게" 됐던 것이다.

(행 4:33) 사도들이 큰 권능으로 주 예수의 부활을 증거 하니 무리가 큰 은혜를 얻어

성령 세례가 매 신자로 하여금 **하나님** 우편에 계신 십자가에 달리셨다 살아나신 **그리스도**께 대한 놀라운 간증들을 새롭게 했다.

② 성령께서는 신자들에게 그리스도를 계시해 주신다

구약성경 가운데서 **성부**와 **성자**와 **성신**의 관계를 잘 모형해주고 있는 **말씀**은 **아브라함**이 아들 **이삭**을 위해 신부를 구하러 **엘리에셀**을 보낸 경우이다.

마찬가지로 **성부 하나님**께서 **성자 예수**를 위해 신부를 구하도록 **성신**을 보내신 것이다.

창세기 24장에는 **엘리에셀**의 이름이 나와 있지 않으나 그가 행한

것과 그의 말들로 차 있는데 그의 일은 **아브라함**과 특히 **이삭**에 관한 일을 **리브가**에게 말한 것이었다.

"보지 못했으나 너희가 사랑하는도다."(벧전 1:8)라는 말씀처럼 **성령**께서 우리들의 마음이 주께로 쏠리게 하신다.

(벧전 1:8) 예수를 너희가 보지 못하였으나 사랑하는도다 이제도 보지 못하나 믿고 말할 수 없는 영광스러운 즐거움으로 기뻐하니

예수님께서 말씀하시기를 "**보혜사** 그가 내 영광을 나타내리니 내 것을 가지고 너희에게 알리겠음이라"(요 16:14)고 하셨다.

예수님과 그의 역사를 들어내지 않는 **영**의 역사는 **성령**의 역사가 아니다.

③ 성령께서 신자를 가르치신다

예수께서 말씀하신 것을 생각나게 하시고 "장래 일을 알리시리라"(요 16:13)고 하였다.

(요 16:13) 그러하나 진리의 성령이 오시면 그가 너희를 모든 진리 가운데로 인도하시리니 그가 자의로 말하지 않고 오직 듣는 것을 말하시며 장래 일을 너희에게 알리시리라

사도들이 **복음**과 **서간** 그리고 **계시록**을 쓰게 된 것은 바로 **성령**의 역사에 의한 것이다.

신자들이 **성경**에 기록된 **예수님**께 관한 사실들을 기억하게 하시고, 장차 될 일을 알게 하셔서 생활에 적용하게 하신 것이 **성령**의 역사이다.

④ 성령께서 신자들의 기도를 인도해 주신다

성경은 "**성령**으로 기도하는 것"(유 20)을 말씀해 주고 있다. **성령**으로 기도하는 것은 **하나님**의 뜻을 따라 하는 기도요, 그런 기도가 응답되어 지는 것이다.

로마서 8:26, 27에 **성령**께서 신자들의 기도를 어떻게 돕고 계신지가 나와 있다. "이와 같이 **성령**도 우리 연약함을 도우시나니 우리가 마땅히 빌 바를 알지 못하나 오직 **성령**이 말할 수 없는 탄식으로 우리를 위하여 친히 간구하시느니라. 마음을 감찰하시는 이가 **성령**의 생각을 아시나니 이는 **성령**이 **하나님**의 뜻대로 성도를 위하여 간구하심이니라."

요한일서 5:14, 15에서 우리는 성공하는 기도가 어떤 것인가를 볼 수 있다. **성부 하나님**께서는 우리의 기도를 응답해 주시기를 원하신다는 것을 알 수 있다.

(유 1:20) 사랑하는 자들아 너희는 너희의 지극히 거룩한 믿음 위에 자기를 건축하며 성령으로 기도하며

(요일 5:14,15) 그를 향하여 우리의 가진 바 담대한 것이 이것이니 그의 뜻대로 무엇을 구하면 들으심이라. 우리가 무엇이든지 구하는 바를 들으시는 줄을 안즉 우리가 그에게 구한 그것을 얻은 줄을 또한 아느니라

⑤ 성령께서는 신자들이 열매를 맺게 하신다

우리들은 열매 맺는 생애와 봉사를 혼돈할 때가 많다.

성령께서 우리 안에 거하시면 **성령**께서 열매를 맺는 것이지 우리의 열매가 아니다.

성령의 열매는 **갈라디아서** 5:22에 나와 있다.

"오직 **성령**의 열매는 사랑과 희락과 화평과 오래 참음과 자비와 양선과 충성과 온유와 절제라."

나무가 열매 맺기 위해 애쓰는 것이 아니고 나무의 본성이 열매를 결정짓는 것이다.

마찬가지로 **성령 충만**함을 받은 자가 열매를 맺기 위해 힘써 일하는 것이 아니고, 열매 맺는 것은 안에 거하는 **성령**의 소산인 것이다.

성령의 열매 안에 있는 씨가 다른 **그리스도인**들을 낳게 하는 것이다.

간증과 바른 교훈과 **성경적** 생활의 열매가 매우 중요하다.

3. 세상과의 관계에 있어서의 성령

우리는 창조의 역사가 **성령**에 의한 것임을 이미 배웠다.

그러므로 **성령**께서는 어떤 면에서 모든 사람들에게 영향을 주고 계신 것이다.

1) 성령께서는 진리에 대해서 증거 하신다

사람들이 진리를 읽고, 듣게 될 때 **성령**께서 진리임을 증거 하신다 (요일 5:7).

(요일 5:7) 증거하는 이는 성령이시니 성령은 진리니라

① 그는 성경에 대해 증거 하신다

성경 말씀을 읽고 듣게 될 때 바로 그 **말씀**이 진리임을 증거해 주신다.

(벧후 1:20,21) 먼저 알 것은 경의 모든 예언은 사사로이 풀 것이 아니니, 예언은 언제든지 사람의 뜻으로 낸 것이 아니요 오직 성령의 감동하심을 입은 사람들이 하나님께 받아 말한 것임이니라

(요 14:26) 보혜사 곧 아버지께서 내 이름으로 보내실 성령 그가 너희에게 모든 것을 가르치시고 내가 너희에게 말한 모든 것을 생각나게 하시리라

② 그는 그리스도인들의 간증이 진실됨을 증거 하신다

그리스도인의 간증이 진실 된 것임을 증거 하시는데, 배우지 못한 사람의 직접적인 간증이 잘 조직된 설교보다 더욱 강하게 사람들을 사로잡게 하는 경우가 있다는 것을 우리는 알고 있다.

요한복음 15:26, 27을 참조하기 바란다.

(요 15:26,27) 내가 아버지께로서 너희에게 보낼 보혜사 곧 아버지께로서 나오시는 진리의 성령이 오실 때에 그가 나를 증거하실 것이요, 너희도 처음부터 나와 함께 있었으므로 증거하느니라

(고전 12:3) 그러므로 내가 너희에게 알게 하노니 하나님의 영으로 말하는 자는 누구든지 예수를 저주할 자라 하지 않고 또 성령으로 아니하고는 누구든지 예수를 주시라 할 수 없느니라

2) 성령께서는 세상을 책망하신다

요한복음 16:8에 "그가 와서 세상 죄에 대하여, 의에 대하여, 심판에 대하여 세상을 책망하시리라"했다.

① 그는 죄를 책망하신다

죄를 책망하심은 "저희가 나를 믿지 아니함이라"(요 16:9)하셨다.

율법 시대에는 율법을 어긴 것이 죄로 책망을 받았으나 은혜 시대에는 **대속**을 거절한 죄가 책망을 받는 것이다(행 2:37).

(요 16:9) 죄에 대하여라 함은 저희가 나를 믿지 아니함이요

(행 2:37) 저희가 이 말을 듣고 마음에 찔려 베드로와 다른 사도들에게 물어 가로되 형제들아 우리가 어찌할꼬 하거늘

잃어버린 상태에 있는 사람은 **율법**을 어긴 때문이라기보다 **예수 그리스도**를 **구주**로 받아들이지 않은 때문이다.

에덴 동산에서 인간이 넘어진 것은 **하나님**의 사망 형벌의 위협을 의심한 때문이요, 지금 잃어버린 상태에 있는 자들은 **그리스도**를 통한 **구원**의 약속을 의심하기 때문이다.

불신앙은 죄의 큰 뿌리가 된다.

② 그는 의를 알게 하신다

"의에 대하여라 함은 내가 아버지께로 가니 너희가 다시 나를 보지 못함이요"(요 16:10)라고 하셨다.

예수께서 아버지께 가사 거기 계시게 된 것은 그가 참으로 의로운 분이시요, **하나님**께 받아들여졌다는 것을 알게 한다.

(사 64:6) 대저 우리는 다 부정한 자 같아서 우리의 의는 다 더러운 옷 같으며 우리는 다 쇠패함이 잎사귀 같으므로 우리의 죄악이 바람같이 우리를 몰아가나이다

(신 6:25) 우리가 그 명하신 대로 이 모든 명령을 우리 하나님 여호와 앞에서 삼가 지키면 그것이 곧 우리의 의로움이니라 할지니라

③ 그는 심판을 알게 하신다

"심판에 대하여라 함은 이 세상 임금이 심판을 받았음이라"(요 16:11)고 하였다.

이 세상 임금인 **사탄**이 이미 심판을 받았다. **사탄**과 그 추종자들의 운명이 영원한 **지옥** 형벌임을 의심할 수 없게 된 것이다.

성령으로 말미암아 **지옥** 형벌이 있다는 것을 세상이 알고 있는 것이다.

신자들은 **성령 세례**를 받아서 세상을 책망하고, 깨닫게 하는 **하나님**의 도구가 되어야 하겠다.

제6장 천 사

인간은 **천사**에 관한 것을 스스로는 알 수 없는 것이고 **하나님**의 말씀(**계시**)인 **성경**을 통해서만 알 수 있다.

천사(사자)란 말이 **구약성경**에 108번 나와 있고 **신약성경**에는 165번 나와 있다.

1. 명 칭

천사란 말은 **사자**(Messenger)라는 의미를 가지고 있다.

이 말은 **하나님**(창 16:1-13)과 사람(일꾼, 사역자, 계 1:20)에게도 쓰인 것을 볼 수 있다.

(창 16:7-13) 여호와의 사자가 광야의 샘 곁 곧 술 길 샘물 곁에서 그를 만나. 가로되 사래의 여종 하갈아 네가 어디서 왔으며 어디로 가느냐 그가 가로되 나는 나의 여주인 사래를 피하여 도망하나이다. 여호와의 사자가 그에게 이르되 네 여주인에게로 돌아가서 그 수하에 복종하라. 여호와의 사자가 또 그에게 이르되 내가 네 자손으로 크게 번성하여 그 수가 많아 셀 수 없게 하리라. 여호와의 사자가 또 그에게 이르되 네가 잉태하였은즉 아들을 낳으리니 그 이름을 이스마엘이라 하라 이는 여호와께서 네 고통을 들으셨음이니라. 그가 사람 중에 들나귀같이 되리니 그 손이 모든 사람을 치겠고 모든 사람의 손이 그를 칠지며 그가 모든 형제의 동방에서 살리라 하니라. 하갈이 자기에게 이르신 여호와의 이름을 감찰하시는 하나님이라 하였으니 이는 내가 어떻게 여

기서 나를 감찰하시는 하나님을 뵈었는고 함이라.

(계 1:20) 네 본 것은 내 오른손에 일곱 별의 비밀과 일곱 금촛대라 일곱 별은 일곱 교회의 사자요 일곱 촛대는 일곱 교회니라

천사들은 인간의 영역 위에 지능을 가진 하늘의 영적인 존재로 지음을 받은 피조물이다.

(히 2:9) 오직 우리가 천사들보다 잠깐 동안 못하게 하심을 입은 자 곧 죽음의 고난 받으심을 인하여 영광과 존귀로 관 쓰신 예수를 보니 이를 행하심은 하나님의 은혜로 말미암아 모든 사람을 위하여 죽음을 맛보려 하심이라

(엡 3:10) 이는 이제 교회로 말미암아 하늘에서 정사와 권세들에게 하나님의 각종 지혜를 알게 하려 하심이니

(마 18:10) 삼가 이 소자 중에 하나도 업신여기지 말라 너희에게 말하노니 저희 천사들이 하늘에서 하늘에 계신 내 아버지의 얼굴을 항상 뵈옵느니라

(골 1:16) 만물이 그에게 창조되되 하늘과 땅에서 보이는 것들과 보이지 않는 것들과 혹은 보좌들이나 주관들이나 정사들이나 권세들이나 만물이 다 그로 말미암고 그를 위하여 창조되었고

성경에는 **천사**가 **하나님**의 **사자**(창 21:17), **여호와의 사자**(삿 2:1), **천사**(슥 1:9, 행 7:30), 주의 **사자**(마 1:20), 그의 **사자**(창 24:7), 나의 **사자**(출 23:23), 자기 앞의 **사자**(사 63:9), **부리는 영**(히 1:14), **하나님**의 아들들, 또는 **새벽별**(욥 38:7), **스랍**(사 6:2-6), **그룹**(겔 11:22), **순찰자**(단 4:13), **정사와 권세**(엡 1:21) 등으로 나와 있다.

(창 21:17) 하나님이 그 아이의 소리를 들으시므로 하나님의 사자가 하늘에

서부터 하갈을 불러 가라사대 하갈아 무슨 일이냐 두려워 말라 하나님이 거기 있는 아이의 소리를 들으셨나니

(삿 2:1) 여호와의 사자가 길갈에서부터 보김에 이르러 가로되 내가 너희로 애굽에서 나오게 하고 인도하여 너희 열조에게 맹세한 땅으로 이끌어 왔으며 또 내가 이르기를 내가 너희에게 세운 언약을 영원히 어기지 아니하리니

(슥 1:9) 내가 가로되 내 주여 이들이 무엇이니이까 내게 말하는 천사가 내게 이르되 이들이 무엇인지 내가 네게 보이리라 하매

(행 7:30) 사십 년이 차매 천사가 시내 산 광야 가시나무떨기 불꽃 가운데서 그에게 보이거늘

(마 1:20) 이 일을 생각할 때에 주의 사자가 현몽하여 가로되 다윗의 자손 요셉아 네 아내 마리아 데려오기를 무서워 말라 저에게 잉태된 자는 성령으로 된 것이라

(창 24:7) 하늘의 하나님 여호와께서 나를 내 아버지의 집과 내 본토에서 떠나게 하시고 내게 말씀하시며 내게 맹세하여 이르시기를 이 땅을 네 씨에게 주리라 하셨으니 그가 그 사자를 네 앞서 보내실지라 네가 거기서 내 아들을 위하여 아내를 택할지니라

(출 23:23) 나의 사자가 네 앞서 가서 너를 아모리 사람과 헷 사람과 브리스 사람과 가나안 사람과 히위 사람과 여부스 사람에게로 인도하고 나는 그들을 끊으리니

(사 63:9) 그들의 모든 환난에 동참하사 자기 앞의 사자로 그들을 구원하시며 그 사랑과 그 긍휼로 그들을 구속하시고 옛적 모든 날에 그들을 드시며 안으셨으나

(히 1:14) 모든 천사들은 부리는 영으로서 구원 얻을 후사들을 위하여 섬기라

고 보내심이 아니뇨

(욥 38:7) 그 때에 새벽 별들이 함께 노래하며 하나님의 아들들이 다 기쁘게 소리하였었느니라

(사 6:2-6) 스랍들은 모셔 섰는데 각기 여섯 날개가 있어 그 둘로는 그 얼굴을 가리었고 그 둘로는 그 발을 가리었고 그 둘로는 날며, 서로 창화하여 가로되 거룩하다 거룩하다 거룩하다 만군의 여호와여 그 영광이 온 땅에 충만하도다. 이같이 창화하는 자의 소리로 인하여 문지방의 터가 요동하며 집에 연기가 충만한지라. 그 때에 내가 말하되 화로다 나여 망하게 되었도다 나는 입술이 부정한 사람이요 입술이 부정한 백성 중에 거하면서 만군의 여호와이신 왕을 뵈었음이로다. 때에 그 스랍의 하나가 화저로 단에서 취한 바 핀 숯을 손에 가지고 내게로 날아와서

(겔 11:22) 때에 그룹들이 날개를 드는데 바퀴도 그 곁에 있고 이스라엘 하나님의 영광도 그 위에 덮였더니

(단 4:13) 내가 침상에서 뇌 속으로 받은 이상 가운데 또 본즉 한 순찰자, 한 거룩한 자가 하늘에서 내려왔는데

(엡 1:21) 모든 정사와 권세와 능력과 주관하는 자와 이 세상뿐 아니라 오는 세상에 일컫는 모든 이름 위에 뛰어나게 하시고

2. 일반적인 사실들

1) 그들은 하늘의 영적인 존재로서 태양계가 형성되기 전에 창조되었다(욥 38:4-7).

(욥 38:4-7) 내가 땅의 기초를 놓을 때에 네가 어디 있었느냐 네가 깨달아 알

앉거든 말할지니라. 누가 그 도량을 정하였었는지, 누가 그 준승(準繩)을 그 위에 띄웠었는지 네가 아느냐. 그 주초는 무엇 위에 세웠으며 그 모퉁이 돌은 누가 놓았었느냐. 그 때에 새벽 별들이 함께 노래하며 하나님의 아들들이 다 기쁘게 소리하였었느니라.

2) 그들은 언제나 남성으로 취급되어 있고, 수는 셀 수 없이 많으며(히 12:22), 증가하지 않고, 사망에 의해 없어지지도 않는 것으로 나와 있다(마 22:30).

(히 12:22) 그러나 너희가 이른 곳은 시온산과 살아 계신 하나님의 도성인 하늘의 예루살렘과 천만 천사와

(마 22:30) 부활 때에는 장가도 아니 가고 시집도 아니 가고 하늘에 있는 천사들과 같으니라

3) 그들은 몸을 가진 모습으로 나타나기도 하는(창 18:2) 감정과 열정과 욕망을 가진 존재(유 6, 7)로서 지혜와 지식과 능력을 가지고 있다(엡 3:10, 벧전 1:12, 계 18:1).

(창 18:2) 눈을 들어 본즉 사람 셋이 맞은편에 섰는지라 그가 그들을 보자 곧 장막문에서 달려나가 영접하며 몸을 땅에 굽혀

(유 1:6,7) 또 자기 지위를 지키지 아니하고 자기 처소를 떠난 천사들을 큰 날의 심판까지 영원한 결박으로 흑암에 가두셨으며, 소돔과 고모라와 그 이웃 도시들도 저희와 같은 모양으로 간음을 행하며 다른 색을 따라가다가 영원한 불의 형벌을 받음으로 거울이 되었느니라.

(엡 3:10) 이는 이제 교회로 말미암아 하늘에서 정사와 권세들에게 하나님의 각종 지혜를 알게 하려 하심이니

(벧전 1:12) 이 섬긴 바가 자기를 위한 것이 아니요 너희를 위한 것임이 계시로 알게 되었으니 이것은 하늘로부터 보내신 성령을 힘입어 복음을 전하는 자들로 이제 너희에게 고한 것이요 천사들도 살펴보기를 원하는 것이니라

(계 18:1) 이 일 후에 다른 천사가 하늘에서 내려오는 것을 보니 큰 권세를 가졌는데 그의 영광으로 땅이 환하여지더라

4) 그들에게는 쉼이 필요 없고(계 4:8), 말을 할 줄도 알며(고전 13:1), 그들은 경배의 대상이 되어서는 안 되고(골 2:18), 하나님께 매여 있다(마 22:30).

(계 4:8) 네 생물이 각각 여섯 날개가 있고 그 안과 주위에 눈이 가득하더라 그들이 밤낮 쉬지 않고 이르기를 거룩하다 거룩하다 거룩하다 주 하나님 곧 전능하신 이여 전에도 계셨고 이제도 계시고 장차 오실 자라 하고

(고전 13:1) 내가 사람의 방언과 천사의 말을 할지라도 사랑이 없으면 소리나는 구리와 울리는 꽹과리가 되고

(골 2:18) 누구든지 일부러 겸손함과 천사 숭배함을 인하여 너희 상을 빼앗지 못하게 하라 저가 그 본 것을 의지하여 그 육체의 마음을 좇아 헛되이 과장하고

(마 22:30) 부활 때에는 장가도 아니 가고 시집도 아니 가고 하늘에 있는 천사들과 같으니라

3. 활 동

천사는 **메시야**의 탄생을 선포했고(눅 2:9-14), 그를 경배하게 했으며(히 1:6), 시험받으실 때 그에게 수종들었다(마 4:11).

(눅 2:9-11) 주의 사자가 곁에 서고 주의 영광이 저희를 두루 비취매 크게 무서워하는지라. 천사가 이르되 무서워 말라. 보라 내가 온 백성에게 미칠 큰 기쁨의 좋은 소식을 너희에게 전하노라. 오늘날 다윗의 동네에 너희를 위하여 구주가 나셨으니 곧 그리스도 주시니라

(히 1:6) 또 맏아들을 이끌어 세상에 다시 들어오게 하실 때에 하나님의 모든 천사가 저에게 경배할지어다 말씀하시며

(마 4:11) 이에 마귀는 예수를 떠나고 천사들이 나아와서 수종드니라

주께서 승천하실 때 동행했고, 재림을 선언했다(행 1:9-11). 그들은 **하늘나라**의 문들을 지키고(계 21:12), 심판을 집행하고(창 19:, 계 8:9-13), 성도들을 섬기고(히 1:14), 개인들을 돕고(마 18:10), **하나님**께 경배하고 찬양을 돌리고(계 5:11), 시험 중에 힘을 주고(마 4:11), 사람들을 **복음**의 일꾼에게 인도하고(행 10:3), 전도자들을 지시하고(행 8:26), 꿈 속에 나타나고(마1:20-24), **하나님** 앞에서 수종들고(계 8:2), **사탄**을 묶고(계 20:), 음부를 지키고(계 20:1-3), 성도를 지키고(행 12:7-10), 선한 것과 악한 것을 분리시키고(마 13:39), 고백을 중거하고(눅 15:10), 떠난 영혼들을 받아들이며(눅 16:22), 율법을 주고(행 7:53), 생명 나무를 지키고(창 3:24), 계시를 주고(단 10:10-20), **하나님**의 뜻을 알게 하고(행 5:19), 기도 응답을 가져다 준다(행10:1-6).

(행 1:9-11) 이 말씀을 마치시고 저희 보는 데서 올리워 가시니 구름이 저를 가리워 보이지 않게 하더라. 올라가실 때에 제자들이 자세히 하늘을 쳐다보고 있는데 흰 옷 입은 두 사람이 저희 곁에 서서. 가로되 갈릴리 사람들아 어찌하여 서서 하늘을 쳐다보느냐 너희 가운데서 하늘로 올리우신 이 예수는 하늘로 가심을 본 그대로 오시리라 하였느니라

(계 21:12) 크고 높은 성곽이 있고 열두 문이 있는데 문에 열두 천사가 있고 그 문들 위에 이름을 썼으니 이스라엘 자손 열두 지파의 이름들이라

(창 19:1-14) 날이 저물 때에 그 두 천사가 소돔에 이르니 마침 롯이 소돔 성문에 앉았다가 그들을 보고 일어나 영접하고 땅에 엎드리어 절하여. 가로되 내 주여 돌이켜 종의 집으로 들어와 발을 씻고 주무시고 일찌기 일어나 갈 길을 가소서 그들이 가로되 아니라 우리가 거리에서 경야하리라. 롯이 간청하매 그제야 돌이켜서 그 집으로 들어오는지라 롯이 그들을 위하여 식탁을 베풀고 무교병을 구우니 그들이 먹으니라. 그들의 눕기 전에 그 성 사람 곧 소돔 백성들이 무론 노소하고 사방에서 다 모여 그 집을 에워싸고, 롯을 부르고 그에게 이르되 이 저녁에 네게 온 사람이 어디 있느냐 이끌어 내라 우리가 그들을 상관하리라. 롯이 문 밖의 무리에게로 나가서 뒤로 문을 닫고, 이르되 청하노니 내 형제들아 이런 악을 행치 말라. 내게 남자를 가까이 아니한 두 딸이 있노라 청컨대 내가 그들을 너희에게로 이끌어 내리니 너희 눈에 좋은 대로 그들에게 행하고 이 사람들은 내 집에 들어왔은즉 이 사람들에게는 아무 짓도 하지 말라. 그들이 가로되 너는 물러나라 또 가로되 이 놈이 들어와서 우거하면서 우리의 법관이 되려 하는도다 이제 우리가 그들보다 너를 더 해하리라 하고 롯을 밀치며 가까이 나아와서 그 문을 깨치려 하는지라. 그 사람들이 손을 내밀어 롯을 집으로 끌어들이고 문을 닫으며, 문 밖의 무리로 무론 대소하고 그

눈을 어둡게 하니 그들이 문을 찾느라고 곤비하였더라. 그 사람들이 롯에게
이르되 이 외에 네게 속한 자가 또 있느냐 네 사위나 자녀나 성중에 네게 속한
자들을 다 성 밖으로 이끌어내라. 그들에 대하여 부르짖음이 여호와 앞에 크므
로 여호와께서 우리로 이 곳을 멸하러 보내셨나니 우리가 멸하리라. 롯이 나가
서 그 딸과 정혼한 사위들에게 고하여 이르되 여호와께서 이 성을 멸하실 터
이니 너희는 일어나 이 곳에서 떠나라 하되 그 사위들이 농담으로 여겼더라

(계 8:9–13) 바다 가운데 생명 가진 피조물들의 삼분의 일이 죽고 배들의 삼분의
일이 깨어지더라. 셋째 천사가 나팔을 부니 횃불같이 타는 큰 별이 하늘에서 떨
어져 강들의 삼분의 일과 여러 물샘에 떨어지니, 이 별 이름은 쑥이라 물들의 삼
분의 일이 쑥이 되매 그 물들이 쓰게 됨을 인하여 많은 사람이 죽더라. 넷째 천사
가 나팔을 부니 해 삼분의 일과 달 삼분의 일과 별들의 삼분의 일이 침을 받아 그
삼분의 일이 어두워지니 낮 삼분의 일은 비췸이 없고 밤도 그러하더라. 내가 또
보고 들으니 공중에 날아가는 독수리가 큰 소리로 이르되 땅에 거하는 자들에게
화, 화, 화가 있으리로다 이 외에도 세 천사의 불 나팔 소리를 인함이로다 하더라.

(히 1:14) 모든 천사들은 부리는 영으로서 구원 얻을 후사들을 위하여 섬기라
고 보내심이 아니뇨

(마 18:10) 삼가 이 소자 중에 하나도 업신여기지 말라 너희에게 말하노니 저
희 천사들이 하늘에서 하늘에 계신 내 아버지의 얼굴을 항상 뵈옵느니라

(계 5:11) 내가 또 보고 들으매 보좌와 생물들과 장로들을 둘러선 많은 천사
의 음성이 있으니 그 수가 만만이요 천천이라

(마 4:11) 이에 마귀는 예수를 떠나고 천사들이 나아와서 수종드니라

(행 10:3) 하루는 제 구 시쯤 되어 환상 중에 밝히 보매 하나님의 사자가 들어
와 가로되 고넬료야 하니

(행 8:26) 주의 사자가 빌립더러 일러 가로되 일어나서 남으로 향하여 예루살렘에서 가사로 내려가는 길까지 가라 하니 그 길은 광야라

(마 1:20-24) 이 일을 생각할 때에 주의 사자가 현몽하여 가로되 다윗의 자손 요셉아 네 아내 마리아 데려오기를 무서워 말라 저에게 잉태된 자는 성령으로 된 것이라. 아들을 낳으리니 이름을 예수라 하라 이는 그가 자기 백성을 저희 죄에서 구원할 자이심이라 하니라. 이 모든 일의 된 것은 주께서 선지자로 하신 말씀을 이루려 하심이니 가라사대. 보라 처녀가 잉태하여 아들을 낳을 것이요 그 이름은 임마누엘이라 하리라 하셨으니 이를 번역한즉 하나님이 우리와 함께 계시다 함이라. 요셉이 잠을 깨어 일어나서 주의 사자의 분부대로 행하여 그 아내를 데려왔으나

(계 8:2) 내가 보매 하나님 앞에 시위한 일곱 천사가 있어 일곱 나팔을 받았더라

(계 20:1-3) 또 내가 보매 천사가 무저갱 열쇠와 큰 쇠사슬을 그 손에 가지고 하늘로서 내려와서. 용을 잡으니 곧 옛 뱀이요 마귀요 사단이라 잡아 일천 년 동안 결박하여. 무저갱에 던져 잠그고 그 위에 인봉하여 천 년이 차도록 다시는 만국을 미혹하지 못하게 하였다가 그 후에는 반드시 잠깐 놓이리라

(행 12:7-10) 홀연히 주의 사자가 곁에 서매 옥중에 광채가 조요하며 또 베드로의 옆구리를 쳐 깨워 가로되 급히 일어나라 하니 쇠사슬이 그 손에서 벗어지더라. 천사가 가로되 띠를 띠고 신을 들메라 하거늘 베드로가 그대로 하니 천사가 또 가로되 겉옷을 입고 따라오라 한대. 베드로가 나와서 따라갈새 천사의 하는 것이 참인 줄 알지 못하고 환상을 보는가 하니라. 이에 첫째와 둘째 파수를 지나 성으로 통한 쇠문에 이르니 문이 절로 열리는지라 나와 한 거리를 지나매 천사가 곧 떠나더라

(마 13:39) 가라지를 심은 원수는 마귀요 추수 때는 세상 끝이요 추수꾼은 천

사들이니

(눅 15:10) 내가 너희에게 이르노니 이와 같이 죄인 하나가 회개하면 하나님의 사자들 앞에 기쁨이 되느니라

(눅 16:22) 이에 그 거지가 죽어 천사들에게 받들려 아브라함의 품에 들어가고 부자도 죽어 장사되매

(행 7:53) 너희가 천사의 전한 율법을 받고도 지키지 아니하였도다 하니라

(창 3:24) 이같이 하나님이 그 사람을 쫓아내시고 에덴 동산 동편에 그룹들과 두루 도는 화염검을 두어 생명나무의 길을 지키게 하시니라

(단 10:10–20) 한 손이 있어 나를 어루만지기로 내가 떨더니 그가 내 무릎과 손바닥이 땅에 닿게 일으키고, 내게 이르되 은총을 크게 받은 사람 다니엘아 내가 네게 이르는 말을 깨닫고 일어서라 내가 네게 보내심을 받았느니라 그가 내게 이 말을 한 후에 내가 떨며 일어서매, 그가 내게 이르되 다니엘아 두려워하지 말라 네가 깨달으려 하여 네 하나님 앞에 스스로 겸비케 하기로 결심하던 첫날부터 네 말이 들으신 바 되었으므로 내가 네 말로 인하여 왔느니라. 그런데 바사국 군이 이십일 일 동안 나를 막았으므로 내가 거기 바사국 왕들과 함께 머물러 있더니 군장 중 하나 미가엘이 와서 나를 도와 주므로, 이제 내가 말일에 네 백성의 당할 일을 네게 깨닫게 하러 왔노라 대저 이 이상은 오래 후의 일이니라. 그가 이런 말로 내게 이를 때에 내가 곧 얼굴을 땅에 향하고 벙벙하였더니, 인자와 같은 이가 있어 내 입술을 만진지라 내가 곧 입을 열어 내 앞에 섰는 자에게 말하여 가로되 내 주여 이 이상을 인하여 근심이 내게 더하므로 내가 힘이 없어졌나이다. 내 몸에 힘이 없어졌고 호흡이 남지 아니하였사오니 내 주의 이 종이 어찌 능히 내 주로 더불어 말씀할 수 있으리이까. 또 사람의 모양 같은 것 하나가 나를 만지며 나로 강건케 하여, 가

로되 은총을 크게 받은 사람이여 두려워하지 말라 평안하라 강건하라 강건하라 그가 이같이 내게 말하매 내가 곧 힘이 나서 가로되 내 주께서 나로 힘이 나게 하셨사오니 말씀하옵소서. 그가 이르되 내가 어찌하여 네게 나아온 것을 네가 아느냐 이제 내가 돌아가서 바사 군과 싸우려니와 내가 나간 후에는 헬라 군이 이를 것이라

(행 5:19) 주의 사자가 밤에 옥문을 열고 끌어내어 가로되

(행 10:1-6) 가이사랴에 고넬료라 하는 사람이 있으니 이달리야대라 하는 군대의 백부장이라. 그가 경건하여 온 집으로 더불어 하나님을 경외하며 백성을 많이 구제하고 하나님께 항상 기도하더니, 하루는 제 구 시쯤 되어 환상 중에 밝히 보매 하나님의 사자가 들어와 가로되 고넬료야 하니, 고넬료가 주목하여 보고 두려워 가로되 주여 무슨 일이니이까 천사가 가로되 네 기도와 구제가 하나님 앞에 상달하여 기억하신 바가 되었으니, 네가 지금 사람들을 욥바에 보내어 베드로라 하는 시몬을 청하라. 저는 피장 시몬의 집에 우거하니 그 집은 해변에 있느니라 하더라.

4. 종류

천사들을 크게 나누면 타락하지 않은 **천사**와 타락한 **천사**로 나눌 수 있다.

1) 타락하지 않은 천사

"부리는 영"으로써 최초의 위치를 지키고 있는 **천사**들(히 1:14)은 "거룩한 **천사**들"(마 25:31)이다.

(히 1:14) 모든 천사들은 부리는 영으로서 구원 얻을 후사들을 위하여 섬기라 고 보내심이 아니뇨

(마 25:31) 인자가 자기 영광으로 모든 천사와 함께 올 때에 자기 영광의 보 좌에 앉으리니

① 미가엘 대천사(천사장)

"하나님을 닮았다"라는 의미가 있다(단 12:1, 유 1:9, 계 12:7-10).

(단 12:1) 그 때에 네 민족을 호위하는 대군 미가엘이 일어날 것이요 또 환난 이 있으리니 이는 개국 이래로 그 때까지 없던 환난일 것이며 그 때에 네 백 성 중 무릇 책에 기록된 모든 자가 구원을 얻을 것이라

(유 1:9) 천사장 미가엘이 모세의 시체에 대하여 마귀와 다투어 변론할 때에 감히 훼방하는 판결을 쓰지 못하고 다만 말하되 주께서 너를 꾸짖으시기를 원하노라 하였거늘

(계 12:7-10) 하늘에 전쟁이 있으니 미가엘과 그의 사자들이 용으로 더불어 싸울새 용과 그의 사자들도 싸우나. 이기지 못하여 다시 하늘에서 저희의 있 을 곳을 얻지 못한지라. 큰 용이 내어쫓기니 옛 뱀 곧 마귀라고도 하고 사단이 라고도 하는 온 천하를 꾀는 자라 땅으로 내어쫓기니 그의 사자들도 저와 함 께 내어쫓기니라. 내가 또 들으니 하늘에 큰 음성이 있어 가로되 이제 우리 하 나님의 구원과 능력과 나라와 또 그의 그리스도의 권세가 이루었으니 우리 형제들을 참소하던 자 곧 우리 하나님 앞에서 밤낮 참소하던 자가 쫓겨났고

② 가브리엘

"강한 자"라는 의미가 있다. 여러 가지 하늘의 메시지가 그를 통해

전달되었다.

(단 8:16) 내가 들은즉 을래 강 두 언덕 사이에서 사람의 목소리가 있어 외쳐 이르되 가브리엘아 이 이상을 이 사람에게 깨닫게 하라 하더니

(단 9:21) 곧 내가 말하여 기도할 때에 이전 이상 중에 본 그 사람 가브리엘이 빨리 날아서 저녁 제사를 드릴 때 즈음에 내게 이르더니

(눅 1:19) 천사가 대답하여 가로되 나는 하나님 앞에 섰는 가브리엘이라 이 좋은 소식을 전하여 네게 말하라고 보내심을 입었노라

(눅 1:26-38) 여섯째 달에 천사 가브리엘이 하나님의 보내심을 받들어 갈릴리 나사렛이란 동네에 가서, 다윗의 자손 요셉이라 하는 사람과 정혼한 처녀에게 이르니 그 처녀의 이름은 마리아라. 그에게 들어가 가로되 은혜를 받은 자여 평안할지어다 주께서 너와 함께 하시도다 하니, 처녀가 그 말을 듣고 놀라 이런 인사가 어찌함인고 생각하매, 천사가 일러 가로되 마리아여 무서워 말라 네가 하나님께 은혜를 얻었느니라. 보라 네가 수태하여 아들을 낳으리니 그 이름을 예수라 하라. 저가 큰 자가 되고 지극히 높으신 이의 아들이라 일컬을 것이요 주 하나님께서 그 조상 다윗의 위를 저에게 주시리니, 영원히 야곱의 집에 왕 노릇 하실 것이며 그 나라가 무궁하리라. 마리아가 천사에게 말하되 나는 사내를 알지 못하니 어찌 이 일이 있으리이까. 천사가 대답하여 가로되 성령이 네게 임하시고 지극히 높으신 이의 능력이 너를 덮으시리니 이러므로 나실 바 거룩한 자는 하나님의 아들이라 일컬으리라. 보라 네 친족 엘리사벳도 늙어서 아들을 배었느니라 본래 수태하지 못한다 하던 이가 이미 여섯 달이 되었나니, 대저 하나님의 모든 말씀은 능치 못하심이 없느니라. 마리아가 가로되 주의 계집종이오니 말씀대로 내게 이루어지이다 하매 천사가 떠나가니라

③ 택함 받은 천사들 – 디모데 전서 5:21.

(딤전 5:21) 하나님과 그리스도 예수와 택하심을 받은 천사들 앞에서 내가 엄히 명하노니 너는 편견이 없이 이것들을 지켜 아무 일도 편벽되이 하지 말며

④ 정사와 권세들

때로는 모든 **천사**들을 가리키기도 하고 어떤 때는 타락한 **천사**들만을 가리키기도 한다.

(롬 8:38) 내가 확신하노니 사망이나 생명이나 천사들이나 권세자들이나 현재 일이나 장래 일이나 능력이나

(엡 1:21) 모든 정사와 권세와 능력과 주관하는 자와 이 세상뿐 아니라 오는 세상에 일컫는 모든 이름 위에 뛰어나게 하시고

(엡 3:10) 이는 이제 교회로 말미암아 하늘에서 정사와 권세들에게 하나님의 각종 지혜를 알게 하려 하심이니

(골 1:16) 만물이 그에게 창조되되 하늘과 땅에서 보이는 것들과 보이지 않는 것들과 혹은 보좌들이나 주관들이나 정사들이나 권세들이나 만물이 다 그로 말미암고 그를 위하여 창조되었고

(골 2:10) 너희도 그 안에서 충만하여졌으니 그는 모든 정사와 권세의 머리시라

(골 2:15) 정사와 권세를 벗어 버려 밝히 드러내시고 십자가로 승리하셨느니라

(벧전 3:22) 저는 하늘에 오르사 하나님 우편에 계시니 천사들과 권세들과 능력들이 저에게 순복하느니라

(눅 21:26) 사람들이 세상에 임할 일을 생각하고 무서워하므로 기절하리니 이는 하늘의 권능들이 흔들리겠음이라

⑤ 그룹들

죄된 것의 오염으로부터 **하나님**의 **성결**을 방어하는 **천사**들.

(창 3:24) 이같이 하나님이 그 사람을 쫓아내시고 에덴 동산 동편에 그룹들과
두루 도는 화염검을 두어 생명나무의 길을 지키게 하시니라

(출 25:17-20) 정금으로 속죄소를 만들되 장이 이 규빗 반, 광이 일 규빗 반
이 되게 하고, 금으로 그룹 둘을 속죄소 두 끝에 쳐서 만들되, 한 그룹은 이 끝
에, 한 그룹은 저 끝에 곧 속죄소 두 끝에 속죄소와 한 덩이로 연하게 할지며,
그룹들은 그 날개를 높이 펴서 그 날개로 속죄소를 덮으며 그 얼굴을 서로 대
하여 속죄소를 향하게 하고

(겔 1:1-18) 제 삼십 년 사월 오일에 내가 그발 강 가 사로잡힌 자 중에 있더
니 하늘이 열리며 하나님의 이상을 내게 보이시니, 여호야긴 왕의 사로잡힌
지 오 년 그 달 오일이라. 갈대아 땅 그발 강 가에서 여호와의 말씀이 부시의
아들 제사장 나 에스겔에게 특별히 임하고 여호와의 권능이 내 위에 있으니
라. 내가 보니 북방에서부터 폭풍과 큰 구름이 오는데 그 속에서 불이 번쩍번
쩍하여 빛이 그 사면에 비취며 그 불 가운데 단 쇠 같은 것이 나타나 보이고,
그 속에서 네 생물의 형상이 나타나는데 그 모양이 이러하니 사람의 형상이
라. 각각 네 얼굴과 네 날개가 있고, 그 다리는 곧고 그 발바닥은 송아지 발바
닥 같고 마광한 구리같이 빛나며, 그 사면 날개 밑에는 각각 사람의 손이 있더
라 그 네 생물의 얼굴과 날개가 이러하니, 날개는 다 서로 연하였으며 행할 때
에는 돌이키지 아니하고 일제히 앞으로 곧게 행하며, 그 얼굴들의 모양은 넷
의 앞은 사람의 얼굴이요 넷의 우편은 사자의 얼굴이요 넷의 좌편은 소의 얼
굴이요 넷의 뒤는 독수리의 얼굴이니, 그 얼굴은 이러하며 그 날개는 들어 펴
서 각기 둘씩 서로 연하였고 또 둘은 몸을 가리웠으며, 신이 어느 편으로 가려

면 그 생물들이 그대로 가되 돌이키지 아니하고 일제히 앞으로 곧게 행하며, 또 생물의 모양은 숯불과 횃불 모양 같은데 그 불이 그 생물 사이에서 오르락내리락 하며 그 불은 광채가 있고 그 가운데서는 번개가 나며, 그 생물의 왕래가 번개같이 빠르더라. 내가 그 생물을 본즉 그 생물 곁 땅 위에 바퀴가 있는데 그 네 얼굴을 따라 하나씩 있고, 그 바퀴의 형상과 그 구조는 넷이 한결 같은데 황옥 같고 그 형상과 구조는 바퀴 안에 바퀴가 있는 것 같으며, 행할 때에는 사방으로 향한 대로 돌이키지 않고 행하며, 그 둘레는 높고 무서우며 그 네 둘레로 돌아가면서 눈이 가득하며.

사탄이 지음 받았을 때의 최초 목적을 주목하기 바란다.
(겔 28:14) 너는 기름 부음을 받은 덮는 그룹임이여 내가 너를 세우매 네가 하나님의 성산에 있어서 화광석 사이에 왕래하였었도다

⑥ 스랍들 – 이사야 6:2-7.
(사 6:2–7) 스랍들은 모셔 섰는데 각기 여섯 날개가 있어 그 둘로는 그 얼굴을 가리었고 그 둘로는 그 발을 가리었고 그 둘로는 날며, 서로 창화하여 가로되 거룩하다 거룩하다 거룩하다 만군의 여호와여 그 영광이 온 땅에 충만하도다. 이같이 창화하는 자의 소리로 인하여 문지방의 터가 요동하며 집에 연기가 충만한지라. 그 때에 내가 말하되 화로다 나여 망하게 되었도다 나는 입술이 부정한 사람이요 입술이 부정한 백성 중에 거하면서 만군의 여호와이신 왕을 뵈었음이로다. 때에 그 스랍의 하나가 화저로 단에서 취한 바 핀 숯을 손에 가지고 내게로 날아와서, 그것을 내 입에 대며 가로되 보라 이것이 네 입에 닿았으니 네 악이 제하여졌고 네 죄가 사하여졌느니라 하더라.

⑦ **여호와의 사자 – 창세기** 18:1, **시편** 34:7.

(창 18:1) 여호와께서 마므레 상수리 수풀 근처에서 아브라함에게 나타나시니라 오정 즈음에 그가 장막문에 앉았다가

(시 34:7) 여호와의 사자가 주를 경외하는 자를 둘러 진치고 저희를 건지시는도다

2) 타락한 천사

타락한 **천사**들에는 자유로운 **천사**들과 묶인 **천사**들이 있다. 타락한 **천사**들 중에 **성경**에 특별한 언급이 나와 있는 것은 **사탄**뿐이다(계 12:4).

사탄이 타락할 때(요 8:44) 보다 낮은 존재들을 많이 끌어 모은 것 같다(사 14:12-14).

(계 12:4) 그 꼬리가 하늘 별 삼분의 일을 끌어다가 땅에 던지더라 용이 해산하려는 여자 앞에서 그가 해산하면 그 아이를 삼키고자 하더니

(요 8:44) 너희는 너희 아비 마귀에게서 났으니 너희 아비의 욕심을 너희도 행하고자 하느니라 저는 처음부터 살인한 자요 진리가 그 속에 없으므로 진리에 서지 못하고 거짓을 말할 때마다 제 것으로 말하나니 이는 저가 거짓말쟁이요 거짓의 아비가 되었음이니라

(사 14:12–14) 너 아침의 아들 계명성이여 어찌 그리 하늘에서 떨어졌으며 너 열국을 엎은 자여 어찌 그리 땅에 찍혔는고, 네가 네 마음에 이르기를 내가 하늘에 올라 하나님의 뭇 별 위에 나의 보좌를 높이리라 내가 북극 집회의 산 위에 좌정하리라. 가장 높은 구름에 올라 지극히 높은 자와 비기리라 하도다.

타락한 **천사** 중에는 심판 때까지 묶여 있는 것들이 있고(벧후 2:4,

유 1:6, 고전 6:3), 나머지는 자유한 것으로 **마귀들**, 또는 **귀신**들로 **신약성경**에 나와 있다(막 5:9, 15, 눅 8:30, 딤전 4;1).

> (벧후 2:4) 하나님이 범죄한 천사들을 용서치 아니하시고 지옥에 던져 어두운 구덩이에 두어 심판 때까지 지키게 하셨으며
>
> (유 1:6) 또 자기 지위를 지키지 아니하고 자기 처소를 떠난 천사들을 큰 날의 심판까지 영원한 결박으로 흑암에 가두셨으며
>
> (고전 6:3) 우리가 천사를 판단할 것을 너희가 알지 못하느냐 그러하거든 하물며 세상 일이랴
>
> (막 5:9) 이에 물으시되 네 이름이 무엇이냐 가로되 내 이름은 군대니 우리가 많음이니이다 하고
>
> (막 5:15) 예수께 이르러 그 귀신들렸던 자 곧 군대 지폈던 자가 옷을 입고 정신이 온전하여 앉은 것을 보고 두려워하더라
>
> (눅 8:30) 예수께서 네 이름이 무엇이냐 물으신즉 가로되 군대라 하니 이는 많은 귀신이 들렸음이라
>
> (딤전 4:1) 그러나 성령이 밝히 말씀하시기를 후일에 어떤 사람들이 믿음에서 떠나 미혹케 하는 영과 귀신의 가르침을 좇으리라 하셨으니

이들은 모두 **사탄**의 보조격이요, 같은 운명을 가지고 있다(마 25:41, 계 20:10).

> (마 25:41) 또 왼편에 있는 자들에게 이르시되 저주를 받은 자들아 나를 떠나 마귀와 그 사자들을 위하여 예비된 영영한 불에 들어가라
>
> (계 20:10) 또 저희를 미혹하는 마귀가 불과 유황 못에 던지우니 거기는 그 짐승과 거짓 선지자도 있어 세세토록 밤낮 괴로움을 받으리라

제7장 마 귀

하나님의 피조물 중 타락한 **천사**의 최고의 존재인 **사탄**을 다루고자
한다.

1. 사탄의 명칭

사탄이란 말은 **성경**에 53번 나와 있고, **마귀**란 말로는 60번 나와 있
으며, **마귀들**로는 55번 나와 있다.

많은 **마귀들** 중 우두머리는 하나며 바로 **사탄**이다.

사탄(계 12:9), **마귀**(요 8:44), **대적**(벧전 5:8), **벨리알**(고후 6:15), **루
시퍼**(사 14:12-14), **용**(계 12:3-17), **뱀**(계 12:9), **원수**(마 13:39), **시험
하는 자**(마 4:3), **악한 자**(마 13:19), **바알세불**(마 10:25), **이세상 신**(고
후 4:4), **이세상 임금**(요 12:31), **형제 참소자**(계 12:10), **공중권세 잡
은 자**(엡 2:2), **기름부음 받은 덮는 그룹**(겔 28:14), **광명의 천사**(고후
11:14), **귀신의 왕**(마 12:24), **도적**(요 10:10), **모든 교만한 자녀들의 왕**
(욥 41:34), **리워야단**(사 27:1), **새들**(마 13:4), **우는 사자**(벧전 5:8), **이
리**(요 10:12) 등으로 **성경**에 나와 있다.

(계 12:9) 큰 용이 내어쫓기니 옛 뱀 곧 마귀라고도 하고 사단이라고도 하는
온 천하를 꾀는 자라 땅으로 내어쫓기니 그의 사자들도 저와 함께 내어쫓기
니라

(요 8:44) 너희는 너희 아비 마귀에게서 났으니 너희 아비의 욕심을 너희도

행하고자 하느니라 저는 처음부터 살인한 자요 진리가 그 속에 없으므로 진리에 서지 못하고 거짓을 말할 때마다 제 것으로 말하나니 이는 저가 거짓말쟁이요 거짓의 아비가 되었음이니라

(벧전 5:8) 근신하라 깨어라 너희 대적 마귀가 우는 사자같이 두루 다니며 삼킬 자를 찾나니

(고후 6:15) 그리스도와 벨리알이 어찌 조화되며 믿는 자와 믿지 않는 자가 어찌 상관하며

(사 14:12-14) 너 아침의 아들 계명성이여 어찌 그리 하늘에서 떨어졌으며 너 열국을 엎은 자여 어찌 그리 땅에 찍혔는고, 네가 네 마음에 이르기를 내가 하늘에 올라 하나님의 뭇 별 위에 나의 보좌를 높이리라 내가 북극 집회의 산 위에 좌정하리라. 가장 높은 구름에 올라 지극히 높은 자와 비기리라 하도다.

(계 12:3-17) 하늘에 또 다른 이적이 보이니 보라 한 큰 붉은 용이 있어 머리가 일곱이요 뿔이 열이라 그 여러 머리에 일곱 면류관이 있는데, 그 꼬리가 하늘 별 삼분의 일을 끌어다가 땅에 던지더라 용이 해산하려는 여자 앞에서 그가 해산하면 그 아이를 삼키고자 하더니. 여자가 아들을 낳으니 이는 장차 철장으로 만국을 다스릴 남자라 그 아이를 하나님 앞과 그 보좌 앞으로 올려가더라. 그 여자가 광야로 도망하매 거기서 일천이백육십 일 동안 저를 양육하기 위하여 하나님의 예비하신 곳이 있더라. 하늘에 전쟁이 있으니 미가엘과 그의 사자들이 용으로 더불어 싸울새 용과 그의 사자들도 싸우나. 이기지 못하여 다시 하늘에서 저희의 있을 곳을 얻지 못한지라. (:9) 큰 용이 내어쫓기니 옛 뱀 곧 마귀라고도 하고 사단이라고도 하는 온 천하를 꾀는 자라 땅으로 내어쫓기니 그의 사자들도 저와 함께 내어쫓기니라. (:10) 내가 또 들으니 하늘에 큰 음성이 있어 가로되 이제 우리 하나님의 구원과 능력과 나라와 또 그

의 그리스도의 권세가 이루었으니 우리 형제들을 참소하던 자 곧 우리 하나님 앞에서 밤낮 참소하던 자가 쫓겨났고, 또 여러 형제가 어린 양의 피와 자기의 증거하는 말을 인하여 저를 이기었으니 그들은 죽기까지 자기 생명을 아끼지 아니하였도다. 그러므로 하늘과 그 가운데 거하는 자들은 즐거워하라 그러나 땅과 바다는 화 있을진저 이는 마귀가 자기의 때가 얼마 못된 줄을 알므로 크게 분내어 너희에게 내려갔음이라 하더라. 용이 자기가 땅으로 내어쫓긴 것을 보고 남자를 낳은 여자를 핍박하는지라. 그 여자가 큰 독수리의 두 날개를 받아 광야 자기 곳으로 날아가 거기서 그 뱀의 낯을 피하여 한 때와 두 때와 반 때를 양육받으매. 여자의 뒤에서 뱀이 그 입으로 물을 강같이 토하여 여자를 물에 떠내려가게 하려 하되, 땅이 여자를 도와 그 입을 벌려 용의 입에서 토한 강물을 삼키니. 용이 여자에게 분노하여 돌아가서 그 여자의 남은 자손 곧 하나님의 계명을 지키며 예수의 증거를 가진 자들로 더불어 싸우려고 바다 모래 위에 섰더라.

(마 13:39) 가라지를 심은 원수는 마귀요 추수 때는 세상 끝이요 추수꾼은 천사들이니

(마 4:3) 시험하는 자가 예수께 나아와서 가로되 네가 만일 하나님의 아들이어든 명하여 이 돌들이 떡덩이가 되게 하라

(마 13:19) 아무나 천국 말씀을 듣고 깨닫지 못할 때는 악한 자가 와서 그 마음에 뿌리운 것을 빼앗나니 이는 곧 길가에 뿌리운 자요

(마 10:25) 제자가 그 선생 같고 종이 그 상전 같으면 족하도다 집주인을 바알세불이라 하였거든 하물며 그 집 사람들이랴

(고후 4:4) 그 중에 이 세상 신이 믿지 아니하는 자들의 마음을 혼미케 하여 그리스도의 영광의 복음의 광채가 비취지 못하게 함이니 그리스도는 하나님

의 형상이니라

(요 12:31) 이제 이 세상의 심판이 이르렀으니 이 세상 임금이 쫓겨나리라

(엡 2:2) 그 때에 너희가 그 가운데서 행하여 이 세상 풍속을 좇고 공중의 권세 잡은 자를 따랐으니 곧 지금 불순종의 아들들 가운데서 역사하는 영이라

(겔 28:14) 너는 기름 부음을 받은 덮는 그룹임이여 내가 너를 세우매 네가 하나님의 성산에 있어서 화광석 사이에 왕래하였었도다

(고후 11:14) 이것이 이상한 일이 아니라 사단도 자기를 광명의 천사로 가장하나니

(마 12:24) 바리새인들은 듣고 가로되 이가 귀신의 왕 바알세불을 힘입지 않고는 귀신을 쫓아내지 못하느니라 하거늘

(요 10:10) 도적이 오는 것은 도적질하고 죽이고 멸망시키려는 것뿐이요 내가 온 것은 양으로 생명을 얻게 하고 더 풍성히 얻게 하려는 것이라

(욥 41:34) 모든 높은 것을 낮게 보고 모든 교만한 것의 왕이 되느니라

(사 27:1) 그 날에 여호와께서 그 견고하고 크고 강한 칼로 날랜 뱀 리워야단 곧 꼬불꼬불한 뱀 리워야단을 벌하시며 바다에 있는 용을 죽이시리라

(마 13:4) 뿌릴새 더러는 길가에 떨어지매 새들이 와서 먹어 버렸고

(벧전 5:8) 근신하라 깨어라 너희 대적 마귀가 우는 사자같이 두루 다니며 삼킬 자를 찾나니

(요 10:12) 삯꾼은 목자도 아니요 양도 제 양이 아니라 이리가 오는 것을 보면 양을 버리고 달아나나니 이리가 양을 늑탈하고 또 헤치느니라

사탄이란 말은 **대적**(왕상 5:4)이란 의미를 가지고 있으며, **마귀**란 말은 "더럽히는 자", "중상자"라는 의미를 가지고 있다.

사탄은 타락한 영들의 우두머리요, **하나님**과 사람의 최고의 **적**이며(욥 1:6, 12) 모든 선한 것의 **적**이다.

악한 영과 **마귀**를 가리키는 **헬라어 다이모니온**이나 **다이몬**으로부터 **디몬**(Demon: **귀신**)이 유래된 것이다.

> (왕상 5:4) 이제 내 하나님 여호와께서 내게 사방의 태평을 주시매 대적도 없고 재앙도 없도다
>
> (욥 1:6) 하루는 하나님의 아들들이 와서 여호와 앞에 섰고 사단도 그들 가운데 왔는지라
>
> (욥 1:12) 여호와께서 사단에게 이르시되 내가 그의 소유물을 다 네 손에 붙이노라 오직 그의 몸에는 네 손을 대지 말지니라 사단이 곧 여호와 앞에서 물러가니라

2. 사탄의 개성

사탄은 몸의 형태를 가지고 나타나지 않는 까닭에 **성경**을 근거로 개성을 살필 수밖에 없다.

1) 사탄은 지음 받은 존재이다.

골로새서 1:16에 보면 "만물이 그에게 창조되되 하늘과 땅에서 보이는 것들과 보이지 않는 것들과 혹은 보좌들이나 주관들이나 정사들이나 권세들이나 만물이 다 그로 말미암고 그를 위하여 창조되었다"고 나와 있다.

모든 하늘의 피조물 중 **사탄**의 창조만 특별히 **성경**에 언급되어 있

는 것을 보아 보이지 않는 것들 가운데 **사탄**이 최고의 지위를 차지하고 있었던 것이라 말할 수 있겠다.

에스겔서 28:11-19에 **두로** 왕을 위한 **애가**가 나와 있는데, 그 묘사에 해당되는 왕이 없는 것으로 보아 **사탄**을 가리킨 것이 틀림없다.

"지혜가 충족하고 온전히 아름다웠도다. …너는 기름 부음을 받은 덮는 그룹임이여, 내가 너를 세우매 네가 하나님의 성산에 있었도다. …네가 지음을 받던 날로부터 네 모든 길에 완전하더니 마침내 불의가 드러났도다. …네가 아음다우므로 마음이 교만하였도다."

(겔 28:11-19) 여호와의 말씀이 또 내게 임하여 가라사대. 인자야 두로 왕을 위하여 애가를 지어 그에게 이르기를 주 여호와의 말씀에 너는 완전한 인이었고 지혜가 충족하며 온전히 아름다웠도다. 네가 옛적에 하나님의 동산 에덴에 있어서 각종 보석 곧 홍보석과 황보석과 금강석과 황옥과 홍마노와 창옥과 청보석과 남보석과 홍옥과 황금으로 단장하였었음이여 네가 지음을 받던 날에 너를 위하여 소고와 비파가 예비되었었도다. 너는 기름 부음을 받은 덮는 그룹임이여 내가 너를 세우매 네가 하나님의 성산에 있어서 화광석 사이에 왕래하였었도다. 네가 지음을 받던 날로부터 네 모든 길에 완전하더니 마침내 불의가 드러났도다. 네 무역이 풍성하므로 네 가운데 강포가 가득하여 네가 범죄하였도다 너 덮는 그룹아 그러므로 내가 너를 더럽게 여겨 하나님의 산에서 쫓아내었고 화광석 사이에서 멸하였도다. 네가 아름다우므로 마음이 교만하였으며 네가 영화로우므로 네 지혜를 더럽혔음이여 내가 너를 땅에 던져 열왕 앞에 두어 그들의 구경거리가 되게 하였도다. 네가 죄악이 많고 무역이 불의하므로 네 모든 성소를 더럽혔음이여 내가 네 가운데서 불을 내어 너를 사르게 하고 너를 목도하는 모든 자 앞에서 너로 땅 위에 재가 되게 하

였도다. 만민 중에 너를 아는 자가 너로 인하여 다 놀랄 것임이여 네가 경곗거리가 되고 네가 영원히 다시 있지 못하리로다 하셨다 하라.

2) 사탄은 인격체로서의 기능을 행사한다.

다음의 여러 성구들이 **사탄**의 개성을 말해 주고 있다.

이사야서 14:12-17에서 **이사야** 선지자는 **사탄**의 타락한 경로를 밝히고 있다.

(사 14:12-17) 너 아침의 아들 계명성이여 어찌 그리 하늘에서 떨어졌으며 너 열국을 엎은 자여 어찌 그리 땅에 찍혔는고. 네가 네 마음에 이르기를 내가 하늘에 올라 하나님의 뭇 별 위에 나의 보좌를 높이리라 내가 북극 집회의 산 위에 좌정하리라. 가장 높은 구름에 올라 지극히 높은 자와 비기리라 하도다. 그러나 이제 네가 음부 곧 구덩이의 맨 밑에 빠치우리로다. 너를 보는 자가 주목하여 너를 자세히 살펴보며 말하기를 이 사람이 땅을 진동시키며 열국을 경동시키며, 세계를 황무케 하며 성읍을 파괴하며 사로잡힌 자를 그 집으로 놓아 보내지 않던 자가 아니뇨 하리로다

창세기 3:1-15에서 **사탄**은 뱀을 통해서 **아담**과 **이브**에게 나타난 까닭에 **뱀**이란 명칭을 얻게 되었다. 말한 것이나 나타난 계획은 **사탄**의 개성을 보게 한다(고후 11:3, 13-15, 계 12:9, 20:7).

(고후 11:3) 뱀이 그 간계로 이와를 미혹케 한 것같이 너희 마음이 그리스도를 향하는 진실함과 깨끗함에서 떠나 부패할까 두려워하노라

(고후 11:13-15) 저런 사람들은 거짓 사도요 궤휼의 역꾼이니 자기를 그리스도의 사도로 가장하는 자들이니라. 이것이 이상한 일이 아니라 사단도 자기를

광명의 천사로 가장하나니, 그러므로 사단의 일꾼들도 자기를 의의 일꾼으로 가장하는 것이 또한 큰 일이 아니라 저희의 결국은 그 행위대로 되리라

(계 12:9) 큰 용이 내어쫓기니 옛 뱀 곧 마귀라고도 하고 사단이라고도 하는 온 천하를 꾀는 자라 땅으로 내어쫓기니 그의 사자들도 저와 함께 내어쫓기니라

(계20:7) 천년이 차매 사단이 그 옥에서 놓여

욥기 1:6-12, 2:1-13의 말씀은 **사탄**이 **하나님** 앞에 출입하고(눅 22:31, 계 12:10) 사람들을 살피고 있는 것(벧전 5:8, 엡 6:10-12)을 보이고 있다.

(욥 1:6–12) 하루는 하나님의 아들들이 와서 여호와 앞에 섰고 사단도 그들 가운데 왔는지라. 여호와께서 사단에게 이르시되 네가 어디서 왔느냐 사단이 여호와께 대답하여 가로되 땅에 두루 돌아 여기 저기 다녀왔나이다. 여호와께서 사단에게 이르시되 네가 내 종 욥을 유의하여 보았느냐 그와 같이 순전하고 정직하여 하나님을 경외하며 악에서 떠난 자가 세상에 없느니라. 사단이 여호와께 대답하여 가로되 욥이 어찌 까닭 없이 하나님을 경외하리이까. 주께서 그와 그 집과 그 모든 소유물을 산울로 두르심이 아니니이까 주께서 그 손으로 하는 바를 복되게 하사 그 소유물로 땅에 널리게 하셨음이니이다. 이제 주의 손을 펴서 그의 모든 소유물을 치소서 그리하시면 정녕 대면하여 주를 욕하리이다. 여호와께서 사단에게 이르시되 내가 그의 소유물을 다 네 손에 붙이노라 오직 그의 몸에는 네 손을 대지 말지니라 사단이 곧 여호와 앞에서 물러가니라.

(욥 2:1–13) 또 하루는 하나님의 아들들이 와서 여호와 앞에 서고 사단도 그

들 가운데 와서 여호와 앞에 서니. 여호와께서 사단에게 이르시되 네가 어디서 왔느냐 사단이 여호와께 대답하여 가로되 땅에 두루 돌아 여기 저기 다녀 왔나이다. 여호와께서 사단에게 이르시되 네가 내 종 욥을 유의하여 보았느냐 그와 같이 순전하고 정직하여 하나님을 경외하며 악에서 떠난 자가 세상에 없느니라 네가 나를 격동하여 까닭 없이 그를 치게 하였어도 그가 오히려 자기의 순전을 굳게 지켰느니라. 사단이 여호와께 대답하여 가로되 가죽으로 가죽을 바꾸오니 사람이 그 모든 소유물로 자기의 생명을 바꿀지라. 이제 주의 손을 펴서 그의 뼈와 살을 치소서 그리하시면 정녕 대면하여 주를 욕하리이다. 여호와께서 사단에게 이르시되 내가 그를 네 손에 붙이노라 오직 그의 생명은 해하지 말지니라. 사단이 이에 여호와 앞에서 물러가서 욥을 쳐서 그 발바닥에서 정수리까지 악창이 나게 한지라. 이 재 가운데 앉아서 기와 조각을 가져다가 몸을 긁고 있더니. 그 아내가 그에게 이르되 당신이 그래도 자기의 순전을 굳게 지키느뇨 하나님을 욕하고 죽으라. 그가 이르되 그대의 말이 어리석은 여자 중 하나의 말 같도다 우리가 하나님께 복을 받았은즉 재앙도 받지 아니하겠느뇨 하고 이 모든 일에 욥이 입술로 범죄치 아니하니라. 때에 욥의 친구 세 사람이 그에게 이 모든 재앙이 임하였다 함을 듣고 각각 자기 처소에서부터 이르렀으니 곧 데만 사람 엘리바스와 수아 사람 빌닷과 나아마 사람 소발이라 그들이 욥을 조문하고 위로하려 하여 상약하고 오더니. 눈을 들어 멀리 보매 그 욥인 줄 알기 어렵게 되었으므로 그들이 일제히 소리질러 울며 각각 자기의 겉옷을 찢고 하늘을 향하여 티끌을 날려 자기 머리에 뿌리고, 칠 일, 칠 야를 그와 함께 땅에 앉았으나 욥의 곤고함이 심함을 보는 고로 그에게 한 말도 하는 자가 없었더라.

(눅 22:31) 시몬아, 시몬아, 보라 사단이 밀 까부르듯 하려고 너희를 청구하

였으나

(계 12:10) 내가 또 들으니 하늘에 큰 음성이 있어 가로되 이제 우리 하나님의 구원과 능력과 나라와 또 그의 그리스도의 권세가 이루었으니 우리 형제들을 참소하던 자 곧 우리 하나님 앞에서 밤낮 참소하던 자가 쫓겨났고

(벧전 5:8) 근신하라 깨어라 너희 대적 마귀가 우는 사자같이 두루 다니며 삼킬 자를 찾나니

(엡 6:10-12) 종말로 너희가 주 안에서와 그 힘의 능력으로 강건하여지고, 마귀의 궤계를 능히 대적하기 위하여 하나님의 전신갑주를 입으라. 우리의 씨름은 혈과 육에 대한 것이 아니요 정사와 권세와 이 어두움의 세상 주관자들과 하늘에 있는 악의 영들에게 대함이라.

누가복음 4:1-13에는 **예수 그리스도**께서 당하신 **사탄**의 시험이 나와 있는데 역시 **사탄**의 개성을 보이고 있다.

(눅 4:1-13) 예수께서 성령의 충만함을 입어 요단 강에서 돌아오사 광야에서 사십 일 동안 성령에게 이끌리시며, 마귀에게 시험을 받으시더라 이 모든 날에 아무것도 잡수시지 아니하시니 날 수가 다하매 주리신지라. 마귀가 가로되 네가 만일 하나님의 아들이어든 이 돌들에게 명하여 떡덩이가 되게 하라. 예수께서 대답하시되 기록하기를 사람이 떡으로만 살 것이 아니라 하였느니라. 마귀가 또 예수를 이끌고 올라가서 순식간에 천하 만국을 보이며, 가로되 이 모든 권세와 그 영광을 내가 네게 주리라 이것은 내게 넘겨 준 것이므로 나의 원하는 자에게 주노라. 그러므로 네가 만일 내게 절하면 다 네 것이 되리라. 예수께서 대답하여 가라사대 기록하기를 주 너의 하나님께 경배하고 다만 그를 섬기라 하였느니라. 또 이끌고 예루살렘으로 가서 성전 꼭대기에 세우

고 가로되 네가 만일 하나님의 아들이어든 여기서 뛰어내리라. 기록하였으되 하나님이 너를 위하여 그 사자들을 명하사 너를 지키게 하시리라 하였고, 또한 저희가 손으로 너를 받들어 네 발이 돌에 부딪히지 않게 하시리라 하였느니라. 예수께서 대답하여 가라사대 말씀하기를 주 너의 하나님을 시험치 말라 하였느니라. 마귀가 모든 시험을 다 한 후에 얼마 동안 떠나니라

사탄은 가장 높아지기를 원했고(사 14:14), 이 목적을 **아담**과 **이브**에게 추천했으며(창 3:5), 이제는 **예수님**께 자기를 경배하면 그가 가지고 있는 땅의 모든 것을 주겠다고 **예수님**을 시험했던 것이다.

(사 14:14) 가장 높은 구름에 올라 지극히 높은 자와 비기리라 하도다

(창 3:5) 너희가 그것을 먹는 날에는 너희 눈이 밝아 하나님과 같이 되어 선악을 알 줄을 하나님이 아심이니라

에베소서 6:10-12에는 **하나님**의 자녀들에 대한 **사탄**의 싸움과 전술에서 **사탄**의 개성을 볼 수 있다.

사탄이 구원받지 못한 자들과 싸움을 하지 않는 것은 그들이 **사탄**의 권세 아래에 있기 때문이다(요 8:44, 엡 2:2, 요일 5:19).

(엡 6:10–12) 종말로 너희가 주 안에서와 그 힘의 능력으로 강건하여지고, 마귀의 궤계를 능히 대적하기 위하여 하나님의 전신갑주를 입으라. 우리의 씨름은 혈과 육에 대한 것이 아니요 정사와 권세와 이 어두움의 세상 주관자들과 하늘에 있는 악의 영들에게 대함이라

(요 8:44) 너희는 너희 아비 마귀에게서 났으니 너희 아비의 욕심을 너희도 행하고자 하느니라 저는 처음부터 살인한 자요 진리가 그 속에 없으므로 진

리에 서지 못하고 거짓을 말할 때마다 제 것으로 말하나니 이는 저가 거짓말쟁이요 거짓의 아비가 되었음이니라

(엡 2:2) 그 때에 너희가 그 가운데서 행하여 이 세상 풍속을 좇고 공중의 권세 잡은 자를 따랐으니 곧 지금 불순종의 아들들 가운데서 역사하는 영이라

(요일 5:19) 또 아는 것은 우리는 하나님께 속하고 온 세상은 악한 자 안에 처한 것이며

3. 사탄의 능력

사탄은 도덕적으로 타락했고, 십자가 안에서 심판을 받았으나(요 12:31, 16:11, 골 2:15) 아직 지위는 잃지 않고 있다.

(요 12:31) 이제 이 세상의 심판이 이르렀으니 이 세상 임금이 쫓겨나리라

(요 16:11) 심판에 대하여라 함은 이 세상 임금이 심판을 받았음이니라

(골 2:15) 정사와 권세를 벗어 버려 밝히 드러내시고 십자가로 승리하셨느니라

1) 그의 능력은 다 알 수가 없다

이 세상의 **나라**들에 대한 **권세**가 있고(눅 4:6), **사망**의 **권세**가 있으며(히 2:14), **욥**의 경우에서처럼 **병**들게 하는 **힘**이 있고(욥 2:7), 밀 까부르듯 하는 **힘**이 있으며(눅 22:31), 나라들을 약하게도 하고, 떨게도 하며, 흔들기도 하고, 땅을 황폐한 들로 만들기도 하며, 도시들을 **파괴**하기도 한다(사 14:12-17).

(눅 4:6) 가로되 이 모든 권세와 그 영광을 내가 네게 주리라 이것은 내게 넘겨 준 것이므로 나의 원하는 자에게 주노라

(히 2:14) 자녀들은 혈육에 함께 속하였으매 그도 또한 한 모양으로 혈육에 함께 속하심은 사망으로 말미암아 사망의 세력을 잡은 자 곧 마귀를 없이 하시며

(욥 2:7) 사단이 이에 여호와 앞에서 물러가서 욥을 쳐서 그 발바닥에서 정수리까지 악창이 나게 한지라

(눅 22:31) 시몬아, 시몬아, 보라 사단이 밀 까부르듯 하려고 너희를 청구하였으나

(사 14:12-17) 너 아침의 아들 계명성이여 어찌 그리 하늘에서 떨어졌으며 너 열국을 엎은 자여 어찌 그리 땅에 찍혔는고, 네가 네 마음에 이르기를 내가 하늘에 올라 하나님의 뭇 별 위에 나의 보좌를 높이리라 내가 북극 집회의 산 위에 좌정하리라. 가장 높은 구름에 올라 지극히 높은 자와 비기리라 하도다. 그러나 이제 네가 음부 곧 구덩이의 맨 밑에 빠치우리로다. 너를 보는 자가 주목하여 너를 자세히 살펴보며 말하기를 이 사람이 땅을 진동시키며 열국을 경동시키며, 세계를 황무케 하며 성읍을 파괴하며 사로잡힌 자를 그 집으로 놓아 보내지 않던 자가 아니뇨 하리로다

하나님의 자녀들은 **성령**의 능력과 **그리스도**의 보혈을 통해 **사탄**을 이긴다(엡 6:10-12, 요일 4:4, 계 12:11).

하나님의 뜻이 허용하는 범위에서 **사탄**은 능력과 권위를 행사하고 있다.

(엡 6:10-12) 종말로 너희가 주 안에서와 그 힘의 능력으로 강건하여지고, 마귀의 궤계를 능히 대적하기 위하여 하나님의 전신갑주를 입으라. 우리의 씨름은 혈과 육에 대한 것이 아니요 정사와 권세와 이 어두움의 세상 주관자들과

하늘에 있는 악의 영들에게 대함이라.

(요일 4:4) 자녀들아 너희는 하나님께 속하였고 또 저희를 이기었나니 이는 너희 안에 계신 이가 세상에 있는 이보다 크심이라

(계 12:11) 또 여러 형제가 어린 양의 피와 자기의 증거하는 말을 인하여 저를 이기었으니 그들은 죽기까지 자기 생명을 아끼지 아니하였도다

2) 사탄은 귀신들의 도움을 받고 있다

사탄은 자기의 뜻을 따르고 섬기는 셀 수 없는 **귀신들**(악령들)에 의해서 능력이 증가된다.

사탄은 악한 **영**을 통해 땅 전체에서 활동하고 있다.

4. 귀신들의 본성

이들은 **사탄**의 일군으로 **악**하고(삿 9:23), 더러우며(막 1:27), 지능이 있고 현명하며(행 16:16), **능력**이 있고(막 5:1-8), 몸이 없는 영이며(계 16:14), **천사**들이 아니고(행 23:8, 9), 사람에게 들어가기도 하고 쫓겨나기도 하고(마 10:8), 개별적이며(막 16:9), 지식이 있으며(마 8:29), **믿음**이 있고(약 2:19), **느낌**이 있으며(마 8:29), 교제가 있고(고전 10:20, 21), 가르침이 있으며(딤전 4:1), 뜻이 있고(마 12:43-45), **감정**이 있으며(행 8:7), **소원**이 있다(마 8:28-31).

(삿 9:23) 하나님이 아비멜렉과 세겜 사람들 사이에 악한 신을 보내시매 세겜 사람들이 아비멜렉을 배반하였으니

(막 1:27) 다 놀라 서로 물어 가로되 이는 어찜이뇨 권세 있는 새 교훈이로다

더러운 귀신들을 명한즉 순종하는도다 하더라

(행 16:16) 우리가 기도하는 곳에 가다가 점하는 귀신들린 여종 하나를 만나니 점으로 그 주인들을 크게 이하게 하는 자라

(막 5:1-8) 예수께서 바다 건너편 거라사인의 지방에 이르러, 배에서 나오시매 곧 더러운 귀신들린 사람이 무덤 사이에서 나와 예수를 만나다. 그 사람은 무덤 사이에 거처하는데 이제는 아무나 쇠사슬로도 맬 수 없게 되었으니, 이는 여러 번 고랑과 쇠사슬에 매였어도 쇠사슬을 끊고 고랑을 깨뜨렸음이러라 그리하여 아무도 저를 제어할 힘이 없는지라. 밤낮 무덤 사이에서나 산에서나 늘 소리지르며 돌로 제 몸을 상하고 있었더라. 그가 멀리서 예수를 보고 달려와 절하며, 큰 소리로 부르짖어 가로되 지극히 높으신 하나님의 아들 예수여 나와 당신과 무슨 상관이 있나이까 원컨대 하나님 앞에 맹세하고 나를 괴롭게 마옵소서 하니, 이는 예수께서 이미 저에게 이르시기를 더러운 귀신아 그 사람에게서 나오라 하셨음이라

(계 16:14) 저희는 귀신의 영이라 이적을 행하여 온 천하 임금들에게 가서 하나님 곧 전능하신 이의 큰 날에 전쟁을 위하여 그들을 모으더라

(행 23:8,9) 이는 사두개인은 부활도 없고 천사도 없고 영도 없다 하고 바리새인은 다 있다 함이라. 크게 훤화가 일어날새 바리새인 편에서 몇 서기관이 일어나 다투어 가로되 우리가 이 사람을 보매 악한 것이 없도다 혹 영이나 혹 천사가 저더러 말하였으면 어찌 하겠느뇨 하여

(마 10:8) 병든 자를 고치며 죽은 자를 살리며 문둥이를 깨끗하게 하며 귀신을 쫓아내되 너희가 거저 받았으니 거저 주어라

(막 16:9) 예수께서 안식 후 첫날 이른 아침에 살아나신 후 전에 일곱 귀신을 쫓아내어 주신 막달라 마리아에게 먼저 보이시니

(마 8:29) 이에 저희가 소리질러 가로되 하나님의 아들이여 우리와 당신과 무슨 상관이 있나이까 때가 이르기 전에 우리를 괴롭게 하려고 여기 오셨나이까 하더니

(약 2:19) 네가 하나님은 한 분이신 줄을 믿느냐 잘하는도다 귀신들도 믿고 떠느니라

(고전 10:20,21) 대저 이방인의 제사하는 것은 귀신에게 하는 것이요 하나님께 제사하는 것이 아니니 나는 너희가 귀신과 교제하는 자 되기를 원치 아니하노라. 너희가 주의 잔과 귀신의 잔을 겸하여 마시지 못하고 주의 상과 귀신의 상에 겸하여 참여치 못하리라

(딤전 4:1) 그러나 성령이 밝히 말씀하시기를 후일에 어떤 사람들이 믿음에서 떠나 미혹케 하는 영과 귀신의 가르침을 좇으리라 하셨으니

(마 12:43–45) 더러운 귀신이 사람에게서 나갔을 때에 물 없는 곳으로 다니며 쉬기를 구하되 얻지 못하고, 이에 가로되 내가 나온 내 집으로 돌아가리라 하고 와 보니 그 집이 비고 소제되고 수리되었거늘, 이에 가서 저보다 더 악한 귀신 일곱을 데리고 들어가서 거하니 그 사람의 나중 형편이 전보다 더욱 심하게 되느니라 이 악한 세대가 또한 이렇게 되리라

(행 8:7) 많은 사람에게 붙었던 더러운 귀신들이 크게 소리를 지르며 나가고 또 많은 중풍병자와 앉은뱅이가 나으니

(마 8:28–31) 또 예수께서 건너편 가다라 지방에 가시매 귀신들린 자 둘이 무덤 사이에서 나와 예수를 만나니 저희는 심히 사나와 아무도 그 길로 지나갈 수 없을 만하더라. 이에 저희가 소리질러 가로되 하나님의 아들이여 우리와 당신과 무슨 상관이 있나이까 때가 이르기 전에 우리를 괴롭게 하려고 여기 오셨나이까 하더니, 마침 멀리서 많은 돼지 떼가 먹고 있는지라. 귀신들이

예수께 간구하여 가로되 만일 우리를 쫓아내실진대 돼지 떼에 들어 보내소서 한 대

5. 귀신들의 활동

사람들에게 들어가 벙어리가 되게도 하고(마 9:32,33), 소경이 되게도 하며(마 12:22), 흉악하게 하고(마 15:22), 부정하게 하며(눅 4:36), 초자연적인 능력을 발휘하게 하고(막 5:1-18), 자살하게 하며 (마 17:15), 경련을 일으키게 하고(막 9:20), 정욕에 사로잡히게 하며(요 8:44), 거짓 예배를 드리게 하고(신 32:17), 병들게 하며(행 10:38), 고통받게 하고(마 4:23,24), 속게 하고 속이며(딤전 4:1,2, 왕상 22:21-24), 신접한 자와 박수가 되게 하고(대하 33:6), 두려워하게 하며(딤후 1:7), 세상을 사랑하게 하고(요일 2:15-17), 속박 당하게 하며(롬 8:15), 배반하게 하고(요 13:2), 압제하며(행 10:38), 핍박하고(벧전 5:8), 질투하게 하며(삼상 16:14), 거짓 예언하게 하고(삼상 18:8-10), 도둑질하게 하며(마 13:19), 싸우게 하고(엡 4:27), 운수를 말하게 하며(행 16:16), 죽은 자를 모방하게 한다(삼상 28:3-9)

(마 9:32~33) 저희가 나갈 때에 귀신들려 벙어리 된 자를 예수께 데려오니, 귀신이 쫓겨나고 벙어리가 말하거늘 무리가 기이히 여겨 가로되 이스라엘 가운데서 이런 일을 본 때가 없다 하되

(마 12:22) 그 때에 귀신들려 눈 멀고 벙어리 된 자를 데리고 왔거늘 예수께서 고쳐 주시매 그 벙어리가 말하며 보게 된지라

(마 15:22) 가나안 여자 하나가 그 지경에서 나와서 소리질러 가로되 주 다윗

의 자손이여 나를 불쌍히 여기소서 내 딸이 흉악히 귀신들렸나이다 하되

(눅 4:36) 다 놀라 서로 말하여 가로되 이 어떠한 말씀인고 권세와 능력으로 더러운 귀신을 명하매 나가는도다 하더라

(막 5:1-18) 예수께서 바다 건너편 거라사인의 지방에 이르러, 배에서 나오시매 곧 더러운 귀신들린 사람이 무덤 사이에서 나와 예수를 만나다. 그 사람은 무덤 사이에 거처하는데 이제는 아무나 쇠사슬로도 맬 수 없게 되었으니, 이는 여러 번 고랑과 쇠사슬에 매였어도 쇠사슬을 끊고 고랑을 깨뜨렸음이러라 그리하여 아무도 저를 제어할 힘이 없는지라. 밤낮 무덤 사이에서나 산에서나 늘 소리지르며 돌로 제 몸을 상하고 있었더라. 그가 멀리서 예수를 보고 달려와 절하며, 큰 소리로 부르짖어 가로되 지극히 높으신 하나님의 아들 예수여 나와 당신과 무슨 상관이 있나이까 원컨대 하나님 앞에 맹세하고 나를 괴롭게 마옵소서 하니, 이는 예수께서 이미 저에게 이르시기를 더러운 귀신아 그 사람에게서 나오라 하셨음이라. 이에 물으시되 네 이름이 무엇이냐 가로되 내 이름은 군대니 우리가 많음이니이다 하고, 자기를 이 지방에서 내어 보내지 마시기를 간절히 구하더니, 마침 거기 돼지의 큰 떼가 산 곁에서 먹고 있는지라. 이에 간구하여 가로되 우리를 돼지에게로 보내어 들어가게 하소서 하니, 허락하신대 더러운 귀신들이 나와서 돼지에게로 들어가니 거의 이천 마리 되는 떼가 바다를 향하여 비탈로 내리달아 바다에서 몰사하거늘, 치던 자들이 도망하여 읍내와 촌에 고하니 사람들이 그 어떻게 된 것을 보러 와서, 예수께 이르러 그 귀신들렸던 자 곧 군대 지폈던 자가 옷을 입고 정신이 온전하여 앉은 것을 보고 두려워하더라. 이에 귀신들렸던 자의 당한 것과 돼지의 일을 본 자들이 저희에게 고하매, 저희가 예수께 그 지경에서 떠나시기를 간구하더라. 예수께서 배에 오르실 때에 귀신들렸던 사람이 함께 있기를 간구하였으나

(마 17:15) 주여 내 아들을 불쌍히 여기소서 저가 간질로 심히 고생하여 자주 불에도 넘어지며 물에도 넘어지는지라

(막 9:20) 이에 데리고 오니 귀신이 예수를 보고 곧 그 아이로 심히 경련을 일으키게 하는지라 저가 땅에 엎드러져 굴며 거품을 흘리더라

(요 8:44) 너희는 너희 아비 마귀에게서 났으니 너희 아비의 욕심을 너희도 행하고자 하느니라 저는 처음부터 살인한 자요 진리가 그 속에 없으므로 진리에 서지 못하고 거짓을 말할 때마다 제 것으로 말하나니 이는 저가 거짓말쟁이요 거짓의 아비가 되었음이니라

(신 32:17) 그들은 하나님께 제사하지 아니하고 마귀에게 하였으니 곧 그들의 알지 못하던 신, 근래에 일어난 새 신, 너희 열조의 두려워하지 않던 것들이로다

(행 10:38) 하나님이 나사렛 예수에게 성령과 능력을 기름붓듯 하셨으매 저가 두루 다니시며 착한 일을 행하시고 마귀에게 눌린 모든 자를 고치셨으니 이는 하나님이 함께 하셨음이라

(마 4:23,24) 예수께서 온 갈릴리에 두루 다니사 저희 회당에서 가르치시며 천국 복음을 전파하시며 백성 중에 모든 병과 모든 약한 것을 고치시니, 그의 소문이 온 수리아에 퍼진지라 사람들이 모든 앓는 자 곧 각색 병과 고통에 걸린 자, 귀신들린 자, 간질하는 자, 중풍병자들을 데려오니 저희를 고치시더라

(딤전 4:1,2) 그러나 성령이 밝히 말씀하시기를 후일에 어떤 사람들이 믿음에서 떠나 미혹케 하는 영과 귀신의 가르침을 좇으리라 하셨으니, 자기 양심이 화인 맞아서 외식함으로 거짓말하는 자들이라

(왕상 22:21-24) 한 영이 나아와 여호와 앞에 서서 말하되 내가 저를 꾀이겠나이다. 여호와께서 저에게 이르시되 어떻게 하겠느냐 가로되 내가 나가서 거

짓말하는 영이 되어 그 모든 선지자의 입에 있겠나이다 여호와께서 가라사대 너는 꾀이겠고 또 이루리라 나가서 그리하라 하셨은즉, 이제 여호와께서 거짓 말하는 영을 왕의 이 모든 선지자의 입에 넣으셨고 또 여호와께서 왕에게 대하여 화를 말씀하셨나이다. 그나아나의 아들 시드기야가 가까이 와서 미가야의 뺨을 치며 이르되 여호와의 영이 나를 떠나 어디로 말미암아 가서 네게 말씀하더냐

(대하 33:6) 또 힌놈의 아들 골짜기에서 그 아들들을 불 가운데로 지나게 하며 또 점치며 사술과 요술을 행하며 신접한 자와 박수를 신임하여 여호와 보시기에 악을 많이 행하여 그 진노를 격발하였으며

(딤후 1:7) 하나님이 우리에게 주신 것은 두려워하는 마음이 아니요 오직 능력과 사랑과 근신하는 마음이니

(요일 2:15-17) 이 세상이나 세상에 있는 것들을 사랑치 말라 누구든지 세상을 사랑하면 아버지의 사랑이 그 속에 있지 아니하니, 이는 세상에 있는 모든 것이 육신의 정욕과 안목의 정욕과 이생의 자랑이니 다 아버지께로 좇아온 것이 아니요 세상으로 좇아온 것이라. 이 세상도, 그 정욕도 지나가되 오직 하나님의 뜻을 행하는 이는 영원히 거하느니라

(롬 8:15) 너희는 다시 무서워하는 종의 영을 받지 아니하였고 양자의 영을 받았으므로 아바 아버지라 부르짖느니라

(요 13:2) 마귀가 벌써 시몬의 아들 가룟 유다의 마음에 예수를 팔려는 생각을 넣었더니

(행 10:38) 하나님이 나사렛 예수에게 성령과 능력을 기름붓듯 하셨으매 저가 두루 다니시며 착한 일을 행하시고 마귀에게 눌린 모든 자를 고치셨으니 이는 하나님이 함께 하셨음이라

(벧전 5:8) 근신하라 깨어라 너희 대적 마귀가 우는 사자같이 두루 다니며 삼킬 자를 찾나니

(삼상 16:14) 여호와의 신이 사울에게서 떠나고 여호와의 부리신 악신이 그를 번뇌케 한지라

(삼상 18:8-10) 사울이 이 말에 불쾌하여 심히 노하여 가로되 다윗에게는 만만을 돌리고 내게는 천천만 돌리니 그의 더 얻을 것이 나라밖에 무엇이냐 하고, 그 날 후로 사울이 다윗을 주목하였더라. 그 이튿날 하나님의 부리신 악신이 사울에게 힘있게 내리매 그가 집 가운데서 야료하는 고로 다윗이 평일과 같이 손으로 수금을 타는데 때에 사울의 손에 창이 있는지라

(마 13:19) 아무나 천국 말씀을 듣고 깨닫지 못할 때는 악한 자가 와서 그 마음에 뿌리운 것을 빼앗나니 이는 곧 길가에 뿌리운 자요

(엡 4:27) 마귀로 틈을 타지 못하게 하라

(행 16:16) 우리가 기도하는 곳에 가다가 점하는 귀신들린 여종 하나를 만나니 점으로 그 주인들을 크게 이하게 하는 자라

(삼상 28:3-9) 사무엘이 죽었으므로 온 이스라엘이 그를 애곡하며 그의 본성 라마에 장사하였고 사울은 신접한 자와 박수를 그 땅에서 쫓아내었었더라. 블레셋 사람이 모여 수넴에 이르러 진치매 사울이 온 이스라엘을 모아 길보아에 진쳤더니, 사울이 블레셋 사람의 군대를 보고 두려워서 그 마음이 크게 떨린지라. 사울이 여호와께 묻자오되 여호와께서 꿈으로도, 우림으로도, 선지자로도 그에게 대답지 아니하시므로, 사울이 그 신하들에게 이르되 나를 위하여 신접한 여인을 찾으라 내가 그리로 가서 그에게 물으리라 그 신하들이 그에게 이르되 보소서 엔돌에 신접한 여인이 있나이다. 사울이 다른 옷을 입어 변장하고 두 사람과 함께 갈새 그들이 밤에 그 여인에게 이르러는 사울이 가로

되 청하노니 나를 위하여 신접한 술법으로 내가 네게 말하는 사람을 불러 올리라. 여인이 그에게 이르되 네가 사울의 행한 일 곧 그가 신접한 자와 박수를 이 땅에서 멸절시켰음을 아나니 네가 어찌하여 내 생명에 올무를 놓아 나를 죽게 하려느냐

6. 일반적인 사실들

수천이 동시에 한 사람에게 들어갈 수 있고(막 5:9), **예수 그리스도**께는 복종하도록 되어 있으며, **그리스도**의 **구속**과 **성령**을 믿으며 (마 8:16,17, 막 16:17, 행 19:15), 그들은 **운명**을 알고(눅 8:31, 마 8:31,32), 강한 자를 알며(행 19:13), 육체적 **장애**를 주고(마 12:22), 불신자와 동맹하고(엡 2:1-3), 복음을 **방해**하며(행 13:10), 믿지 못하게 **하나님**의 말씀을 **도둑질**하고(마 13:19), 죄 짓도록 **올무**를 놓으며 (딤전 3:7), 의심과 불신앙이 일게 하고(창 3:4,5), **분쟁**이 있게 한다 (고전 3:1-3).

(막 5:9) 이에 물으시되 네 이름이 무엇이냐 가로되 내 이름은 군대니 우리가 많음이니이다 하고

(마 8:16,17) 저물매 사람들이 귀신들린 자를 많이 데리고 예수께 오거늘 예수께서 말씀으로 귀신들을 쫓아내시고 병든 자를 다 고치시니, 이는 선지자 이사야로 하신 말씀에 우리 연약한 것을 친히 담당하시고 병을 짊어지셨도다 함을 이루려 하심이더라

(막 16:17) 믿는 자들에게는 이런 표적이 따르리니 곧 저희가 내 이름으로 귀신을 쫓아내며 새 방언을 말하며

(행 19:15) 악귀가 대답하여 가로되 예수도 내가 알고 바울도 내가 알거니와 너희는 누구냐 하며

(눅 8:31) 무저갱으로 들어가라 하지 마시기를 간구하더니

(마 8:31,32) 귀신들이 예수께 간구하여 가로되 만일 우리를 쫓아내실진대 돼지 떼에 들여 보내소서 한 대. 저희더러 가라 하시니 귀신들이 나와서 돼지에게로 들어가는지라 온 떼가 비탈로 내리달아 바다에 들어가서 물에서 몰사하거늘

(행 19:13) 이에 돌아다니며 마술하는 어떤 유대인들이 시험적으로 악귀들린 자들에게 대하여 주 예수의 이름을 불러 말하되 내가 바울의 전파하는 예수를 빙자하여 너희를 명하노라 하더라

(마 12:22) 그 때에 귀신들려 눈 멀고 벙어리 된 자를 데리고 왔거늘 예수께서 고쳐 주시매 그 벙어리가 말하며 보게 된지라

(엡 2:1-3) 너희의 허물과 죄로 죽었던 너희를 살리셨도다. 그 때에 너희가 그 가운데서 행하여 이 세상 풍속을 좇고 공중의 권세 잡은 자를 따랐으니 곧 지금 불순종의 아들들 가운데서 역사하는 영이라. 전에는 우리도 다 그 가운데서 우리 육체의 욕심을 따라 지내며 육체와 마음의 원하는 것을 하여 다른 이들과 같이 본질상 진노의 자녀이었더니

(행 13:10) 가로되 모든 궤계와 악행이 가득한 자요 마귀의 자식이요 모든 의의 원수여 주의 바른 길을 굽게 하기를 그치지 아니하겠느냐

(마 13:19) 아무나 천국 말씀을 듣고 깨닫지 못할 때는 악한 자가 와서 그 마음에 뿌리운 것을 빼앗나니 이는 곧 길가에 뿌리운 자요

(딤전 3:7) 또한 외인에게서도 선한 증거를 얻은 자라야 할지니 비방과 마귀의 올무에 빠질까 염려하라

(창 3:4,5) 뱀이 여자에게 이르되 너희가 결코 죽지 아니하리라. 너희가 그것을 먹는 날에는 너희 눈이 밝아 하나님과 같이 되어 선악을 알 줄을 하나님이 아심이니라

(고전 3:1–3) 형제들아 내가 신령한 자들을 대함과 같이 너희에게 말할 수 없어서 육신에 속한 자 곧 그리스도 안에서 어린아이들을 대함과 같이 하노라. 내가 너희를 젖으로 먹이고 밥으로 아니하였노니 이는 너희가 감당치 못하였음이거니와 지금도 못하리라. 너희가 아직도 육신에 속한 자로다 너희 가운데 시기와 분쟁이 있으니 어찌 육신에 속하여 사람을 따라 행함이 아니리요

7. 사탄을 허용하신 하나님의 목적

명확하게 언급되어 잊지는 않으나 신자들의 인격과 신앙 발전을 위해서 허용하신 것 같고(약 1:12, 유 20-24), 신자들의 겸손(고후 12:7)과 믿음으로 승리해서 상급을 받도록 허용하신 것 같으며(계 2:7, 11, 17), **하나님**의 능력을 보이시기 위해서 허용하신 것 같고(막 16:17-20), 사람들이 **회개**하도록 허용하신 것(고전 5:1-6)으로 생각할 수 있다.

(약 1:12) 시험을 참는 자는 복이 있도다 이것에 옳다 인정하심을 받은 후에 주께서 자기를 사랑하는 자들에게 약속하신 생명의 면류관을 얻을 것임이니라

(유 20–24) 사랑하는 자들아 너희는 너희의 지극히 거룩한 믿음 위에 자기를 건축하며 성령으로 기도하며, 하나님의 사랑 안에서 자기를 지키며 영생에 이르도록 우리 주 예수 그리스도의 긍휼을 기다리라. 어떤 의심하는 자들을 긍휼히 여기라. 또 어떤 자를 불에서 끌어내어 구원하라 또 어떤 자를 그 육체로

더럽힌 옷이라도 싫어하여 두려움으로 긍휼히 여기라. 능히 너희를 보호하사 거침이 없게 하시고 너희로 그 영광 앞에 흠이 없이 즐거움으로 서게 하실 자 (고후 12:7) 여러 계시를 받은 것이 지극히 크므로 너무 자고하지 않게 하시려고 내 육체에 가시 곧 사단의 사자를 주셨으니 이는 나를 쳐서 너무 자고하지 않게 하려 하심이니라

(계 2:7) 귀 있는 자는 성령이 교회들에게 하시는 말씀을 들을지어다 이기는 그에게는 내가 하나님의 낙원에 있는 생명나무의 과실을 주어 먹게 하리라

(계 2:11) 귀 있는 자는 성령이 교회들에게 하시는 말씀을 들을지어다 이기는 자는 둘째 사망의 해를 받지 아니하리라

(계 2:17) 귀 있는 자는 성령이 교회들에게 하시는 말씀을 들을지어다 이기는 그에게는 내가 감추었던 만나를 주고 또 흰 돌을 줄 터인데 그 돌 위에 새 이름을 기록한 것이 있나니 받는 자밖에는 그 이름을 알 사람이 없느니라

(막 16:17-20) 믿는 자들에게는 이런 표적이 따르리니 곧 저희가 내 이름으로 귀신을 쫓아내며 새 방언을 말하며, 뱀을 집으며 무슨 독을 마실지라도 해를 받지 아니하며 병든 사람에게 손을 얹은즉 나으리라 하시더라. 주 예수께서 말씀을 마치신 후에 하늘로 올리우사 하나님 우편에 앉으시니라. 제자들이 나가 두루 전파할새 주께서 함께 역사하사 그 따르는 표적으로 말씀을 확실히 증거하시니라

(고전 5:1-6) 너희 중에 심지어 음행이 있다 함을 들으니 이런 음행은 이방인 중에라도 없는 것이라 누가 그 아비의 아내를 취하였다 하는도다. 그리하고도 너희가 오히려 교만하여져서 어찌하여 통한히 여기지 아니하고 그 일 행한 자를 너희 중에서 물리치지 아니하였느냐. 내가 실로 몸으로는 떠나 있으나 영으로는 함께 있어서 거기 있는 것같이 이 일 행한 자를 이미 판단하였노라.

주 예수의 이름으로 너희가 내 영과 함께 모여서 우리 주 예수의 능력으로, 이런 자를 사단에게 내어 주었으니 이는 육신은 멸하고 영은 주 예수의 날에 구원 얻게 하려 함이라. 너희의 자랑하는 것이 옳지 아니하도다 적은 누룩이 온 덩어리에 퍼지는 것을 알지 못하느냐

8. 그리스도인들의 자세

그리스도인들은 악한 **영**들과의 영교가 금지되어 있고(레 19:31, 신 18:10, 벧후 2:1-3), **하나님**의 **전신 갑주**를 입어야 하며(엡6:11-18), **사탄**의 꾀를 알아야 하고(고후 2:11), **마귀**로 틈을 타지 못하도록 해야 하며(엡 4:27), **말씀**으로 물리치고(요일 2:14), **대적**하며(약 4:7), **그리스도**의 이름과 보혈과 **성령**과 간증으로 이겨야 한다(엡 2:6, 갈 5:15-26, 계 12:11).

(레 19:31) 너희는 신접한 자와 박수를 믿지 말며 그들을 추종하여 스스로 더럽히지 말라 나는 너희 하나님 여호와니라

(신 18:10) 그 아들이나 딸을 불 가운데로 지나게 하는 자나 복술자나 길흉을 말하는 자나 요술을 하는 자나 무당이나

(벧후 2:1-3) 그러나 민간에 또한 거짓 선지자들이 일어났었나니 이와 같이 너희 중에도 거짓 선생들이 있으리라 저희는 멸망케 할 이단을 가만히 끌어 들여 자기들을 사신 주를 부인하고 임박한 멸망을 스스로 취하는 자들이라. 여럿이 저희 호색하는 것을 좇으리니 이로 인하여 진리의 도가 훼방을 받을 것이요 저희가 탐심을 인하여 지은 말을 가지고 너희로 이를 삼으니 저희 심판은 옛적부터 지체하지 아니하며 저희 멸망은 자지 아니하느니라

(엡 6:11-18) 마귀의 궤계를 능히 대적하기 위하여 하나님의 전신갑주를 입으라. 우리의 씨름은 혈과 육에 대한 것이 아니요 정사와 권세와 이 어두움의 세상 주관자들과 하늘에 있는 악의 영들에게 대함이라. 그러므로 하나님의 전신갑주를 취하라 이는 악한 날에 너희가 능히 대적하고 모든 일을 행한 후에 서기 위함이라. 그런즉 서서 진리로 너희 허리 띠를 띠고 의의 흉배를 붙이고, 평안의 복음의 예비한 것으로 신을 신고, 모든 것 위에 믿음의 방패를 가지고 이로써 능히 악한 자의 모든 화전을 소멸하고, 구원의 투구와 성령의 검 곧 하나님의 말씀을 가지라. 모든 기도와 간구로 하되 무시로 성령 안에서 기도하고 이를 위하여 깨어 구하기를 항상 힘쓰며 여러 성도를 위하여 구하고

(고후 2:11) 이는 우리로 사단에게 속지 않게 하려 함이라 우리가 그 궤계를 알지 못하는 바가 아니로라

(엡 4:27) 마귀로 틈을 타지 못하게 하라

(요일 2:14) 아이들아 내가 너희에게 쓴 것은 너희가 아버지를 알았음이요 아비들아 내가 너희에게 쓴 것은 너희가 태초부터 계신 이를 알았음이요 청년들아 내가 너희에게 쓴 것은 너희가 강하고 하나님의 말씀이 너희 속에 거하시고 너희가 흉악한 자를 이기었음이라

(약 4:7) 그런즉 너희는 하나님께 순복할지어다 마귀를 대적하라 그리하면 너희를 피하리라

(엡 2:6) 또 함께 일으키사 그리스도 예수 안에서 함께 하늘에 앉히시니

(갈 5:15-26) 만일 서로 물고 먹으면 피차 멸망할까 조심하라. 내가 이르노니 너희는 성령을 좇아 행하라 그리하면 육체의 욕심을 이루지 아니하리라. 육체의 소욕은 성령을 거스리고 성령의 소욕은 육체를 거스리나니 이 둘이 서로 대적함으로 너희의 원하는 것을 하지 못하게 하려 함이니라. 너희가 만일 성

령의 인도하시는 바가 되면 율법 아래 있지 아니하리라. 육체의 일은 현저하니 곧 음행과 더러운 것과 호색과, 우상 숭배와 술수와 원수를 맺는 것과 분쟁과 시기와 분냄과 당짓는 것과 분리함과 이단과, 투기와 술 취함과 방탕함과 또 그와 같은 것들이라 전에 너희에게 경계한 것같이 경계하노니 이런 일을 하는 자들은 하나님의 나라를 유업으로 받지 못할 것이요. 오직 성령의 열매는 사랑과 희락과 화평과 오래 참음과 자비와 양선과 충성과, 온유와 절제니 이같은 것을 금지할 법이 없느니라. 그리스도 예수의 사람들은 육체와 함께 그 정과 욕심을 십자가에 못 박았느니라. 만일 우리가 성령으로 살면 또한 성령으로 행할지니, 헛된 영광을 구하여 서로 격동하고 서로 투기하지 말지니라

(계 12:11) 또 여러 형제가 어린 양의 피와 자기의 증거하는 말을 인하여 저를 이기었으니 그들은 죽기까지 자기 생명을 아끼지 아니하였도다

제8장 최초의 인간

이제는 인간에 관한 **하나님**의 말씀의 가르침을 다루고자 한다.

최초의 사람을 먼저 살피고 다음 타락한 인간과 **구속**받은 인간에 관하여 살피도록 하겠다.

1. 최초 인간과 하나님의 관계

최초의 사람이 **하나님**과 어떤 관계에 있었는지 **성경**은 말해주고 있다.

1) 최초의 인간은 하나님에 의해 창조되었다

하나님께서는 모든 것을 창조하셨는데(히 11:3, 계 4:11), 특별히 "**하나님**의 형상을 따라 인간을 창조하셨다"(창 1:27)고 하셨다.

(히 11:3) 믿음으로 모든 세계가 하나님의 말씀으로 지어진 줄을 우리가 아나니 보이는 것은 나타난 것으로 말미암아 된 것이 아니니라

(계 4:11) 우리 주 하나님이여 영광과 존귀와 능력을 받으시는 것이 합당하오니 주께서 만물을 지으신지라 만물이 주의 뜻대로 있었고 또 지으심을 받았나이다 하더라

(창 1:27) 하나님이 자기 형상 곧 하나님의 형상대로 사람을 창조하시되 남자와 여자를 창조하시고

① 구별된 창조이다

인간은 **하나님**의 손에 의해 특별히 창조되었음을 **성경**이 말하고 있다.

창세기 2장 7절에 "**여호와 하나님**이 흙으로 사람을 지으셨다"고 말씀되어 있는데, 이것은 몸을 가리킨 것으로 지으실 때에 성인인 남자로 창조하셨다는 것을 알게 한다.

흙으로 사람을 지으실 때 **하나님**께서는 "생기를 그 코에 불어 넣으사 사람이 생령이 되게 하셨다."(창 2:7)

하나님께서 흙으로 사람의 몸을 지으시고 생령으로 창조하셨다 (살전 5:23).

사람이 구별된 **하나님**의 창조라는 사실을 창세기 2:18-20의 말씀으로 알 수 있다.

사람이 독처하는 것이 좋지 못하고, 돕는 배필이 없으므로 **하나님**께서 배필을 지으시게 된 사실도 모든 다른 동물들의 창조와는 분명히 구별된 것이다.

(살전 5:23) 평강의 하나님이 친히 너희로 온전히 거룩하게 하시고 또 너희 온 영과 혼과 몸이 우리 주 예수 그리스도 강림하실 때에 흠없게 보전되기를 원하노라

(창 2:18-20) 여호와 하나님이 가라사대 사람의 독처하는 것이 좋지 못하니 내가 그를 위하여 돕는 배필을 지으리라 하시니라. 여호와 하나님이 흙으로 각종 들짐승과 공중의 각종 새를 지으시고 아담이 어떻게 이름을 짓나 보시려고 그것들을 그에게로 이끌어 이르시니 아담이 각 생물을 일컫는 바가 곧 그 이름이라. 아담이 모든 육축과 공중의 새와 들의 모든 짐승에게 이름을 주니라 아담이 돕는 배필이 없으므로

② 하나님의 형상을 따라 지음을 받았다

"**하나님**이 자기 형상 곧 **하나님**의 형상대로 사람을 창조하셨다"(창 1:27)고 하신 말씀은 인간을 **하나님**께서 구별된 위치에 놓으셨다는 것을 알게 한다.

하나님의 형상에 대한 이해는 **고린도 후서** 4:4의 "**하나님**의 형상이신 **그리스도**"라는 말씀과 **골로새서** 1:15의 "볼 수 없는 **하나님**의 형상이신 **그리스도**"라는 말씀에서 알 수 있다.

> (고후 4:4) 그 중에 이 세상 신이 믿지 아니하는 자들의 마음을 혼미케 하여 그리스도의 영광의 복음의 광채가 비취지 못하게 함이니 그리스도는 하나님의 형상이니라
>
> (골 1:15) 그는 보이지 아니하시는 하나님의 형상이요 모든 창조물보다 먼저 나신 자니

최초 인간이 창조되었을 때에 지녔던 **하나님**의 형상의 새로움이 **예수 그리스도**를 통해 나타났던 것이다.

이 형상은 **중생**과 **성결의 은혜**를 통해 어느 정도 회복이 되고 **부활** 시 완전하게 될 것이다.

"우리가 다 수건을 벗은 얼굴로 거울을 보는 것같이 주의 영광을 보매 저와 같은 형상으로 화하여 영광으로 영광에 이르니 곧 주의 영으로 말미암음이니라"(고후 3:18)

이 세상에서 회복되어야 할 형상에는 도덕적인 것과 지적인 것이 들어 있다.

"**하나님**을 따라 의와 진리의 거룩함으로 지으심을 받은 새 사람을

입으라"(엡 4:24)

"새 사람을 입었으니 이는 자기를 창조하신 자의 형상을 좇아 지식에까지 새롭게 하심을 받는 자니라"(골 3:10)

아담이 다른 여러 종류의 동물들의 이름을 지어준 것을 보아 매우 높은 수준의 지적 능력을 소유했었다는 것을 **성경**을 통해 알 수 있다 (창 2:19-20).

> (창 2:19-20) 여호와 하나님이 흙으로 각종 들짐승과 공중의 각종 새를 지으시고 아담이 어떻게 이름을 짓나 보시려고 그것들을 그에게로 이끌어 이르시니 아담이 각 생물을 일컫는 바가 곧 그 이름이라. 아담이 모든 육축과 공중의 새와 들의 모든 짐승에게 이름을 주니라 아담이 돕는 배필이 없으므로

2) 하나님의 지시를 받았다

최초의 인간은 의무와 한계에 있어서 **하나님**의 지시를 받았던 것이다.

① 하도록 받은 지시

창세기 2:15에 보면 **하나님**께서 "그 사람(아담)을 **에덴** 동산에 두사 그것을 다스리며 지키게 하셨다."

그들은 생육하고 번성하여 땅에 충만할 것과 땅 위에 있는 모든 피조물들을 다스리도록 지시를 받았다(창1:28).

> (창 1:28) 하나님이 그들에게 복을 주시며 그들에게 이르시되 생육하고 번성하여 땅에 충만하라, 땅을 정복하라, 바다의 고기와 공중의 새와 땅에 움직이는 모든 생물을 다스리라 하시니라

② 하지 말도록 받은 지시

에덴 동산에서 오직 한가지를 하지 말도록 특별히 지시받았다. "선악을 알게 하는 나무의 실과는 먹지 말라."(창2:17)

2. 최초 인간과 피조물의 관계

성경 말씀에 의하면 최초 인간(아담)에게 주어졌던 피조물과의 관계는 임시적이었던 것으로써 **하나님**께 신실했었다면 보다 높고 영원한 관계에 놓여졌을 것이라 보인다. 그 사실이 **시편** 8편 5절에 나와 있다.

"저를 **천사**보다 조금 못하게 하시고 영화와 존귀로 관을 씌우셨나이다"(시 8:5)

1) 인간의 임시적인 지위

다른 피조물에 대한 인간의 임시적인 관계는 잠시 동안 **천사**들 보다 조금 못한 것이었다. **하나님**의 계획은 인간을 영광과 존귀로 관 씌우사 **하나님**께서 이루신 것들을 맡기시려는 것이었다고 말할 수 있다. 그 직무를 맡기기 위해서 **하나님**께서는 인간을 **천사** 보다 조금 못하게 만드사 **하나님**의 규칙을 신실하게 순종하는가에 대한 여부를 알아보실 필요가 있었다. 그래서 **하나님**께서는 두 규칙을 말씀했는데, 적극적인 명령은 "동산을 다스리고 지키는 것"(창 2:15)이었고, 소극적인 명령은 "선악을 알게 하는 나무의 실과를 먹지 말라"(창 2:16-17)는 것이었다. 그러나 **아담**은 **하나님**의 소극적인 명령을 어겼고, 적극적인 명령도 지킬 수 없게 되었으며 형벌이 따르게 되었다.

> (창 2:15) 여호와 하나님이 그 사람을 이끌어 에덴 동산에 두사 그것을 다스리며 지키게 하시고
>
> (창 2:16–17) 여호와 하나님이 그 사람에게 명하여 가라사대 동산 각종 나무의 실과는 네가 임의로 먹되, 선악을 알게 하는 나무의 실과는 먹지 말라 네가 먹는 날에는 정녕 죽으리라 하시니라

2) 인간의 현재 위치

시편 8편의 말씀에 대한 **영감**된 주석이 **히브리서** 2:8에 나와 있다.

"만물이 아직 저에게 복종한 것을 보지 못하고."(히2:8)

선악을 알게 하는 나무의 실과를 먹음으로 지혜를 얻어서 피조물을 다스려 보려고 했으나 **하나님**의 명령을 어긴 실패의 결과는 아직도 복종하는 것을 볼 수 없게 하고 있는 것이다.

> (히 2:8) 만물을 그 발 아래 복종케 하셨느니라 하였으니 만물로 저에게 복종케 하셨은즉 복종치 않은 것이 하나도 없으나 지금 우리가 만물이 아직 저에게 복종한 것을 보지 못하고

3) 인간의 종국적인 지위

높고 존귀한 지위는 **하나님**의 명령에 신실한 순종이 있은 후에 **하나님**께서 보상으로 주시도록 한 것이라는 것을 **히브리서** 2:8-9을 통해 말할 수 있다.

"지금 우리가 만물이 아직 저에게 복종한 것을 보지 못하고, 오직

우리가 **천사**들보다 잠깐 동안 못하게 하심을 입은 자 곧 죽음의 고난 받으심을 인하여 영광과 존귀로 관 쓰신 **예수**를 보니."

첫째 **아담**이 순종의 행위로 얻는데 실패한 것을 둘째 **아담**은 의를 통해 성취하셨고, 인간은 믿음으로 **그리스도**를 통해 **하나님**께서 최초 계획하셨던 종국적인 지위를 얻게 될 것이다.

> (히 2:8–9) 만물을 그 발 아래 복종케 하셨느니라 하였으니 만물로 저에게 복종케 하셨은즉 복종치 않은 것이 하나도 없으나 지금 우리가 만물이 아직 저에게 복종한 것을 보지 못하고, 오직 우리가 천사들보다 잠깐 동안 못하게 하심을 입은 자 곧 죽음의 고난 받으심을 인하여 영광과 존귀로 관 쓰신 예수를 보니 이를 행하심은 하나님의 은혜로 말미암아 모든 사람을 위하여 죽음을 맛보려 하심이라

제9장 타락한 인간

인간이 **하나님**의 말씀을 전적으로 믿고, 하신 말씀을 순종하는지, 아니면 자신의 이성의 힘으로 갈 길을 찾아 **하나님**의 분명한 말씀을 어기고, 자신의 결정을 따르는지에 대한 그 여부를 알아보려는 것이 **하나님**의 **테스트**(Test: 시험)의 목적이었다.

시험의 방법은 **하나님**의 말씀의 반역자인 타락한 **천사**를 허용하신 것이다. **하나님**께서 **아담**의 타락을 예정하신 것은 아닐지라도 **하나님**은 **아담**이 유혹에 넘어질 것을 잘 아셨다는 사실을 기억하는 것이 중요하다.

하나님께는 **하나님**의 절대적인 뜻에 맹목적으로 순종하도록 창조하신 많은 피조물들이 있다.

태양과 유성들의 조직은 복잡한 요소들이 함께 창조주의 법에 따라 정확하게 순종하여 공간을 끊임없이 운행하고 있다.

하나님께는 또한 본능이라는 내적으로 심기워진 법에 따라 **하나님**의 복잡한 목적의 헤아리기 어려운 계획을 성취하고 있는 수많은 생물들이 있다. **하나님**께는 아무런 질문도 탈도 없이 **하나님**께서 기뻐하시는 것을 수행하는 여러 등급의 **천사**들이 있는 것이다.

그러나 이 모든 것들은 **하나님**의 형상을 가지고 있지 않다.

하나님께서는 많은 아들들을 이끌어 영광에 들어가게 하시기를 원하시는 까닭에(히 2:10), **자유의지**가 주어져야만 했던 것이고, **하나님**의 뜻에 자발적으로 맡기는 믿음의 행위가 각자에게 있어야 되는 것이다.

(히 2:10) 만물이 인하고 만물이 말미암은 자에게는 많은 아들을 이끌어 영광에 들어가게 하시는 일에 저희 구원의 주를 고난으로 말미암아 온전케 하심이 합당하도다

1. 인간의 타락

아담과 **이브**가 받은 유혹을 살핌으로 우리는 그 길을 피할 수 있도록 해야 한다.

1) 유혹자
실제 유혹자는 자신을 드러내지 않고 뱀을 대리로 썼다.

① 그의 역사
욥기 1:6-12, 2:1-6, **이사야서** 14:12-14, **에스겔서** 28:12-15, **디모데전서** 3:6과 **계시록** 12:3-10 말씀을 비교해 보면 유혹자는 한때 **하나님**의 **천사**였으나 떨어져서 쫓겨날 때 보다 낮은 많은 다른 영적 존재들을 끌어 모으게 되었다.

거룩한 **천사**가 어떻게 **마귀**가 되었을까를 다 이해하기는 불가능하다.

(욥 1:6-12) 하루는 하나님의 아들들이 와서 여호와 앞에 섰고 사단도 그들 가운데 왔는지라. 여호와께서 사단에게 이르시되 네가 어디서 왔느냐 사단이 여호와께 대답하여 가로되 땅에 두루 돌아 여기 저기 다녀왔나이다. 여호와께서 사단에게 이르시되 네가 내 종 욥을 유의하여 보았느냐 그와 같이 순전하

고 정직하여 하나님을 경외하며 악에서 떠난 자가 세상에 없느니라. 사단이 여호와께 대답하여 가로되 욥이 어찌 까닭 없이 하나님을 경외하리이까. 주께서 그와 그 집과 그 모든 소유물을 산울로 두르심이 아니니이까 주께서 그 손으로 하는 바를 복되게 하사 그 소유물로 땅에 널리게 하셨음이니이다. 이제 주의 손을 펴서 그의 모든 소유물을 치소서 그리하시면 정녕 대면하여 주를 욕하리이다. 여호와께서 사단에게 이르시되 내가 그의 소유물을 다 네 손에 붙이노라 오직 그의 몸에는 네 손을 대지 말지니라 사단이 곧 여호와 앞에서 물러가니라

(욥 2:1–6) 또 하루는 하나님의 아들들이 와서 여호와 앞에 서고 사단도 그들 가운데 와서 여호와 앞에 서니. 여호와께서 사단에게 이르시되 네가 어디서 왔느냐 사단이 여호와께 대답하여 가로되 땅에 두루 돌아 여기 저기 다녀왔나이다. 여호와께서 사단에게 이르시되 네가 내 종 욥을 유의하여 보았느냐 그와 같이 순전하고 정직하여 하나님을 경외하며 악에서 떠난 자가 세상에 없느니라 네가 나를 격동하여 까닭 없이 그를 치게 하였어도 그가 오히려 자기의 순전을 굳게 지켰느니라. 사단이 여호와께 대답하여 가로되 가죽으로 가죽을 바꾸오니 사람이 그 모든 소유물로 자기의 생명을 바꾸올지라. 이제 주의 손을 펴서 그의 뼈와 살을 치소서 그리하시면 정녕 대면하여 주를 욕하리이다. 여호와께서 사단에게 이르시되 내가 그를 네 손에 붙이노라 오직 그의 생명은 해하지 말지니라.

(사 14:12–14) 너 아침의 아들 계명성이여 어찌 그리 하늘에서 떨어졌으며 너 열국을 엎은 자여 어찌 그리 땅에 찍혔는고. 네가 네 마음에 이르기를 내가 하늘에 올라 하나님의 뭇 별 위에 나의 보좌를 높이리라 내가 북극 집회의 산 위에 좌정하리라. 가장 높은 구름에 올라 지극히 높은 자와 비기리라 하도다

(겔 28:12-15) 인자야 두로 왕을 위하여 애가를 지어 그에게 이르기를 주 여호와의 말씀에 너는 완전한 인이었고 지혜가 충족하며 온전히 아름다웠도다. 네가 옛적에 하나님의 동산 에덴에 있어서 각종 보석 곧 홍보석과 황보석과 금강석과 황옥과 홍마노와 창옥과 청보석과 남보석과 홍옥과 황금으로 단장하였었음이여 네가 지음을 받던 날에 너를 위하여 소고와 비파가 예비되었었도다. 너는 기름 부음을 받은 덮는 그룹임이여 내가 너를 세우매 네가 하나님의 성산에 있어서 화광석 사이에 왕래하였었도다. 네가 지음을 받던 날로부터 네 모든 길에 완전하더니 마침내 불의가 드러났도다.

(딤전 3:6) 새로 입교한 자도 말지니 교만하여져서 마귀를 정죄하는 그 정죄에 빠질까 함이요

(계 12:3-10) 하늘에 또 다른 이적이 보이니 보라 한 큰 붉은 용이 있어 머리가 일곱이요 뿔이 열이라 그 여러 머리에 일곱 면류관이 있는데, 그 꼬리가 하늘 별 삼분의 일을 끌어다가 땅에 던지더라 용이 해산하려는 여자 앞에서 그가 해산하면 그 아이를 삼키고자 하더니, 여자가 아들을 낳으니 이는 장차 철장으로 만국을 다스릴 남자라 그 아이를 하나님 앞과 그 보좌 앞으로 올려가더라. 그 여자가 광야로 도망하매 거기서 일천이백육십 일 동안 저를 양육하기 위하여 하나님의 예비하신 곳이 있더라. 하늘에 전쟁이 있으니 미가엘과 그의 사자들이 용으로 더불어 싸울새 용과 그의 사자들도 싸우나, 이기지 못하여 다시 하늘에서 저희의 있을 곳을 얻지 못한지라. 큰 용이 내어쫓기니 옛 뱀 곧 마귀라고도 하고 사단이라고도 하는 온 천하를 꾀는 자라 땅으로 내어쫓기니 그의 사자들도 저와 함께 내어쫓기니라. 내가 또 들으니 하늘에 큰 음성이 있어 가로되 이제 우리 하나님의 구원과 능력과 나라와 또 그의 그리스도의 권세가 이루었으니 우리 형제들을 참소하던 자 곧 우리 하나님 앞에서

밤낮 참소하던 자가 쫓겨났고

② 그의 대리

보이지 않는 영인 **사탄**은 **이브**에게 모습을 가지고 나타나지 않았으나 **뱀**을 중재로 썼다.

창세기 3:1에 "**여호와 하나님**의 지으신 들짐승 중에 뱀이 가장 간교하더라"고 말씀되어 있다. **사탄**의 **영**이 들어갔음으로 **뱀**은 더욱 간교했을 것이다.

2) 유혹

창세기 3:6에 보면 유혹에 3가지 요소가 있었던 것을 알 수 있다. 그것은 **합리적**이요, **심미적**(審美的)이며, **직업적**인 면으로 나와 있다. 지금도 유혹은 이 세가지를 통해서 오고 있는 것을 보게 된다.

(창 3:6) 여자가 그 나무를 본즉 먹음직도 하고 보암직도 하고 지혜롭게 할 만큼 탐스럽기도 한 나무인지라 여자가 그 실과를 따먹고 자기와 함께한 남편에게도 주매 그도 먹은지라

① 이성에 호소

"여인이 그 나무를 본즉 먹음직했다."(창 3:6)

그 나무를 보았을 때 먹음직했던 것은 그 여인이 바로 본 것이다. **창세기** 1:31에서 **하나님**은 "그 지으신 모든 것을 보시고 심히 좋았더라"하였는데 그 중에 들어있는 것이니 좋은게 당연하다.

타락이 있게 한 것은 먹은 실과 자체에 해로운 성분이 있었던 것

이 아니고, **하나님**의 명령을 어긴데 있었던 것이다. 실과가 좋고 나쁜 것에 관계없이 **하나님**께서 먹지 말라고 한 것을 어기고 먹은데 문제가 있는 것이다.

인간의 이성이 시험 대상에 오른 것이 아니었고, 그의 순종여부가 시험되었던 것이다. 사람들의 눈에 "해롭게 보이지 않는 것"이 매우 자주 **마귀**의 올무가 되고 있다.

하나님께서 원하시는 바는 가치의 분석적인 개념이 아니고, 순종인 것이다.

② 미적인 구미에 호소

"보암직도 했다."(창 3:6)

여기서 **이브**가 실과의 질에 대한 인식에는 틀린 것이 없었다.

어떻게 아름다운 것이 사람에게 해로울까?

여전히 사람들은 미적 감각에 눈이 어두워 **하나님**의 말씀을 제쳐 놓는 일을 자주 범하게 된다.

③ 직업적인 유용성에 호소

"지혜롭게 할 만큼 탐스럽기도 한 나무인지라."(창 3:6)

지혜가 필요한 위대한 세계에 **아담**과 **이브**가 놓여지게 되었다.

하나님께서 하라 하신 일을 수행하는데 필요한 지혜를 얻을 기회가 왔을 때 그것을 잡는 것이 어째서 잘못 되었을까?

그러나 **하나님**께서는 능숙한 통치자를 원하신 것이 아니고, 순종하는 자를 원했던 것이다.

하나님의 일에 합한 사람은 **하나님**의 말씀에 절대적으로 순종하는 자인 것이다.

우리가 알아야 할 유혹 가운데 매우 간교한 것은 **하나님**의 목적에 가깝게 보이는 것이다.

사탄은 "너희가 그것을 먹는 날에는 **하나님**과 같이 되리라"(창 3:5)고 했다.

사람들이 자신들을 **신**이 되도록 만드는 것은 **사탄**의 전략이다.

> (창 3:5) 너희가 그것을 먹는 날에는 너희 눈이 밝아 하나님과 같이 되어 선악을 알 줄을 하나님이 아심이니라

요한일서 2:16의 말씀은 위의 유혹의 방법을 잘 말해 주고 있다.

"세상에 있는 모든 것이 육신의 정욕과 안목의 정욕과 이생의 자랑이니 다 아버지께 좇아 온 것이 아니요, 세상으로 좇아 온 것이라."

3) 불순종의 단계

이브가 불순종하여 **하나님**의 말씀을 어김으로 죄에 빠진 경로를 살펴보자.

① 하나님의 조처에 관한 질문을 허용했다

유혹자는 다음과 같이 암시적인 질문을 던졌다.

"**하나님**이 참으로 너희더러 동산 모든 나무의 실과를 먹지 말라 하시더냐?"(창 3:1)

그 질문은 **이브**로 하여금 어째서 **하나님**이 그런 명령을 하셨을까 하

는 의심이 일게 해서 그 명령의 동기를 논의하게 만들었다. 그런 질문에 대답을 한 것은 의문점을 토론해 보자는 데 동의한 것이 된다.

(창 3:1) 여호와 하나님의 지으신 들짐승 중에 뱀이 가장 간교하더라 뱀이 여자에게 물어 가로되 하나님이 참으로 너희더러 동산 모든 나무의 실과를 먹지 말라 하시더냐

② 하나님의 명령을 토론했다

사탄과 **이브**는 대화를 계속했던 것이다.

"먹지 말라 하시더냐?"(창 3:1)라는 **사탄**의 질문에 **하나님**께서 말씀하신 것으로 대답을 했으나 조금 보태게 됐다.

하나님의 명령은 사랑과 긍휼에 의한 것이었는데 **사탄**은 **하나님**의 형벌이 너무 심한 것처럼 **이브**가 생각하도록 유도했다.

③ 거짓말을 믿었다

"결코 죽지 아니하리라"(창 3:4)라는 유혹자의 말을 믿은 것이다.

사랑의 **하나님**께서 그런 형벌을 주실 리가 없다는 식으로 믿게 한 것이다. 지금도 이런 식으로 **하나님**의 분명한 말씀을 못 믿게 하는 **사탄**의 역사가 계속되고 있다.

(창 3:4) 뱀이 여자에게 이르되 너희가 결코 죽지 아니하리라

④ 하나님의 의를 의심했다

사탄의 거짓말을 믿게 됨으로 **하나님**의 의로운 조처를 의심하게 됐다.

하나님의 신실하신 사랑까지 의심하게 만든 것이다.

사탄의 제안을 받아들이면서 '**하나님**은 참으로 대 군주와 같구나'라고 생각하게 됐을 것이다.

사랑하신다고 하면서 **선악과**를 따먹으면 정녕 죽으리라는 잔인스럽고 비합리적인 금지 사항을 주신 **하나님**께 대하여 의심이 일게 되었던 것이다.

⑤ 금지된 수단으로 자신의 발전을 도모했다

"먹는 날에는 너희 눈이 밝아 **하나님**과 같이 되어 선악을 알게 되리라"(창 3:5)고 유혹자가 말했다.

'**하나님**께서 맡기신 일을 수행하는데 보다 능숙한 사람이 되는 길이 아닌가'라고 생각해서 넘어진 것이다. '혹시 선한 결과가 있지 않을까'하여 악한 일에 계속 관계하는 사람들이 있다. **하나님**의 사람들은 **하나님**의 말씀에 어긋난 것을 끊어 버려야만 한다.

(창 3:5) 너희가 그것을 먹는 날에는 너희 눈이 밝아 하나님과 같이 되어 선악을 알 줄을 하나님이 아심이니라

⑥ 자신의 이해에 자신을 맡겼다

사탄과 대화를 나눈 후 **하나님**의 명령 대신 자신의 이해에 의한 결론을 내린 것이다.

옳고 그릇됨에 대한 **하나님**의 분명한 말씀이 인간의 생각에 의해 밀려난 것이다.

"너는 마음을 다하여 **여호와**를 의뢰하고 네 명철을 의지하지 말라."(잠 3:5)

⑦ 불순종했다

사탄의 계획은 단계적으로 유도된 것이었다.

첫 번에 **사탄**이 **하나님**의 말씀을 불순종하도록 했다면 **이브**는 거절했을 것이다.

"여자가 실과를 따먹고 자기와 함께 한 남편에게도 주매 그도 먹은지라."(창 3:6)

디모데 전서 2:14에 "**아담**은 속은 것이 아니고 여자가 속임을 받아 죄에 **빠졌음이라**"하신 말씀을 보아 **아담**은 그가 하는 일이 무엇인가를 알고도 **죄**를 지었음으로 죄인의 우두머리가 된 것이다.

사탄이 **아담**을 넘어뜨리기 위해 **이브**를 먼저 유혹한 것이라고 본다.

(딤전 2:14) 아담이 꾀임을 보지 아니하고 여자가 꾀임을 보아 죄에 빠졌음이니라

2. 타락의 결과

하나님의 말씀을 어기고 **선악과**를 먹은 데 대한 벌은 **사망**임이 명백하게 나와 있다(창 2:17).

성경에 사망은 3가지로 나와 있는데 **첫째**는 몸의 붕괴요, **둘째**는 영적인 사망으로 영이 **하나님**과의 교제에서 분리되어 허물과 죄로 죽어 있는 것(엡 2:1)이고, **셋째**는 잃어버린 영혼이 **지옥** 형벌을 받는 것으로 둘째 사망(계 20:13-15)이다.

(창 2:17) 선악을 알게 하는 나무의 실과는 먹지 말라 네가 먹는 날에는 정녕 죽으리라 하시니라

(엡 2:1) 너희의 허물과 죄로 죽었던 너희를 살리셨도다

(계 20:13-15) 바다가 그 가운데서 죽은 자들을 내어 주고 또 사망과 음부도 그 가운데서 죽은 자들을 내어 주매 각 사람이 자기의 행위대로 심판을 받고, 사망과 음부도 불못에 던지우니 이것은 둘째 사망 곧 불못이라. 누구든지 생명책에 기록되지 못한 자는 불못에 던지우더라

1) 아담에게 주어진 결과

그가 영적으로 죽었으나, 몸이 즉시 죽어 **지옥**에 가지는 않았다.

① **법적인 결과**(서류에 의한)

아담과 **이브**는 즉시 **율법**의 범법자가 되었으나 회개를 위해 둘째 사망은 보류되었던 것이다. 그들은 고백(창 3:12,13)과 피흘림으로 모형된 **구속주**(창 3:21)를 믿음으로 받아들여서 용서되었고, 벌은 제거된 것으로 믿는다. **아담**과 **이브**는 믿음으로 구원받았다고 본다.

(창 3:12,13) 아담이 가로되 하나님이 주셔서 나와 함께 하게 하신 여자 그가 그 나무 실과를 내게 주므로 내가 먹었나이다. 여호와 하나님이 여자에게 이르시되 네가 어찌하여 이렇게 하였느냐 여자가 가로되 뱀이 나를 꾀므로 내가 먹었나이다.

(창 3:21) 여호와 하나님이 아담과 그 아내를 위하여 가죽옷을 지어 입히시니라

② **자연적인 결과**(실제적인 결과)

그들의 죄로 인한 자연적인 결과는 **에덴**에서 쫓겨남을 당했고, 양식을 위해 땀을 흘려야만 했으며, 아픔과 허약함이 따르게 되었고,

육체가 죽게 된 것이다.

부활이 있기 전 까지는 **아담**의 죄로 인한 자연적인 결과는 제함을 받지 못할 것이다.

2) 인류에게 주어진 결과

로마서 5장 18절에 "한 범죄로 많은 사람이 정죄에 이른 것같이"라는 말씀대로 인류의 조상인 **아담**의 **죄**의 행위는 모든 후손에게 그 영향을 미치게 됐다.

로마서 5:12의 말씀은 다음과 같다.

"한 사람으로 말미암아 죄가 세상에 들어오고 죄로 말미암아 사망이 왔나니 이와 같이 모든 사람이 죄를 지었으므로 사망이 모든 사람에게 이르렀느니라."

① 법적인 결과

위에 언급된 것처럼 **하나님**의 간섭이 없었다면 인간들은 사망 형벌을 전적으로 받을 수밖에 없었으나 **하나님**의 은혜가 "죄가 더한 곳에"넘치게 된 것이다(롬 5:20)

율법에 대한 **하나님**의 은혜의 작용이 **성경**에 나와 있다. "한 범죄로 많은 사람이 정죄에 이른 것 같이 의의 한 행동으로 말미암아 많은 사람이 의롭다 하심을 받아 생명에 이르렀느니라."(롬 5:18)

(롬 5:20) 율법이 가입한 것은 범죄를 더하게 하려 함이라 그러나 죄가 더한 곳에 은혜가 더욱 넘쳤나니

(롬 5:18) 그런즉 한 범죄로 많은 사람이 정죄에 이른 것같이 의의 한 행동으

로 말미암아 많은 사람이 의롭다 하심을 받아 생명에 이르렀느니라

아담이 인류의 조상인지라 **아담**의 범죄의 결과인 사망의 형벌은 그로부터 모든 후손에게 유전되게 됐다. 그러나 **예수 그리스도**는 인류의 새 머리가 되셨다. 그의 의로 말미암아 세상에 태어나는 모든 사람들은 **칭의**를 받을 수 있는 상태에 놓인 것이다.

세상에 태어나는 어린이가 **하나님**의 율법을 고의적으로 어기는 일이 없다면 그는 **아담**의 **유전죄**를 가지고 있다 할지라도 책임을 질 것이 없고 그런 상태에서 죽는다면 그는 구원을 받을 것이다.

그러나 어린이가 옳고 그른 것을 분별하는 시기에 이르러서 틀린 것을 알고도 행한다면 **하나님** 앞에서 받을 수 있는 **칭의**를 상실하게 되며, "죄와 허물로 죽은" 타고난 본성으로 되돌아가게 되는 것이다. 어린이들의 마음에 있는 **타고난 죄**는 **하나님**의 법을 어기는 여러 가지 형태로 나타난다.

"범죄하는 그 영혼은 죽을 찌라 아들은 아비의 죄악을 담당치 아니 하리니 의인의 의도 자기에게로 돌아가고, 악인의 악도 자기에게 돌아가리라."(겔 18:20)

긍휼하신 **하나님**의 은혜 안에서 **아담**의 **원죄**만으로 **지옥**에 가게되는 일이 없다는 것을 알게 된다.

② 자연적인 결과

하나님께서 말씀하신 제2의 계명에 "나를 미워하는 자의 죄를 갚되 삼 사대까지 이르게 하거니와"(출 20:5)라고 말씀되어 있는 것을

보아 부모들의 죄의 결과가 자손들에게 물려지는 것이 있다.

아담의 죄의 결과가 온 인류에게 미치게 된 것이다.

이 죄의 유전된 결과들은 자연적인 것이지 법적인 것은 아니다.

자연적인 몸의 죽음은 유전된 죄의 결과이지만 영적인 죽음은 오직 자신의 죄의 결과인 것이다.

죄가 용서됨으로 법적인 결과는 해결이 되지만, 자연적인 결과는 몸의 **부활**이 있기까지는 온전한 해결을 볼 수 없는 것이다.

> (출 20:5) 그것들에게 절하지 말며 그것들을 섬기지 말라 나 여호와 너의 하나님은 질투하는 하나님인즉 나를 미워하는 자의 죄를 갚되 아비로부터 아들에게로 삼 사대까지 이르게 하거니와

3. 하나님 앞에서의 입장

인간을 위한 **하나님**의 **구속**이 마련되지 않았다면 어떻게 되었을까를 아는 일은 불가능하다.

그러나 **하나님**께서 마련해 놓으신 **구속**의 은혜의 역사를 거절한 자들에 대한 말씀은 분명히 나와 있다.

1) 하나님 앞에서의 타락한 인간의 입장

하나님 앞에서의 사람들의 입장은 그들이 **예수 그리스도**를 구주로 받아들이느냐, 거절하느냐에 달려 있다. 그러므로 **하나님** 앞에서 타락한 인간의 입장은 그 자신의 행동들에 의해서 결정되는 것이 아니다.

① 모든 사람은 같다

모든 사람이 **죄**를 범했으므로 **하나님**의 영광에 이르지 못했기 때문에 차이가 없다(롬 3:9-23).

> (롬 3:9-23) 그러면 어떠하뇨 우리는 나으뇨 결코 아니라 유대인이나 헬라인이나 다 죄 아래 있다고 우리가 이미 선언하였느니라. 기록한 바 의인은 없나니 하나도 없으며, 깨닫는 자도 없고 하나님을 찾는 자도 없고, 다 치우쳐 한가지로 무익하게 되고 선을 행하는 자는 없나니 하나도 없도다. 저희 목구멍은 열린 무덤이요 그 혀로는 속임을 베풀며 그 입술에는 독사의 독이 있고, 그 입에는 저주와 악독이 가득하고, 그 발은 피 흘리는 데 빠른지라, 파멸과 고생이 그 길에 있어, 평강의 길을 알지 못하였고, 저희 눈 앞에 하나님을 두려워함이 없느니라 함과 같으니라. 우리가 알거니와 무릇 율법이 말하는 바는 율법 아래 있는 자들에게 말하는 것이니 이는 모든 입을 막고 온 세상으로 하나님의 심판 아래 있게 하려 함이니라. 그러므로 율법의 행위로 그의 앞에 의롭다 하심을 얻을 육체가 없나니 율법으로는 죄를 깨달음이니라. 이제는 율법 외에 하나님의 한 의가 나타났으니 율법과 선지자들에게 증거를 받은 것이라. 곧 예수 그리스도를 믿음으로 말미암아 모든 믿는 자에게 미치는 하나님의 의니 차별이 없느니라. 모든 사람이 죄를 범하였으매 하나님의 영광에 이르지 못하더니

② 모든 사람에게 죄가 있다

위에서 말한 대로 어떤 **율법**이나 도덕적 표준들을 지키는 것이 **하나님** 앞에서의 타락한 인간의 입장을 바꾸지 못한다.

"누구든지 율법책에 기록된 대로 온갖 일을 항상 행하지 아니하는

자는 저주 아래 있는 자라 하였음이라."(갈 3:10)

"누구든지 온 율법을 지키다가 그 하나에 거치면 모두 범한 자가 되나니."(약 2:10)

③ 사탄의 자녀들이다

타락한 인간들은 **마귀**의 자녀들이다.

"죄를 짓는 자는 **마귀**에게 속하나니"(요일 3:8)

"너희는 너희 아비 **마귀**에게서 났으니 너희 아비의 욕심을 너희도 행하고자 하느니라 저는 처음부터 살인한 자요 진리가 그 속에 없으므로 진리에 서지 못하고 거짓을 말할 때마다 제 것으로 말하나니 이는 저가 거짓말쟁이요 거짓의 아비가 되었음이니라"(요 8:44)

2) 하나님 앞에서의 타락한 인간의 상태

하나님 앞에서 타락한 인간의 입장은 죄를 가지고 있을 뿐만 아니라 그의 상태가 또한 악하다.

① 정신적으로 어두워졌다

구속을 떠나 있는 타락한 인간은 영적인 것을 이해하는데 정신적으로 무능하게 되었으며, 속임을 받게 되었다.

"저희 총명이 어두워지고 저희 가운데 있는 무지함과 저희 마음이 굳어짐으로 말미암아 **하나님**의 생명에서 떠나 있도다"(엡 4:18)

"육에 속한 사람은 **하나님**의 **성령**의 일을 받지 아니하나니 저희에게는 미련하게 보임이요 또 깨닫지도 못하나니 이런 일은 영적으로

라야 분변함이니라"(고전 2:14)

② 영적으로 죽어 있다

은혜로 마련된 **구원** 밖에 있는 타락한 인간들은 "허물과 죄로 죽어 있는 자"(엡 2:1)들이다.

죄와 **사망**의 법이 그들을 통치하고 있는 것이다(롬 8:2).

(엡 2:1) 너희의 허물과 죄로 죽었던 너희를 살리셨도다

(롬 8:2) 이는 그리스도 예수 안에 있는 생명의 성령의 법이 죄와 사망의 법에
서 너를 해방하였음이라

4. 타락한 인간의 마지막 운명

모든 사람들은 마지막 운명을 향해 옮겨가고 있다.
죄를 회개하지 않는 타락한 인간의 마지막 운명은 **지옥**이다.

1) 현재적 사망

죄가 무엇인지 깨닫게 되는 나이가 들어 **죄**를 범하면 영적으로 죽게 되며, 회개하여 돌이킴이 없다면 일생 동안 이 상태에 남아 있게 될 것이다.

2) 몸의 사망

회개하지 않은 죄인들은 결국 죽는데 **그리스도인**들이 **주** 안에서 잠자는 것과 같지 않으며(살전 4:14), 그들은 "의인의 죽음"과 같은

죽음을 죽는 것이 아니고, 아무도 종말이 그와 같기를 바라는 죽음
이 아니다(민 23:10, 눅 16:23).

(살전 4:14) 우리가 예수의 죽었다가 다시 사심을 믿을진대 이와 같이 예수
안에서 자는 자들도 하나님이 저와 함께 데리고 오시리라

(민 23:10) 야곱의 티끌을 뉘 능히 계산하며 이스라엘 사분지 일을 뉘 능히
계수할꼬 나는 의인의 죽음같이 죽기를 원하며 나의 종말이 그와 같기를 바
라도다 하매

(눅 16:23) 저가 음부에서 고통 중에 눈을 들어 멀리 아브라함과 그의 품에
있는 나사로를 보고

3) 둘째 사망

회개하지 않는 타락한 인간의 마지막 운명은 둘째 사망이다.

"사망과 음부도 **불못**에 던지우니 이것은 둘째 사망 곧 **불못**이라.
누구든지 **생명책**에 기록되지 못한 자는 **불못**에 던지우더라"(계 20:
14, 15)

제10장 구속받은 인간

인간의 타락에 관한 **하나님**의 말씀은 매우 슬픈 것이었으나 **성경**은 타락한 인간을 **구속**하기 위한 **하나님**의 사랑과 계획을 또한 말씀하고 있으니 얼마나 감사한지 모른다.

1. 구속주(Redeemer)

욥은 고통 중에 눈을 들어 소망적인 선언을 했다.

"내가 알기에는 나의 **구속**자가 살아계시니 후일에 그가 땅 위에 서실 것이라."(욥 19:25)

구속주가 오실 것에 대한 희망은 "여인의 후손이 뱀의 머리를 상하게 하실 것이요"(창 3:15)라는 말씀으로부터 시작해서 전 **구약성경** 가운데 나타나 있다.

구속주에 대한 희망을 제하여 버린다면 영광은 즉시 사라지고 만다.

죄와 실패와 고통과 참화의 기록은 읽는 자를 지루하게 만들 것이나, **구약성경**은 오실 **구속주**에 대한 예언의 말씀이 아닌가 !

1) 하나님의 아들이신 구속자

삼위 일체의 제 2위이신 분이 타락한 인간의 **구속주**이시다.

그분이 **하나님**의 아들이심으로 **구속**할 능력을 가지고 계시다는 사실을 믿을 수 있게 한다.

2) 인자이신 구속주

인간을 **구속**할 **구속주**는 능력과 함께 **구속주**로서의 자격이 있어야 만 함으로 **말씀**이 **육신**이 되사 **인자**로 오셨다.

3) 구속자에 대한 구약성경의 모형

구속주가 오실 것에 대한 분명한 예언 외에 오실 **구속주**를 가리킨 모형들이 **구약성경**에 나와 있다.

① 친족 구속자

레위기에 보면 이방인에게 팔린 자에 대한 속량을 어떻게 할 것인 가가 나와 있다.

"너희 중에 우거하는 이방인은 부요하게 되고 그 곁에 사는 너희 동족은 빈한하게 됨으로 너희 중에 우거하는 그 이방인에게나 그 족 속에게 몸이 팔렸으면, 팔린 후에 그를 속량할 수 있나니 그 형제 중 하나가 속하거나, 삼촌이나 사촌이 속하거나 그 근족 중 누구든지 속할 것이요 그가 부요하게 되면 스스로 속하되"(레 25:47-49)

하나님의 아들이 우리의 **구속주**가 되시기 위하여 **인자**가 되셔서 친 족이 되신 것이다. 팔렸던 죄에서 우리를 속량하기 위함이시다.

② 친족인 보아스

룻기는 **구속**의 계획에 관한 매우 흥미 있는 역사를 담고 있다.

흉년 까닭에 **엘리멜렉**은 **유대** 땅을 떠나 **모압** 나라로 갔다. **엘리멜렉**이 죽은 후 그의 아내였던 과부 **나오미**와 자부 과부인 **룻**이 어려움

가운데 **베들레헴**에 돌아오게 되었으므로 물려받았던 땅을 팔아야만
했다(룻 4:3).

> (룻 4:3) 보아스가 그 기업 무를 자에게 이르되 모압 지방에서 돌아온 나오미
> 가 우리 형제 엘리멜렉의 소유지를 관할하므로

　부자 친족인 **보아스**는 밭에서 **이삭**을 줍던 **룻**을 만나 그녀를 사랑
한 때문에 넘어가게 됐던 땅을 사서 그대로 보존되게 했으며 끊어진
대를 회복케 하였고 **룻**이 **예수 그리스도**의 족보 중에 들게 했다.
　같은 방법으로 **하나님**의 **성자 예수 그리스도**는 잃어버린 이방인들
중에서 **신부**를 보시고 사랑하셔서 **구속**하시려고 값 주고 세상을 사
셨다.

2. 구속의 방법

　자신이 할 수 없는 일을 어떤 분이 대신 해 줌으로 **구속**이 성취된
것을 앞에서 살펴보았다.
　죄로 인한 형벌로부터의 **구속**은 피흘림에 의해서만 성취된다는 것
을 **성경** 말씀과 그 모형들이 말해주고 있다(히 9:22, 레 17:11).

> (히 9:22) 율법을 좇아 거의 모든 물건이 피로써 정결케 되나니 피 흘림이 없
> 은즉 사함이 없느니라
> (레 17:11) 육체의 생명은 피에 있음이라 내가 이 피를 너희에게 주어 단에
> 뿌려 너희의 생명을 위하여 속하게 하였나니 생명이 피에 있으므로 피가 죄
> 를 속하느니라

앞서 다룬 대로 **하나님**께서는 **아담**에게 두 명령을 주셨던 것이다. 땅을 경작하라는 적극적인 명령과 선악을 알게 하는 나무의 과일을 먹지 말라는 소극적인 명령이었다.

그러므로 **구속**의 계획에는 이 두 범법이 고려되어야만 한다. 왜냐하면 **아담**은 양쪽을 다 어긴 때문이다.

선악과를 따먹음으로 소극적인 명령을 어겼고, 그래서 땅을 경작하는 일을 더 이상 못하게 됨으로 적극적인 명령도 어기게 된 것이다.

인간의 **대속주**이신 **예수 그리스도**께서는 두 경우의 요구들을 완전히 채워 주셨다.

1) 예수 그리스도께서는 모든 의를 충족시키셨다

하나님께서는 **이스라엘** 백성에게 두 개의 율법을 주셨다.

의례적인 **율법**은 **하나님**께서 사람에게 요구하신 본성을 보이고, 도덕적인 **율법**은 **하나님**께서 인간에게 요구하신 행위를 보이고 있다.

인간들은 **하나님**을 섬겨야 할 빚을 지고 있음으로 **예수 그리스도**께서는 인간을 위해 그 자리를 취하셔서 **대리인**이 되어 의례적인 **율법**과 도덕적인 **율법**을 완전히 준수하셔야만 했다. **예수 그리스도**께서는 온전히 그렇게 하셨다는 것을 이제 보게 된다.

① 의례적인 율법

예수께서 세례 **요한**에게 세례 받으러 오셨을 때 **요한**은 주저했으나 **예수**께서 그에게 말씀하시기를 "이제 허락하라. 우리가 이와 같이 하여 모든 의를 이루는 것이 합당하니라"(마 3:15)라고 하셨다.

이 말씀은 **예수 그리스도**의 **구속** 사역에 있어서의 섬기는 면, 특히 의례적인 면에 대한 열쇠를 주고 있다.

예수께서는 난지 팔일 만에 **할례**를 받으셨고(눅 2:21), 모친에 의해서 40일째 되던 날에 **율법**의 요구대로 제물을 드렸다(눅 2:22-24)는 말씀을 보아 그가 모든 의례적인 **율법**의 요구를 다 채우셨다고 결론 내릴 수 있는 것이다.

> (마 3:15) 예수께서 대답하여 가라사대 이제 허락하라 우리가 이와 같이 하여 모든 의를 이루는 것이 합당하니라 하신대 이에 요한이 허락하는지라
>
> (눅 2:21-24) 할례할 팔 일이 되매 그 이름을 예수라 하니 곧 수태하기 전에 천사의 일컬은 바러라. 모세의 법대로 결례의 날이 차매 아기를 데리고 예루살렘에 올라가니, 이는 주의 율법에 쓴 바 첫태에 처음 난 남자마다 주의 거룩한 자라 하리라 한 대로 아기를 주께 드리고, 또 주의 율법에 말씀하신 대로 비둘기 한 쌍이나 혹 어린 반구 둘로 제사하려 함이더라.

세례 **요한**은 **이스라엘** 백성에게 주어진 마지막 의례적인 **율법**의 요구인 물세례를 주고 있었다. 죄의 회개를 모형한 세례를 **예수님**께서 회개할 죄가 없으셨던 까닭에 받지 않으셔도 됐던 것이다. **요한** 자신도 자기가 **예수님**께 세례를 받아야 할 것으로 여겼다.

그러나 **예수**께서는 죄인들의 자리를 취하시고 대리인이 되셨는데 그것은 인간들에게 요구되어진 모든 것을 채우시기(이루시기) 위해 필요한 것이었다.

그러므로 **죄**를 속하는데 필요한 의례적인 **율법**의 모든 의를 온전히 충족시키기 위해 **예수**께서는 그것에 복종하셨다.

그리스도께서 이루신 역사를 믿음으로 받아 들여서 의례적인 **율법**의 요구들로부터 해방 받는 것은 복음의 진수로서 매우 중요하다.

갈라디아 신자들이 **할례**를 받도록 설득한 자들의 가르침은 다른 **복음**이라고 **바울**이 말한 것을 보아 그 중요성을 알 수 있다(갈1:6).

더욱 **바울**은 그 서간에서 **할례**를 받도록 하는 일은 전체 **율법**을 지켜야 하는 빚쟁이가 되게 하며, **그리스도**께서 너희에게 아무 유익이 없다고 말하고 있다(갈 5:1-3).

(갈 1:6) 그리스도의 은혜로 너희를 부르신 이를 이같이 속히 떠나 다른 복음 좇는 것을 내가 이상히 여기노라

(갈 5:1-3) 그리스도께서 우리로 자유케 하려고 자유를 주셨으니 그러므로 굳세게 서서 다시는 종의 멍에를 메지 말라. 보라 나 바울은 너희에게 말하노니 너희가 만일 할례를 받으면 그리스도께서 너희에게 아무 유익이 없으리라. 내가 할례를 받는 각 사람에게 다시 증거하노니 그는 율법 전체를 행할 의무를 가진 자라.

이 해방의 내용이 어떤 것인가를 **골로새서** 2:10-12에서 보게 된다.

"너희도 그 안에서 충만하여졌으니 그는 모든 정사와 권세의 머리시라. 또 그 안에서 너희가 손으로 하지 아니한 **할례**를 받았으니 곧 육적 몸을 벗는 것이요 **그리스도**의 **할례**니라. 너희가 **세례**로 **그리스도**와 함께 장사한 바 되고 또 죽은 자들 가운데서 그를 일으키신 **하나님**의 역사를 믿음으로 말미암아 그 안에서 함께 일으키심을 받았느니라"(골 2:10-12)

위의 말씀은 **물세례** 자체가 구원하는 능력이 있는 것이 아니요, 우

리 대신 우리를 위해 죽으셨다가 사신 **예수**를 믿는 믿음으로 받는 **세례**라야 된다는 것을 밝히고 있다.

우리를 위해 완성해 놓으신 **예수 그리스도**의 **구속**의 역사를 믿음으로 우리들은 그 유익을 얻게 된다.

물세례를 **성령세례**와 혼동해서는 안된다.

② 도덕적인 율법

예수 그리스도께서 도덕적인 **율법**을 완전히 지키셨다는 것에 대해서 의심할 사람은 아무도 없다.

성경은 그분에 관해서 다음과 같이 말하고 있다.

"저는 죄를 범치 아니하시고 그 입에 궤사도 없으시며"(벧전 2:22)

예수께서 의례적인 **율법**을 지키심은 우리들을 그것으로부터 해방시키기 위함이요, **그리스도**께서 도덕적인 **율법**을 지키신 것은 도덕적 **율법**을 지키는데 우리를 온전케 하려 하심이라 말할 수 있다.

율법을 지키는 것이 **구원**의 수단의 한 부분이 되는 것으로 생각해서 지키는 자에게 도덕적인 **율법**은 의례적인 **율법**처럼 무력하다.

왜냐하면 구원은 "우리를 구원하시되 우리의 행한 바 의로운 행위로 말미암지 아니하고 오직 그의 긍휼하심을 좇아 하신"(디도서 3:5) 때문이요, **로마서** 10:4의 말씀대로 "**그리스도**는 모든 믿는 자에게 의를 이루기 위하여 **율법**의 마침이 되시니라"한 때문이다.

그렇다면 어째서 우리가 도덕적 **율법**을 주의 깊게 지켜야 할까? 그 대답은 **로마서** 6:1-2의 말씀으로 알 수 있다.

"그런즉 우리가 무슨 말하리요, 은혜를 더하게 하려고 죄에 거하

겠느뇨, 그럴 수 없느니라. 죄에 대하여 죽은 우리가 어찌 그 가운데 더 살리요"(롬 6:1-2)

도덕적 **율법**을 지키는 것이 **구원**을 얻는 수단이 되는 게 아니라 우리가 **구원**받았다는 증거가 되는 것이다.

2) 예수 그리스도께서는 모든 죄악 때문에 고난 받으셨다

예수 그리스도께서는 모든 사람들의 **죄**가 받아야 할 형벌을 대신 담당하셨다.

"우리는 다 양 같아서 그릇 행하며 각기 제 길로 갔거늘 **여호와**께서는 우리 무리의 죄악을 그에게 담당시키셨도다"(사 53:6)

"이튿날 **요한**이 **예수**께서 자기에게 나아오심을 보고 가로되 보라 세상 죄를 지고 가는 **하나님**의 어린 양이로다"(요 1:29)

"친히 나무에 달려 그 몸으로 우리 죄를 담당하셨으니 이는 우리로 죄에 대하여 죽고 의에 대하여 살게 하려 하심이라 저가 채찍에 맞음으로 너희는 나음을 얻었나니"(벧전 2:24)

① 인류의 벌

아담의 **죄**로 사망이 모든 사람에게 있게 된 것을 이미 살폈다(롬 5:12).

그러므로 인류를 **구속**하는 데 **예수님**은 이 인류의 벌을 제거하실 필요가 있어서 값없이 받을 수 있는 선물로 모든 사람에게 오게 되었다(롬 5:18).

(롬 5:12) 이러므로 한 사람으로 말미암아 죄가 세상에 들어오고 죄로 말미암

아 사망이 왔나니 이와 같이 모든 사람이 죄를 지었으므로 사망이 모든 사람에게 이르렀느니라

(롬 5:18) 그런즉 한 범죄로 많은 사람이 정죄에 이른 것같이 의의 한 행동으로 말미암아 많은 사람이 의롭다 하심을 받아 생명에 이르렀느니라

② 개인의 벌

예수께서는 개인이 범한 죄의 벌도 지불하셨다.

요한 계시록 1:5에 **예수님**이 "그의 피로 우리 죄를 씻기시고"라 말씀된 것은 개인의 죄의 벌을 **예수 그리스도** 안에서 회개와 믿음으로 깨끗하게 하신 것을 말함이다.

(계 1:5) 또 충성된 증인으로 죽은 자들 가운데서 먼저 나시고 땅의 임금들의 머리가 되신 예수 그리스도로 말미암아 은혜와 평강이 너희에게 있기를 원하노라 우리를 사랑하사 그의 피로 우리 죄에서 우리를 해방하시고

"그의 이름으로 죄 사함을 얻게 하는 회개가 **예루살렘**으로부터 시작하여 모든 족속에게 전파될 것"이다. (눅 24:47)

(눅 24:47) 또 그의 이름으로 죄 사함을 얻게 하는 회개가 예루살렘으로부터 시작하여 모든 족속에게 전파될 것이 기록되었으니

구속의 바탕은 **예수 그리스도**께서 흘리신 보혈이다. 이것은 **구약** 제사 제도가 잘 모형해 준 것이다.

"내가 피를 볼 때에 넘으리라."(출 12:13)

"피 흘림이 없은즉 사함이 없다."(히 9:22)

"그 아들 **예수**의 피가 우리를 모든 죄에서 깨끗하게 하실 것이요."(요일 1:7)

(출 12:13) 내가 애굽 땅을 칠 때에 그 피가 너희의 거하는 집에 있어서 너희를 위하여 표적이 될지라 내가 피를 볼 때에 너희를 넘어가리니 재앙이 너희에게 내려 멸하지 아니하리라

(히 9:22) 율법을 좇아 거의 모든 물건이 피로써 정결케 되나니 피 흘림이 없은즉 사함이 없느니라

(요일 1:7) 저가 빛 가운데 계신 것같이 우리도 빛 가운데 행하면 우리가 서로 사귐이 있고 그 아들 예수의 피가 우리를 모든 죄에서 깨끗하게 하실 것이요

3. 구속의 결과

성경에는 **구속**(Redemption)이 세 가지로 말씀되어 있다.

1) 마련된 구속

히브리서 9:11-12에 나와 있는 바와 같이 **예수**께서는 인류를 위한 **구속**의 사역을 완수하셨다.

(히 9:11-12) 그리스도께서 장래 좋은 일의 대제사장으로 오사 손으로 짓지 아니한, 곧 이 창조에 속하지 아니한 더 크고 온전한 장막으로 말미암아, 염소와 송아지의 피로 아니하고 오직 자기 피로 영원한 속죄를 이루사 단번에 성소에 들어가셨느니라

2) 과정 중에 있는 구속

예수 그리스도에 의해서 마련된 **구속**이 개인에게 적용되는 과정이 있다.

"그가 우리를 대신하여 자신을 주심은 모든 불법에서 우리를 **구속**하시고 우리를 깨끗하게 하사 선한 일에 열심하는 친백성이 되게 하려 하심이니라"(딛 2:14)

예수 그리스도의 **구속**의 역사를 받아들이므로 구원받은 영혼들이 늘고 있는 것이다.

3) 온전하게 된 구속

성경은 신자들을 "**구속**의 날까지 인치심을 받은 자"(엡 4:30)요, "양자될 것 곧 우리 몸의 **구속**을 기다리는 자"(롬 8:23)로 말씀하고 있다.

누가복음 21:28에는 "너의 **구속**이 가까웠느니라"는 말씀이 **주님**의 재림과 연결되어 나와 있다.

위의 말씀들은 몸의 **부활**이 있기까지는 **구속**이 완성되지 못한 것을 말하고 있다.

그러므로 어떤 사람이 **구속(구원)**받았다고 말하거나, **구속**받고 있는 중이라고 하거나, **구속**되기를 희망한다고 말하는 것은 **성경**적이라 할 수 있다.

(엡 4:30) 하나님의 성령을 근심하게 하지 말라 그 안에서 너희가 구속의 날까지 인치심을 받았느니라

(롬 8:23) 이뿐 아니라 또한 우리 곧 성령의 처음 익은 열매를 받은 우리까지

도 속으로 탄식하여 양자될 것 곧 우리 몸의 구속을 기다리느니라

(눅 21:28) 이런 일이 되기를 시작하거든 일어나 머리를 들라 너희 구속이 가까웠느니라 하시더라

4) 구속받은 땅

구속받은 인간의 교리와 불가분리의 관계를 가지고 있는 것은 피조물의 **구속**이다.

땅이 저주를 받게 된 것은 인간의 타락의 결과 중의 하나였다(창 3:17,18).

인간의 **구속**이 완성된 후 **저주**가 제거되게 된다.

로마서 8:18-22의 말씀은 인간의 타락과 **구속**이 땅의 저주와 그 제거가 어떻게 연결되어 있는가를 말해주고 있다.

(창 3:17,18) 아담에게 이르시되 네가 네 아내의 말을 듣고 내가 너더러 먹지 말라 한 나무 실과를 먹었은즉 땅은 너로 인하여 저주를 받고 너는 종신토록 수고하여야 그 소산을 먹으리라. 땅이 네게 가시덤불과 엉겅퀴를 낼 것이라 너의 먹을 것은 밭의 채소인즉

(롬 8:19-22) 피조물의 고대하는 바는 하나님의 아들들의 나타나는 것이니. 피조물이 허무한 데 굴복하는 것은 자기 뜻이 아니요 오직 굴복케 하시는 이로 말미암음이라. 그 바라는 것은 피조물도 썩어짐의 종 노릇 한 데서 해방되어 하나님의 자녀들의 영광의 자유에 이르는 것이니라. 피조물이 다 이제까지 함께 탄식하며 함께 고통하는 것을 우리가 아나니

① 천년 왕국 때의 땅

천년 왕국이 시작된 후 **새하늘**과 **새땅**이 있기 전까지의 땅은 온전히 **구속**받은 땅은 아니다. 그렇지만 **에덴**에서와 같은 어떤 회복이 틀림없이 있을 것이다. **이사야서** 11:4-9의 말씀은 **천년 왕국**의 상태를 말해준 것으로 믿는다.

> (사 11:4-9) 공의로 빈핍한 자를 심판하며 정직으로 세상의 겸손한 자를 판단할 것이며 그 입의 막대기로 세상을 치며 입술의 기운으로 악인을 죽일 것이며, 공의로 그 허리띠를 삼으며 성실로 몸의 띠를 삼으리라. 그 때에 이리가 어린 양과 함께 거하며 표범이 어린 염소와 함께 누우며 송아지와 어린 사자와 살진 짐승이 함께 있어 어린아이에게 끌리며, 암소와 곰이 함께 먹으며 그것들의 새끼가 함께 엎드리며 사자가 소처럼 풀을 먹을 것이며, 젖 먹는 아이가 독사의 구멍에서 장난하며 젖 뗀 어린아이가 독사의 굴에 손을 넣을 것이라. 나의 거룩한 산 모든 곳에서 해됨도 없고 상함도 없을 것이니 이는 물이 바다를 덮음같이 여호와를 아는 지식이 세상에 충만할 것임이니라.

대환난을 통과한 자연인의 후손으로 **천년 왕국**에서 태어나는 자녀들은 "열국 중에 남은 자"(슥 14:16)로서 타고난 죄를 가지고 있다.

천년 왕국 끝에 **무저갱**에 갇혀 있던(계 20:7) **사탄**이 놓이는데, 마음이 깨끗함을 받지 못한 자연인을 찾아 세계적으로 다시 주를 반역하는 일이 있게 된다(계 20:9).

> (슥 14:16) 예루살렘을 치러 왔던 열국 중에 남은 자가 해마다 올라와서 그 왕 만군의 여호와께 숭배하며 초막절을 지킬 것이라
>
> (계 20:7) 천 년이 차매 사단이 그 옥에서 놓여

(계 20:9) 저희가 지면에 널리 퍼져 성도들의 진과 사랑하시는 성을 두르매 하늘에서 불이 내려와 저희를 소멸하고

② 새하늘과 새땅

사탄의 마지막 반역이 있고, **대 백보좌 심판**이 있으며, 악한 **천사**들과 사람들과 그들을 속였던 **사탄**이 **불못**에 던짐을 받은 후, **하나님**의 말씀이 밝힌 **하나님**의 목적은(벧후 3:13, 계 21:1, 5) **새하늘**과 **새땅**을 만드시는 것이다.

(벧후 3:13) 우리는 그의 약속대로 의의 거하는 바 새 하늘과 새 땅을 바라보도다

(계 21:1) 또 내가 새 하늘과 새 땅을 보니 처음 하늘과 처음 땅이 없어졌고 바다도 다시 있지 않더라

(계 21:5) 보좌에 앉으신 이가 가라사대 보라 내가 만물을 새롭게 하노라 하시고 또 가라사대 이 말은 신실하고 참되니 기록하라 하시고

그래서 **예수 그리스도**의 대속적 역사로 가능케 된 **구속**의 역사는 완성될 것이다.

구속의 과정을 더듬어 보는 것은 매우 흥미가 있다.

먼저 **중생**에 의해서 주어진 새 마음이 있고, 다음에는 **성결**의 은혜로 말미암은 깨끗한 마음이 있게 되며, 때가 되어 몸의 **구속**인 **부활**이 있은 후, 새롭게 된 **에덴**의 상태로서 **천년 왕국**이 있은 뒤에 **구속**된 피조물로 **새하늘**과 **새땅**이 있게 된다.

제11장 중생의 교리

앞 장에서는 주로 **구속주**와 그의 역사와 인류에게 적용된 **구속**의 일반적인 내용을 다루었으나 본 장에서는 위대한 **구속**을 개인에게 적용시키는 구체적인 내용을 다루려고 한다.

구속(구원)은 다음과 같이 세 가지 단계로 사람들이 경험하게 되는 것이다.

신생 즉 **중생**(Regeneration)과 **성령의 세례** 곧 **성결**(성화: Entire Sanctification)이며, 몸의 **부활**인 **영화**(Glorification)이다.

본 장에서 다루려는 **중생**은 은혜의 첫 번째 역사로써 개인의 경험에 있게 되는 세 가지 큰 변화를 포함하고 있다.

즉 변화된 기록으로 **칭의**와, 본성이 바뀐 것으로 **중생**, 변화된 관계로서의 **양자**가 되는 것이 그것이다.

살아있는 자 만이 입양될 수 있으니 **중생**이 **양자**에 앞서고, 기록이 바뀐 자 만이 **중생** 될 수 있으니 **칭의**가 **중생**에 앞서는 것이다. 경험적으로는 거의 동시에 일어나는 것인데, **구도자**는 **성령**의 증거로 알게 된다.

1. 칭의(Justification)

의롭게 된다는 말의 의미는 법의 과정에 의해서 바르게 된다는 뜻이다.

성경에 이 말씀이 나와 있다.

"사람과 사람 사이에 시비가 생겨서 재판을 청하거든 재판장은 그들을 재판하여 의인은 의롭다 하고 악인은 정죄할 것이며"(신 25:1)

이 말씀에서 분명한 것은 재판장이 사람들의 본성에 어떤 변화를 주는 것이 아니고, 법에 비추어 선한 사람과 악한 사람을 가리는 것이다.

하나님의 **칭의**의 방법은 **로마서** 4장에서 **하나님**이 **아브라함**을 대하신 관계에 나와 있다.

"만일 **아브라함**이 행위로써 의롭다 하심을 얻었으면 자랑할 것이 있으려니와 **하나님** 앞에서는 없느니라"(롬 4:2)

그러나 "**아브라함**이 **하나님**을 믿으매 이것이 저에게 의로 여기신 바 되었느니라"(롬 4:3) 하였다.

곧 **아브라함**이 믿음으로 의롭게 되었다는 말씀이다.

"일을 아니할지라도 경건치 아니한 자를 의롭다 하시는 이를 믿는 자에게는 그의 믿음을 의로 여기시나니"(롬 4:5)

모든 사람이 **죄**를 범했으므로 아무도 행위로 의롭다 함을 받을 수 없는 것이다. 그러므로 의롭다함을 받을 자가 있기 위해서, 율법을 주신 위대한 분께서는 의롭다함을 받을 자들의 의가 아닌 다른 것을 가지고 그들을 의롭다고 하셔야만 했던 것이다.

예수 그리스도께서 인간의 **죄**의 형벌을 대신 받으심으로 **하나님**께서는 "**예수** 믿는 자"(롬 3:26)를 의롭다 하셔서 자기의 의로우심을 나타내셨다.

(롬 3:26) 곧 이 때에 자기의 의로우심을 나타내사 자기도 의로우시며 또한

죄를 고백하고 **예수 그리스도**를 **구주**로 영접한 후 본성이 의롭게는 못 되었어도 법에 의해서는 의롭다고 여김을 받는 분명한 즉각적인 순간이 있다.

"기록된 바 내가 너를 많은 민족의 조상으로 세웠다 하심과 같으니 그의 믿은 바 **하나님**은 죽은 자를 살리시며 없는 것을 있는 것같이 부르시는 이시니라"(롬 4:17)

즉 **하나님**께서는 죄인의 고백에 대한 응답으로 그가 틀렸지만 옳은 자로 받으시고 이 **칭의**를 기초로 하여 그에게 **신생**이 있게 하시고 **하나님**의 가족의 일원으로 **양자**를 삼으시는 것이다.

1) 의롭다함을 받게 되는 믿음

죄를 고백하고 버리며 회개하고 **예수 그리스도**를 영접했다고 말하지만 **새 생명**이 그들 속에 있음을 말하지 못하는 이들이 있다. 그러므로 **구원**된 것을 느끼기를 원하고 느낀 다음 **구원**받은 것으로 믿는 이들이 있다.

야고보는 이런 거짓 믿음을 경고하고 있다. "아아 허탄한 사람아 행함이 없는 믿음이 헛것인 줄 알고자 하느냐"(약 2:20)

여기서 행함이란 **율법**의 일들이 아니다.

야고보가 강조한 진리는 다음과 같다.

"이로 보건대 사람이 행함으로 의롭다 하심을 받고 믿음으로만 아니니라"(약 2:24)

① 아브라함의 경우

야고보는 말하기를 **아브라함**이 그 아들 **이삭**을 제단에 드릴 때에 행함으로 의롭다하심을 받은 것이라 했다.

이삭을 제물로 드린 것은 율법의 일이 아니요, 그 행위가 **하나님**께서 말씀하신 것을 **아브라함**이 믿었다는 것을 나타내 준 것이다.

② 라합의 경우

야고보는 **라합**의 경우를 들어 믿음과 행함에 의한 **칭의**의 개념을 말해주고 있다.

라합의 행위를 살펴보자.

그녀는 **여리고**에 살았던 죄인이었고, 모든 사람과 함께 죽기로 정죄되었던 것이다.

그녀는 정탐꾼 둘을 묵게 하고 생명을 찾던 왕을 피해 도망하도록 도왔다. 이것은 **율법**의 행위가 아니요, 정탐꾼들이 일러준 **이스라엘**에 대한 **하나님**의 약속을 **라합**이 믿었다는 것을 보여주고 있다.

정탐꾼들을 달아 내리운 창문에 **라합**은 약속대로 붉은 줄을 달았다. 창문에 붉은 줄을 단 것은 **율법**의 행위가 아니다. 그녀가 그렇게 했다고 하여 도덕적으로 조금 나아졌다거나 더 나빠진 것은 아니다.

그러나 그것은 만일 그녀가 창문에 붉은 줄을 달아맨다면 그의 가족들이 구원받게 되리라는 정탐꾼들의 약속을 그녀가 믿었다는 것을 증명하는 것이다.

여리고가 공포에 싸이고 **이스라엘**의 행군이 계속되는 동안 그녀의 믿음은 그 줄이 창문에 매여 있도록 했으며, 안전을 느꼈다.

그녀가 안전을 느낀 것은 도덕적으로 나아진 느낌 때문이 아니고, **하나님**의 사람의 약속에 대한 **믿음** 때문이었다.

마찬가지로, 어떤 사람이 죄를 고백하고 버리며 **구원**하는 믿음을 가지고 있다면 어떤 행동이나 행위에서 그 믿음을 보이는 일이 있게 된다. 그것이 없는 것은 주께서 자기를 구원치 못하며 자신이 무엇인가를 더 해야 할 것이라는 무의식적인 고백이 되는 것이요, 주의 응답을 거절하는 불신앙을 보이는 것이다.

하나님은 경험되어져야 할 분이 아니시다.

하나님께서는 구도자들과 "시험 결혼"을 하시지 않으신다.

좋든 나쁘든 구도자들이 **하나님**을 그대로 받아들일 준비가 되어 있지 않다면 그분을 전혀 받아들일 수 없는 것이다.

라합의 경우를 생각해 보자.

만일 정탐꾼들의 말과 약속이 참된 것이 아니었다면 **라합**은 얼마나 어리석은 곤경에 빠지게 되었을까 ! 만일 **이스라엘**이 들어오지 않았다면 **여리고**의 왕의 손에 **라합**은 틀림없이 생명을 잃었을 것이다. 그러나 **라합**은 믿는 바에 생명을 걸었던 것이다.

하나님을 찾는 구도자들도 그래야만 한다.

그와 같은 행함이 없는 믿음은 참으로 죽은 것이다.

2) 칭의의 완성

하나님께서 죄인을 의롭다 하실 때에 **하나님**은 죄인이 **하나님**께 과거에 지은 **죄** 때문에 지게된 모든 책임을 취소하시고, **예수 그리스도**를 구주로 믿는 까닭에 **하나님** 앞에 온전히 의로운 자로 여기시는 것이다.

중생의 교리 185

① 과거에 대한 용서

하나님께서 죄인을 의롭다 하실 때 과거의 모든 죄들을 완전히 용서하시는 것이다.

"또 **모세**의 **율법**으로 너희가 의롭다 하심을 얻지 못하던 모든 일에도 이 사람을 힘입어 믿는 자마다 의롭다 하심을 얻는 이것이라"(행 13:39)

② 현재에는 의롭다

하나님께서는 죄인의 과거 죄들을 용서해 주실 뿐만 아니라 **그리스도**를 통해 믿는 자들을 의로운 자로 받아 주시는 것이다.

"**하나님**이 죄를 알지도 못하신 자로 우리를 대신하여 죄를 삼으신 것은 우리로 하여금 저의 안에서 **하나님**의 **의**가 되게 하려 하심이니라"(고후 5:21)

예수님의 죽으심과 **부활**이 **하나님**의 용서와 어떤 관계가 있는지 주목할 필요가 있다.

그리스도의 죽으심은 소극적인 면에서 죄들의 형벌을 취소하심이요, **그리스도**의 부활은 적극적인 면에서 우리를 **의로운 자**로 서게 하신 것이다.

2. 중생(거듭남: Regeneration)

칭의의 역사는 우리를 위한 **하나님**의 행동이시고, **중생**은 우리 안에서의 **하나님**의 역사이시다.

칭의는 **성부**와 **성자** 사이의 역사인데, 그의 **속죄**의 공로가 **회개**하는 죄인들에게 개인적으로 적용되어 하늘에 있는 죄의 기록이 도말되는 것이다. 비록 순간적이라 할지라도 이 도말이 먼저 있어야만 **하나님**께서는 회개하는 자를 **중생**시키게 된다.

1) 신생(중생)의 필요성

구원받기 위해 거듭나는 일은 절대적으로 필요하다.

죄를 죄로 알기 전에 죽은 유아들에게는 이 경험이 없어도 되지만, 다른 이들은 반드시 개인적으로 받아야할 경험인 것이다.

① 예수님의 선언

예수님께서 **니고데모**와 말씀하실 때 "너는 거듭나야만 한다."(요 3:7)라고 선언하셨다.

② 중생이 없이는 영적으로 죽어 있음으로 중생이 필요하다

아담의 죄의 형벌은 사망이었는데 그의 죄로 "사망이 모든 사람에게 미치게 됐다"(롬5:12)고 말씀되어 있다.

에베소서 2:1에 "중생한 자들이 전에는 죄와 허물로 죽어 있던 자이었다"고 나와 있다.

③ 하늘나라에 들어가기 위해 필요하다

"**예수**께서 대답하여 가라사대 진실로 진실로 네게 이르노니 사람이 거듭나지 아니하면 **하나님** 나라를 볼 수 없느니라"(요 3:3)

"육으로 난 것은 육이요 **성령**으로 난 것은 영이니"(요 3:6)

2) 신생을 어떻게 받을 수 있을까?

신생은 사람이 자신의 어떤 공로로 얻을 수 있는 것이 아니다.

신생을 받을 수 있는 조건을 채운 자들에 대한 **하나님**의 주권적인 의지의 역사이고, **하나님** 홀로 조건들을 채웠는지에 대한 여부를 판단하실 **재판장**이시다.

① 하나님의 뜻

"이는 혈통으로나 육정으로나 사람의 뜻으로 나지 아니하고 오직 **하나님**께로서 난 자들이니라"(요 1:13)

② 하나님의 긍휼(자비)

거듭나게 하시는데 있어서 **하나님**의 뜻은 **하나님**의 긍휼 즉 사랑에 달린 것이다.

"우리 구주 **하나님**의 자비와 사람 사랑하심을 나타내실 때에, 우리를 구원하시되 우리의 행한 바 의로운 행위로 말미암지 아니하고 오직 그의 긍휼하심을 좇아 **중생**의 씻음과 **성령**의 새롭게 하심으로 하셨나니"(딛 3:4-5)

③ 하나님의 수단

사람 안에 어떻게 **신생**이 있게 하시는가를 명백하게 **하나님**께서 일러 주셨다.

"그가 그 조물 중에 우리로 한 첫 열매가 되게 하시려고 자기의 뜻을 좇아 진리의 말씀으로 우리를 낳으셨느니라"(약 1:18)

"너희가 거듭난 것이 썩어질 씨로 된 것이 아니요 썩지 아니할 씨로 된 것이니 **하나님**의 살아 있고 항상 있는 말씀으로 되었느니라"(벧전 1:23)

④ 한 수단으로써의 설교

하나님께서는 **하나님**의 **신생자**들(자녀들)을 쓰셔서 다른 이들의 **중생**(신생)을 돕게 하신다.

"**그리스도** 안에서 일만 스승이 있으되 아비는 많지 아니하니 **그리스도 예수** 안에서 **복음**으로써 내가 너희를 낳았음이라"(고전 4:15)

설득과 설명이 사람들의 마음을 **하나님**께로 향하도록 하지만 순수하고도 단순하게 **복음**을 전하는 것이 **하나님**의 약속의 결과가 있게 한다.

⑤ **구하는 자가 할 일**

"영접하는 자 곧 그 이름을 믿는 자들에게는 **하나님**의 자녀가 되는 권세를 주셨으니"(요 1:12)

사람이 그의 마음에서 아는 모든 **죄**들을 진실되이 **고백**하고 버리며 **예수**를 믿으면, **하나님**께서는 **예수님** 까닭에 그를 용서하시고 의롭다 하시며 **신생**이 있게 하신다.

3. 양자(Adoption)

논리적으로 **칭의** 다음에 **중생**이 있듯이 **신생** 뒤에 **양자**됨이 있게 된다.

첫째는 변화된 기록이 있고, 변화된 **본성**이 있으며, **다음**에 **하나님**과의 변화된 관계가 있는 것이다.

이 셋의 복합이 마음 속에 **첫번째 은혜**의 역사를 이루는 것이다.

양자됨에는 **성령**의 증거와 자신의 **영**의 증거가 있다.

"너희는 다시 무서워하는 종의 영을 받지 아니하였고 **양자의 영**을 받았으므로 **아바** 아버지라 부르짖느니라. **성령**이 친히 우리 영으로 더불어 우리가 **하나님**의 자녀인 것을 증거하시나니"(롬 8:15-16)

경험적인 순서로는 **성령**의 증거가 있고, 우리 자신의 **영**의 증거가 있는 것이다.

1) 우리 자신의 영의 증거

구원을 위해 해야만 할 것을 자신이 한 것과 자신의 생애가 **성경**이 말한 **그리스도인**의 생애와 일치하는 것과 **성경**에 나와 있는 **그리스도인**의 열매를 가지고 있는 것을 자신이 알 수 있는 것이다.

그러나 열매가 자랄 시간과 빛이 증가하는 시간이 필요한 까닭에 우리 자신의 **영**의 증거를 의지하는 것이 우리가 **구원**받은 것을 알게 하는 즉각적인 확신을 주기에는 미흡하다고 할 수 있다.

그러나 **하나님**을 순종하고 **그리스도인**들에 대한 자신의 태도와 사랑에서 과거와 현재를 비교할 때 알 수 있다. "우리가 형제를 사랑함

으로 사망에서 옮겨 생명으로 들어간 줄을 알거니와 사랑치 아니하는 자는 사망에 거하느니라"(요일 3:14)

그리고 **바울**이 **고린도 후서** 1:12에서 말한 "양심의 증거"로써 **구원**에 대한 자신의 **영**의 증거를 들 수 있는데, **하나님**과 바른 관계를 가지게 된 것과 계속해서 **하나님**과 바른 관계를 가지고 있다는데 대한 증거이다.

> (고후 1:12) 우리가 세상에서 특별히 너희에게 대하여 하나님의 거룩함과 진실함으로써 하되 육체의 지혜로 하지 아니하고 하나님의 은혜로 행함은 우리 양심의 증거하는 바니 이것이 우리의 자랑이라

2) 성령의 증거

하나님과 화목케 된 확실한 증거로써 **성령**의 증거를 받는 것이 매우 중요하다.

사람들 중에는 **하나님**께서 말씀하신 **구원**의 조건을 지킨 까닭에 약속대로 용서하여 주셨고, **구원**시켜 주신 것으로 추정하는 사람들이 있다.

이것이 **하나님**을 만나는데 좋은 길은 되나 **성령**의 명확한 증거가 있기까지 추정은 결코 기쁨을 가져다 줄 수 없는 것이다.

증거를 받는 길이 죄의 고백과, 죄를 버림과, 믿는 것이나 **성령**의 증거가 없다면 흠이 되어 구도자는 다시 처음부터 시작을 해야만 할 때가 있다.

우리들의 **죄**가 용서되었다는 것을 추론적인 과정으로는 결코 알 수 없다는 것이 사실이다.

그러나 **하나님**은 아시고 "모든 것과 **하나님**의 깊은 것을 통찰하시는"(고전 2:10) **성령**께서는 성부께서 빛을 언제 지우셨는가를 아시고 이 사실을 우리에게 알려 주는 것이다.

> (고전 2:10) 오직 하나님이 성령으로 이것을 우리에게 보이셨으니 성령은 모든 것 곧 하나님의 깊은 것이라도 통달하시느니라

이 **성령**의 복된 사실의 전달이 아닌 것은 **성령**을 슬프게 하며 우리를 안개 가운데 있게 한다.

웨슬레(Wesley)는 **성령**의 증거를 "**영혼**에 대한 내적 인상으로 **주님**이 나를 사랑하사 나를 위해 죽으셨으며 내 죄를 도말 하셨고, 나는 **하나님**과 화목케 된 **하나님**의 자녀가 되었다는 내 **영**에 대한 즉각적이고 직접적인 증거"라고 말했다.

"**성령**이 친히 우리 **영**으로 더불어 우리가 **하나님**의 자녀인 것을 증거하시나니"(롬 8:16)

하나님의 자녀가 된 자들은 **예수님**께서 본보이시고 말씀하신 대로 **삼위 하나님**의 이름으로 **세례(침례)**를 받아야 한다(마3:16, 마28:19, 행 8:36).

> (마 3:16) 예수께서 세례를 받으시고 곧 물에서 올라오실새 하늘이 열리고 하나님의 성령이 비둘기같이 내려 자기 위에 임하심을 보시더니
>
> (마 28:19) 그러므로 너희는 가서 모든 족속으로 제자를 삼아 아버지와 아들과 성령의 이름으로 세례를 주고
>
> (행 8:36) 길 가다가 물 있는 곳에 이르러 내시가 말하되 보라 물이 있으니 내가 세례를 받음에 무슨 거리낌이 있느뇨

제12장 성결의 교리

성경은 **성결**이라고 부르는 은혜의 역사를 말하고 있다.

이 역사는 앞 장에서 밝힌 **첫번째 은혜**의 역사(중생)를 받은 신자의 마음 속에 있게 되는 것으로, **첫 번째** 역사와의 구별을 위해 **두번째** 은혜의 역사라고 부르며, **성령 세례, 성령 충만, 성화, 그리스도인의 완전, 온전한 사랑**으로 불리고 있다.

1. 성결의 의미

성경 가운데 **성결**이란 말은 여러 의미로 쓰여 있다.

1) 의례적인 거룩함

특별한 쓰임을 위해 따로 세운 어떤 것이나, 사람에게 '**거룩케 하다**'란 말이 쓰였다.

① 거룩한 날들

안식일이 거룩한 날로 나와 있다.

"**하나님**이 일곱째 날을 복 주사 거룩하게 하셨으니"(창 2:3)

② 거룩한 건물들

장막이 또한 거룩케 된 것으로 나와 있다.

"**모세**가 관유를 취하여 장막과 그 안에 있는 모든 것에 발라 거룩하게 하고"(레 8:10)

③ 거룩한 제사장들

제사장들이 또한 거룩케 되었다.

"**모세**가 관유와 단 위의 피를 취하여 아론과 그 옷과 그 아들들과 그 아들들의 옷에 뿌려서 아론과 그 옷과 그 아들들과 그 아들들의 옷을 거룩하게 하고"(레 8:30)

2) 실제적으로 성결케 함

"거룩케 하다"란 단어는 거룩한 목적으로 쓰일 것을 따로 구별하여 세운다는 의미가 있을 뿐 아니라, **하나님**의 역사로 어떤 사람을 **거룩케**(**성결**)하신다는 의미가 있다.

요한복음 17:19에서 양쪽 의미를 다 볼 수 있다.

"또 저희를 위하여 내가 나를 거룩하게 하오니(구별되이 세움), 이는 저희도 진리로 **거룩함**(**성결**)을 얻게 하려 함이니이다"

① 성결의 시작

하나님께서는 사람들이 범한 죄들을 제하실 때 그 사람들을 거룩하게 하시는 역사를 시작하시는 것이다.

바울이 **고린도** 교인들을 "거룩하여진 성도"(고전 1:2)라고 했지만 은혜의 두 번째 역사를 받아 기뻐하는 자들로는 말하지 않았으며, 오히려 그들을 "육신에 속한 자"(고전 3:1)라고 했다.

(고전 1:2) 고린도에 있는 하나님의 교회 곧 그리스도 예수 안에서 거룩하여

지고 성도라 부르심을 입은 자들과 또 각처에서 우리의 주 곧 저희와 우리의

주 되신 예수 그리스도의 이름을 부르는 모든 자들에게

(고전 3:1) 형제들아 내가 신령한 자들을 대함과 같이 너희에게 말할 수 없어

서 육신에 속한 자 곧 그리스도 안에서 어린아이들을 대함과 같이 하노라

② 성결의 완성

바울이 **전적인 성결**을 말한 것으로 보아(빌 3:15, 살전 4:3, 고후
7:1) 은혜의 **첫 번째** 역사로 받게 되는 것은 **부분적인 성결**이요, 은혜
의 두 번째 역사로 받게 되는 것이 **온전한 성결**로써 그저 **성결**이라 불
리고 있는 것이다.

(빌 3:15) 그러므로 누구든지 우리 온전히 이룬 자들은 이렇게 생각할지니 만

일 무슨 일에 너희가 달리 생각하면 하나님이 이것도 너희에게 나타내시리라

(살전 4:3) 하나님의 뜻은 이것이니 너희의 거룩함이라 곧 음란을 버리고

(고후 7:1) 그런즉 사랑하는 자들아 이 약속을 가진 우리가 하나님을 두려워

하는 가운데서 거룩함을 온전히 이루어 육과 영의 온갖 더러운 것에서 자신

을 깨끗케 하자

2. 성결의 수단

성결은 **성령 세례**(성령 충만)로 있게 되는 경험이다.

세상이 **보혜사** 즉 **성령**(요 14:16-17)을 받을 수 없는 까닭에 **성결**은
그리스도인의 마음에 있게 되는 **두 번째** 역사임이 명백하다.

(요 14:16-17) 내가 아버지께 구하겠으니 그가 또 다른 보혜사를 너희에게 주사 영원토록 너희와 함께 있게 하시리니, 저는 진리의 영이라 세상은 능히 저를 받지 못하나니 이는 저를 보지도 못하고 알지도 못함이라 그러나 너희는 저를 아나니 저는 너희와 함께 거하심이요 또 너희 속에 계시겠음이라

1) 예수님의 보혈

"그러므로 **예수**도 자기 피로써 백성을 거룩케 하려고 성문 밖에서 고난을 받으셨느니라."(히 13:12)

2) 성령

다음의 **성경** 말씀을 통해서 우리들은 **성결**의 **은혜**가 **성령 세례**로 역사되는 것임을 알 수 있다.

① 예수님의 약속

예수님께서 **감람산**에서 승천하시기 직전 사도들에게 다음과 같이 말씀하셨다.

"**요한**은 물로 세례를 베풀었으나 너희는 몇 날이 못 되어 **성령**으로 **세례**를 받으리라 하셨느니라"(행 1:5)

② 성부 하나님의 약속

오순절의 경험은 **성부 하나님**의 약속이요, 약속된 **성령**의 **세례**였다 (눅 24:49).

"저희가 다 **성령**의 충만함을 받고 **성령**이 말하게 하심을 따라 다른

방언으로 말하기를 시작하니라"(행 2:4)

> (눅 24:49) 볼지어다 내가 내 아버지의 약속하신 것을 너희에게 보내리니 너
> 희는 위로부터 능력을 입히울 때까지 이 성에 유하라 하시니라

③ 베드로의 말

"또 마음을 아시는 **하나님**이 우리에게와 같이 저희에게도 **성령**을 주어 증거 하시고, 믿음으로 저희 마음을 깨끗이 하사 저희나 우리나 분간치 아니 하셨느니라"(행 15:8-9)

하나님께서 사도들에게 **오순절**에 **성령**으로 충만히 임하사 깨끗게 하신 것처럼 **고넬료**의 집에서도 같은 일을 하셨다고 **베드로**가 말한 것이다.

3) 하나님의 말씀

예수님께서 **성부**께 다음과 같이 기도하셨다.

"저희를 진리로 거룩하게 하옵소서 아버지의 말씀은 진리니이다"(요 17:17)

보혈은 **성결**의 **은혜**의 바탕이 되고, **성령**은 **성결**케 하는 분이시며, **하나님**의 진리의 **말씀**이 수단들을 효과 있게 만든다.

4) 믿음

성결의 은혜의 경험은 개인적으로 **믿음**에 의해서 받게 된다.

"믿음으로 저희 마음을 깨끗이 하사 저희나 우리나 분간치 아니하셨느니라"(행 15:9)

우리의 **성결**을 위해 **하나님**께서 마련하신 모든 수단들을 우리가 **믿음**으로 받아 들이지 않는다면 아무 소용이 없다.

성경은 **하나님**의 복을 믿음이 없어서 받지 못한 경우에 대해 말해 주고 있다.

"저희와 같이 우리도 복음 전함을 받은 자이나 그러나 그 들은 바 말씀이 저희에게 유익되지 못한 것은 듣는 자가 믿음을 화합지 아니 함이라"(히 4:2)

3. 성결의 필요

성경은 **중생**한 자들을 위해서 **성결**의 은혜가 있으며, **하나님**을 온 전히 기쁘시게 하기 위해서는 **성결**의 은혜를 받아야 할 필요가 있다 는 것을 밝히고 있다(롬 8:7, 히 12:14).

자범죄(Sins)는 **용서**를 필요로 하고, **죄성**(Sin)은 **정결**을 필요로 하 는 죄의 이중성 때문에 은혜의 두 역사가 필요하다(요일1:7-10).

(롬 8:7) 육신의 생각은 하나님과 원수가 되나니 이는 하나님의 법에 굴복치 아니할 뿐 아니라 할 수도 없음이라

(히 12:14) 모든 사람으로 더불어 화평함과 거룩함을 좇으라 이것이 없이는 아무도 주를 보지 못하리라

(요일 1:7-10) 저가 빛 가운데 계신 것같이 우리도 빛 가운데 행하면 우리가 서로 사귐이 있고 그 아들 예수의 피가 우리를 모든 죄에서 깨끗하게 하실 것 이요. 만일 우리가 죄 없다 하면 스스로 속이고 또 진리가 우리 속에 있지 아 니할 것이요. 만일 우리가 우리 죄를 자백하면 저는 미쁘시고 의로우사 우리

죄를 사하시며 모든 불의에서 우리를 깨끗케 하실 것이요. 만일 우리가 범죄하지 아니하였다 하면 하나님을 거짓말하는 자로 만드는 것이니 또한 그의 말씀이 우리 속에 있지 아니하니라

1) 초기 그리스도인들의 경험
① 사도들

사도들은 **오순절**의 경험이 있기 전 구원받은 자들이었다. **예수님**께서는 **보혜사**를 그들에게 약속하심으로 그들과 세상을 구분하셨다.

"내가 아버지께 구하겠으니 그가 또 다른 **보혜사**를 너희에게 주사 영원토록 너희와 함께 있게 하시리니, 저는 진리의 영이라 세상은 능히 저를 받지 못하나니 이는 저를 보지도 못하고 알지도 못함이라 그러나 너희는 저를 아나니 저는 너희와 함께 거하심이요 또 너희 속에 **계시겠음이라**"(요 14:16-17)

예수님께서는 기도 중에 그들에 관해서 다음과 같이 말씀하셨다.

"내가 세상에 속하지 아니함같이 저희도 세상에 속하지 아니하였삽나이다"(요 17:16)

주님께서는 **성령**이 오실 때까지 **사도**들에게 머물러 있으라고 말씀하셨다. 그들이 구원은 받았으나 **하나님**의 일을 위해서는 아직 준비가 되어 있지 않았던 것이다. **바울**에게 있었던 두 은혜의 역사는 **사도행전** 9:6(**중생**)과 9:17(**성결**)에 나와 있다.

(행 9:6) 네가 일어나 성으로 들어가라 행할 것을 네게 이를 자가 있느니라 하시니

(행 9:17) 아나니아가 떠나 그 집에 들어가서 그에게 안수하여 가로되 형제 사울아 주 곧 네가 오는 길에서 나타나시던 예수께서 나를 보내어 너로 다시 보게 하시고 성령으로 충만하게 하신다 하니

② 사마리아 신자들

사도행전 8장에는 **빌립**의 전도에 의해 믿고 세례 받은 신자들이 **베드로**와 **요한**에 의해서 **성령 충만**을 받게 된 말씀이 나와 있다.

빌립의 설교의 결과가 8절에 "그 성에 큰 기쁨이 있더라."고 나와 있다. 12절에는 **예수 그리스도**를 믿고 구원 받은 사실이 나와 있고, 15절에는 **베드로**와 **요한**이 **예루살렘**에서 내려와 "저희를 위하여 **성령** 받기를 기도했다."고 되어 있으며, 계속해서 **사마리아인**들이 **성령**을 어떻게 받게 되었는가가 17절에 나와 있는데 이 일은 곧 **중생**에 이어서 있게 된 역사였다.

(행 8:12–17) 빌립이 하나님 나라와 및 예수 그리스도의 이름에 관하여 전도함을 저희가 믿고 남녀가 다 세례를 받으니, 시몬도 믿고 세례를 받은 후에 전심으로 빌립을 따라 다니며 그 나타나는 표적과 큰 능력을 보고 놀라니라. 예루살렘에 있는 사도들이 사마리아도 하나님의 말씀을 받았다 함을 듣고 베드로와 요한을 보내매, 그들이 내려가서 저희를 위하여 성령받기를 기도하니, 이는 아직 한 사람에게도 성령 내리신 일이 없고 오직 주 예수의 이름으로 세례만 받을 뿐이러라. 이에 두 사도가 저희에게 안수하매 성령을 받는지라

③ 고넬료의 집 사람들

가이사랴의 백부장인 **고넬료**는 **사도행전** 10:2의 말씀을 보아 틀림

없는 **그리스도인**이었다.

베드로가 모인 사람들에게 말할 때에 **사도행전** 10:37에서 "온 **유대**에 두루 전파된 그것을(복음) 너희도 알거니와"라고 한 것을 보아 그들이 **복음**을 들었고 또한 회심되었다는 것을 알게 한다.

베드로가 계속 말씀을 전하는 동안 "**성령**이 말씀 듣는 모든 사람에게 임하시게 되었다"고 **사도행전** 10:44에 기록되어 있는 것이다.

> (행 10:2) 그가 경건하여 온 집으로 더불어 하나님을 경외하며 백성을 많이 구제하고 하나님께 항상 기도하더니
>
> (행 10:37) 곧 요한이 그 세례를 반포한 후에 갈릴리에서 시작되어 온 유대에 두루 전파된 그것을 너희도 알거니와
>
> (행 10:44) 베드로가 이 말 할 때에 성령이 말씀 듣는 모든 사람에게 내려오시니

④ 에베소 신자들

바울이 **에베소**를 첫 번 방문했을 때 그는 **아볼로**의 설교로 신자가 된 몇 사람들을 만나게 되었다. 그 사람들에게 **바울**은 "너희가 믿을 때에 **성령**을 받았느냐"(행19:2)고 묻게 되었다. **성령**이 있음도 듣지 못했다는 대답을 듣고 **바울**이 그들을 위해 기도함으로 "그들에게 **성령**이 임하시게 되었다."(행19:6)

위의 예들로써 **성결의 은혜** 즉 **성령세례**는 **중생한** 사람을 위한 은혜의 **두번째** 역사임이 명백하게 되었다.

> (행 19:2) 가로되 너희가 믿을 때에 성령을 받았느냐 가로되 아니라 우리는 성령이 있음도 듣지 못하였노라

(행 19:6) 바울이 그들에게 안수하매 성령이 그들에게 임하시므로 방언도 하고 예언도 하니

2) 사도들의 교리

신약성경의 역사적인 부분만이 **중생** 후에 은혜의 **두번째** 역사로서 **성결의 은혜**를 말하고 있는 것이 아니고 교리적인 부분도 이를 말해주고 있다.

① 그리스도인들

그리스도인들에 대한 **사도**들의 권고에서 **두번째 은혜**의 역사가 있음을 알 수 있다.

고린도 신자들을 위한 **바울**의 첫 번째 서간 2장과 3장에 3종류의 사람이 나와 있다.

"자연인(육에 속한 사람)"(고전 2:14)

"육신에 속한 자"(고전 3:1)

"신령한 자"(고전 2:15)

(고전 2:14) 육에 속한 사람은 하나님의 성령의 일을 받지 아니하나니 저희에게는 미련하게 보임이요 또 깨닫지도 못하나니 이런 일은 영적으로라야 분변함이니라

(고전 3:1) 형제들아 내가 신령한 자들을 대함과 같이 너희에게 말할 수 없어서 육신에 속한 자 곧 그리스도 안에서 어린아이들을 대함과 같이 하노라

(고전 2:15) 신령한 자는 모든 것을 판단하나 자기는 아무에게도 판단을 받지 아니하느니라

"자연인"(육에 속한 사람)은 **중생**하지 못한 자요, "육신에 속한 자"는 "**그리스도** 안에서 어린아이들"로 표현되어 있는데, **중생** 했으나 육적 마음(죄성)을 소유하고 있는 자들로 그들에게는 시기와 분쟁(고전 3:3)이 있었다.

"신령한 자"는 **성령 세례**로 사랑에 있어서 온전케 된 자(고전 13장)로 말씀되어 있다.

(고전 3:3) 너희가 아직도 육신에 속한 자로다 너희 가운데 시기와 분쟁이 있으니 어찌 육신에 속하여 사람을 따라 행함이 아니리요

② 그리스도인들에 대한 권고들

데살로니가 신자들에게 "**하나님**의 뜻은 이것이니 너희 거룩(**성결**)함이라."(살전 4:3)고 권고되어 있고, **고린도** 신자들에게는 "사랑하는 자들아 **하나님**을 두려워하는 가운데서 **거룩함**을 온전히 이루어 육과 영과 온갖 더러운 것에서 자신을 깨끗게 하라."(고후 7:1)는 권고가 나와 있다.

온전한 성결이 권고된 것은 이미 어느 정도의 **성결**을 소유하고 있다는 것이 함축된 것이다.

"옛 사람"을 벗어버리라는 **골로새서** 3:9의 권고나 "육과 영의 갈등"에 대한 **갈라디아서** 5:17의 권고 및 **야고보서** 4:8의 "두 마음"에 대한 권고는 **그리스도인**들에 대한 권고로서 **중생**은 했지만 **성결**의 은혜를 받지 못한 자들에 대한 것이다.

(골 3:9) 너희가 서로 거짓말을 말라 옛사람과 그 행위를 벗어버리고

(갈 5:17) 육체의 소욕은 성령을 거스리고 성령의 소욕은 육체를 거스리나니

이 둘이 서로 대적함으로 너희의 원하는 것을 하지 못하게 하려 함이니라

(약 4:8) 하나님을 가까이 하라 그리하면 너희를 가까이 하시리라 죄인들아 손을 깨끗이 하라 두 마음을 품은 자들아 마음을 성결케 하라

3) 구약에 나타난 두 역사

레위기 16장에 보면 **대속죄일** 속죄를 위해서 **속죄제**(11절, 15절)와 **번제**(24절)의 두 제사를 드리도록 되어 있는데, **속죄제**는 죄의 용서를 위한 것이고, **번제**는 죄성을 깨끗게 하는 것으로 드리도록 된 제사였다.

(레 16:11) 아론은 자기를 위한 속죄제의 수송아지를 드리되 자기와 권속을 위하여 속죄하고 자기를 위한 그 속죄제 수송아지를 잡고

(레 16:15) 또 백성을 위한 속죄제 염소를 잡아 그 피를 가지고 장 안에 들어가서 그 수송아지 피로 행함같이 그 피로 행하여 속죄소 위와 속죄소 앞에 뿌릴지니

(레 16:24) 거룩한 곳에서 물로 몸을 씻고 자기 옷을 입고 나와서 자기의 번제와 백성의 번제를 드려 자기와 백성을 위하여 속죄하고

4. 성결의 은혜를 위한 준비

중생한 자가 **성결의 은혜**(성화)를 받기 위해 거쳐야 할 단계들이 있다.

중생한 경험이 분명해야 하고, **하나님**의 진리의 빛을 신실하게 따르고 있는 자가 **성령 세례**(성결의 은혜)를 받을 수 있는 후보자가 된다.

1) 헌신해야 한다

성결의 은혜를 받고자 하는 자는 자신과 자신의 모든 소유를 주의 쓰심에 전적으로 바쳐야만 한다.

신생(중생)과 관련된 어느 정도의 헌신이 있다.

하나님의 의롭다 하심을 구하는 자는 받게 될 **새 생명**을 **하나님**만 위해서 쓰임 받도록 맡기는 태도를 가져야만 한다.

구원을 찾는 죄인의 관심은 **하나님**께서 사용할 수 없는 옛 생활을 버리는 것이 주된 것인 반면, **성결**의 은혜를 구하는 자는 **하나님**께서 쓰시기를 원하시는 것들을 **하나님**의 제단 위에 올려놓는 것이다.

다시 말하면 죄인의 씨름은 악한 것들을 포기하는 것이고, 신자의 씨름은 좋은 것들을 바치는 것이다.

"순종하는 자에게 **성령**이 주어짐"(행 5:32)으로 이 헌신의 필요를 우리는 알 수 있다.

"너희 몸을 **하나님**이 기뻐하시는 거룩한 **산 제사**로 드리라. 이는 너희의 드릴 영적 예배니라."(롬 12:1)

(행 5:32) 우리는 이 일에 증인이요 하나님이 자기를 순종하는 사람들에게 주신 성령도 그러하니라 하더라

중생한 자의 순종은 잘못된 것을 거절하려는 소극적인 태도가 더 있고, **성결의 은혜**를 받은 자의 순종은 소극적인 면도 있지만 **하나님**의 일에 깨어 있어서 민첩한 응답을 보이는 적극적인 면이 특징으로 되어 있다.

2) 구해야 한다

성결의 은혜를 구하는 자는 **성령 세례**의 역사를 **하나님**께 구해야만 한다.

예수님의 말씀을 통해서 이 사실을 알 수 있다.

"너희 중에 아비 된 자 누가 아들이 생선을 달라 하면 생선 대신에 뱀을 주며, 알을 달라 하면 전갈을 주겠느냐, 너희가 악할지라도 좋은 것을 자식에게 줄 줄 알거든 하물며 너희 천부께서 구하는 자에게 **성령**을 주시지 않겠느냐 하시니라."(눅 11:11-13)

위의 말씀을 통해서 **성령**을 **하나님**께 구하는 자는 먼저 **신생**으로 **하나님**의 자녀가 되어야 한다는 것과 **하나님**의 자녀가 된 자는 **성결**케 하는 능력의 **성령**을 구해야만 한다는 것이다.

3) 믿어야 한다

모든 **은혜**의 역사에는 **믿음**이 필수 요건이다. 믿지 못하는 것을 어찌 진실 되이 구할 수 있으며, 그저 경험이나 해보자고 구한다면 어찌 **하나님**께 받을 줄로 기대할 수 있겠는가!

하나님께 구하는 자는 간절함이 있어야 하고 구하는 자에게 주시는 분이심을 믿어야 한다.

불신앙은 **하나님**의 약속된 복을 받지 못하게 한다.

믿음이 복을 요구하고 **하나님**께서 그 요구를 들어 주실 때에 비로소 우리가 **성결**케 되는 것이다.

"또 마음을 아시는 **하나님**이 우리에게와 같이 저희에게도 **성령**을 주어 증거 하시고, 믿음으로 저희 마음을 깨끗이 하사 저희나 우리

나 분간치 아니하셨느니라."(행 15:8-9)

5. 성결의 은혜의 역사

성결의 은혜의 역사는 이중적인 것으로 **정결케** 하시는 것과 **능력**을 부여하심이 있다.

1) 마음을 정결케 하심

은혜의 **첫 번째** 역사에서는 범한 **죄**들이 용서되는 것이다. 그러나 내재하는 **죄(유전죄)** 즉 **죄성**은 죄인의 잘못에 기인된 것이 아니므로 용서될 성질의 것이 아니다.

성경과 **성령**으로 한 사람이 마음 속에 있는 **죄성**의 존재와 이 본성이 또한 제거될 수 있다는 것을 깨닫고는 **하나님**께서 마련해 주신 수단에 의해 육적 본성이 제거되지 않는다면 **하나님**과 바른 관계를 유지할 수 없는 것이다.

하나님의 자녀가 된 사람들의 마음은 **사도행전** 15장 9절에 나와 있는 것처럼 **깨끗함**(정결함)을 받아야 할 필요가 있는 것이다.

"믿음으로 저희 마음을 깨끗이 하사."(행 15:9)

① 마음에서의 완전

마음은 **성결의 은혜**의 역사로 정결케 된다.

이 마음의 정결은 사랑으로 나타나는데, 그러므로 어떤 이들은 **성결의 은혜**의 경험을 "**온전한 사랑**"이라고 묘사하고 있다. 이것은 완전한 지식의 능력이나 판단을 의미하는 것이 아니다.

성결의 은혜를 받은 자의 행위는 **하나님**께나 사람들에 대한 사랑에 의해서 나타나는데, 그 사랑이 언제나 표현의 완전한 형태를 가지게 되는 것은 아니다.

"사랑은 이웃에게 악을 행치 아니하나니 그러므로 사랑은 율법의 완성이니라"(롬 13:10)

이웃에 대한 사랑에서 이웃의 죄를 곧 책망하게 되는 경우 이웃은 그 책망을 사랑하지 않는 표로 해석하는 경우가 있다. 불완전한 지식의 능력 때문에 사랑의 표현이 오해를 받게 될 수도 있다.

성결의 은혜를 받은 사람은 결점이 없다는 것보다는 책망 받을 일이 없다고 말할 수 있다.

② 하나님 앞에서의 완전

예수 그리스도의 공로로 **성결**케 된 자는 **하나님** 앞에서 완전한 것이다.

인간적으로 연약함과 지적인 불완전에도 불구하고 우리들은 **예수님**의 손안에 있는 것이다.

"능히 너희를 보호하사 거침이 없게 하시고 너희로 그 영광 앞에 흠이 없이 즐거움으로 서게 하실 것이라."(유 24)

2) 능력을 부여하심

성령 세례의 결과로서 **정결**보다는 일하는 〈**봉사**〉 면이 더욱 **성경**에는 강조되어 있는 것 같다.

그러나 둘이 상충되는 것은 아니다.

일하는 자가 되기 위해 마음은 **정결케** 되어야만 하고, 받으실만한 **봉사**는 **깨끗한** 것으로만 된다.

① 전도하는 능력

성령께서 오실 것을 **예수님**께서 미리 말씀하신 **사도행전** 1:8의 말씀은 다음과 같다.

"오직 **성령**이 너희에게 임하시면 너희가 권능을 받고 **예루살렘**과 온 **유대**와 **사마리아**와 땅 끝까지 이르러 내 증인이 되리라 하시니라"

제자들에게 **성령 충만**의 경험이 있게 됐을 때 **사도행전** 4:31의 기록은 다음과 같다.

"우리가 다 **성령**이 충만하여 담대히 **하나님**의 말씀을 전하니라."

필요한 처지와 상황에 대처할 수 있도록 제자들의 경우에서 볼 수 있듯이 **성결의 은혜**의 경험에는 성장과 확대가 있는 것이다.

② 은사들의 부여

개인들에게 각각 다른 면에서 일할 수 있는 능력이 나와 있다.

"**은사**(선물)는 여러 가지나 **성령**은 같고"(고전 12:4)

성령의 선물은 자연적인 능력이 더해지는 것이나 자연적인 능력의 단순한 자극이 아니다.

성령의 **은사**가 설명할 수 없는 능력으로 말씀을 전하는 경우나, 찬송하는 경우 또 기도할 때에 나타나 죄인들이 죄를 깨닫게 하고, 성도들이 은혜를 받게 한다.

하나님의 말씀의 정확한 지식과 적절한 설명과 바른 언어 구사에 다 **성결의 은혜**에 의한 **하나님**의 특별한 능력이 함께 하실 때 **주님**의 **영광**이 빛나게 된다.

6. 법적인 성결(중생)

사람이 **중생**(거듭남)으로 의롭게 된다는 것을 앞 장에서 공부했다.

의롭게 된 자는 **하나님**과 바른 관계를 가진 것이며, 그 사실에 반대되는 기록은 **하늘나라**의 책들에는 없는 것이다.

성결의 은혜를 거절해 본적이 없이 이와 같은 상태에 있다가 세상을 떠났다면 **하늘나라**에 갔을 것이고, 거룩하지 못한 것은 들어갈 수 없는 까닭에, 그와 같은 자는 **하나님** 앞에서 깨끗했을 것이다.

이런 경우 **중생**한 자는 법적으로 **성결**케 되었다고 말할 수 있다. **성결의 은혜**의 경험은 없었으나 주님에 의해서 거룩히 여김을 받은 것이다.

성결의 은혜의 경험이 없이도 **중생**한 자가 **하늘나라**에 들어갈 수 있다면 어째서 **성결의 은혜**가 필요한 것이냐고 물을 사람이 있을 것이다.

위와 같은 질문을 할만한 교리적인 지식을 가진 사람이야말로 **성결의 은혜**의 경험을 구해야만 한다.

알고 있는 은혜의 표준 보다 낮게 살려고 변명을 하는 자는 **하나님** 앞에 옳다함을 받을 수 없을 것이다.

7. 경험적인 성결

　바울이 **데살로니가** 교회에 쓴 것처럼 **중생**으로 사람이 어느 정도 거룩케 된 후 온전히 **성결**케 되어야 한다.

　바울은 **데살로니가 전서** 1:1에서 "아버지와 주 **예수 그리스도** 안에 있는 **데살로니가** 교회"라고 썼다.

　그리스도 예수 안은 참으로 안전한 곳이다. 그러나 **데살로니가 전서** 5:23에서 "평강의 **하나님**이 친히 너희로 온전히 거룩하게 하시고"라고 **바울**은 기도하고 있는 것이다.

　(살전 1:1) 바울과 실루아노와 디모데는 하나님 아버지와 주 예수 그리스도
　안에 있는 데살로니가인의 교회에 편지하노니 은혜와 평강이 너희에게 있을
　지어다

　(살전 5:23) 평강의 하나님이 친히 너희로 온전히 거룩하게 하시고 또 너희
　온 영과 혼과 몸이 우리 주 예수 그리스도 강림하실 때에 흠없게 보전되기를
　원하노라

　위의 말씀을 통해서 한 사람이 거룩케 되고(**중생**) 또한 온전히 거룩케 되는(**성결**) 일이 가능하다는 것을 알 수 있다.

　바울은 분명히 법적으로 **성결**케 된 자가 경험적인 **성결의 은혜**를 받아야 할 것을 권고하고 있다.

　데살로니가 신자들은 **성령**으로 거듭난 자들이었으나 아직 **성령의 세례**는 받지 못했던 것이다.

　전적으로 의롭게된 신실한 **그리스도인**은 이 은혜를 구하게 될 것이다.

하나님의 백성을 위한 **하나님**의 뜻은 **데살로니가 전서** 4:3에 나와 있는 대로 "**거룩함(성결)**"인 것이다.

거듭난 후에 죄에 빠진 자는 그 죄들이 용서되기까지는 **성결의 은혜**를 위한 후보자가 될 수 없는 것이다.

(살전 4:3) 하나님의 뜻은 이것이니 너희의 거룩함이라 곧 음란을 버리고

8. 실제적인 성결

사람이 순간에 법적으로 거룩케 되며 또한 순간적으로 경험적인 **성결의 은혜**를 받게 되는데, 그 경험의 순간보다 더 마음이 거룩케 될 수 는 없는 것이다.

그러나 실제적인 **성결(성화)**은 **중생**으로 시작해서 마지막 생애까지의 계속적인 과정을 가리켜 말하는 것이다.

실제적인 **성결**은 마음의 상태보다는 외적인 행위와 관계가 있는 것이다.

경험적인 성결과 **실제적인 성결**의 혼동에서 어떤 이는 믿음으로 순간에 받게 되는 **성결의 은혜**가 점진적인 것이라고 말하기도 한다.

마음은 **성결의 은혜**로 동일하게 정결케 되었으나 외적인 행위는 경험과 환경과 지식 때문에 각각 다를 수가 있다.

요한일서 1:7의 말씀을 명심해야 한다.

"저가 빛 가운데 계신 것같이 우리도 빛 가운데 행하면 우리가 서로 사귐이 있고 그 아들 **예수**의 피가 우리를 모든 죄에서 깨끗하게 하실 것이요"

법적인 성결은 사람을 세상에서 건져냄이요,

경험적인 성결은 그 사람에게서 세상을 뽑아내는 것이요,

실제적인 성결은 세상이 은혜를 받은 자에게서 떠나 있도록 하는 것이다(W. M. Smith).

하나님의 은혜의 두 역사는 **욥**처럼 **하나님** 앞에서 이 세상을 사는 동안 순전하고, 정직하며, 악에서 떠난 생애를 살게 하다가 **하늘나라**에 들어가게 할 것이다(욥 1:1, 1:8, 2:3, 6:10, 23:12, 42:9).

(욥 1:1) 우스 땅에 욥이라 이름하는 사람이 있었는데 그 사람은 순전하고 정직하여 하나님을 경외하며 악에서 떠난 자더라

(욥 1:8) 여호와께서 사단에게 이르시되 네가 내 종 욥을 유의하여 보았느냐 그와 같이 순전하고 정직하여 하나님을 경외하며 악에서 떠난 자가 세상에 없느니라

(욥 2:3) 여호와께서 사단에게 이르시되 네가 내 종 욥을 유의하여 보았느냐 그와 같이 순전하고 정직하여 하나님을 경외하며 악에서 떠난 자가 세상에 없느니라 네가 나를 격동하여 까닭 없이 그를 치게 하였어도 그가 오히려 자기의 순전을 굳게 지켰느니라

(욥 6:10) 그러할지라도 내가 오히려 위로를 받고 무정한 고통 가운데서도 기뻐할 것은 내가 거룩하신 이의 말씀을 거역지 아니하였음이니라

(욥 23:12) 내가 그의 입술의 명령을 어기지 아니하고 일정한 음식보다 그 입의 말씀을 귀히 여겼구나

(욥 42:9) 이에 데만 사람 엘리바스와 수아 사람 빌닷과 나아마 사람 소발이 가서 여호와께서 자기들에게 명하신 대로 행하니라 여호와께서 욥을 기쁘게 받으셨더라

9. 자연적인 몸

인간의 본성에는 **하나님**께서 주신 자연적인 욕구가 있는데 이것은 **죄**된 것이 아니다.

하나님께서 정해 주신 한도에서 이 욕구를 거절하는 것이 **죄**가 될 수 있는 것이다.

이 욕구들은 크게 두 가지로 말할 수 있다.

첫째는 육체적 조직에서 일게 되는 욕구요, **둘째**는 정신적 조직에서 일어나는 욕구이다.

1) 육체적 욕구들

육체적인 욕구는 세 가지로 나누어 생각할 수 있다.

① 음식에 대한 욕구

몸의 조직은 생명을 유지하기 위해 음식을 필요로 하도록 되어있다. **창조주**께서는 인간들이 정상 상태에서 음식에 대한 욕구가 있게 만드셔서 식사하는 즐거움도 있는 것이다.

음식에 대한 욕구가 없어서 하루 세 번씩 억지로 식사를 해야만 한다면 얼마나 고통스러울 것인가!

② 휴식과 오락에 대한 욕구

몸의 조직에는 휴식과 오락에 대한 반대의 경향을 가진 쌍둥이와 같은 욕구들이 있다.

육체의 근육은 일정 기간의 휴식을 가져야만 하도록 되어 있다. 심장의 고동도 매 고동 사이에 휴식이 있고, 잠자는 동안에는 낮게 뛰는 것이다.

그러나 일정 기간 휴식이 있은 후에는 반대의 경향이 일게 되어 어떤 형태의 활동이 요구되는 것이다.

정상적인 활동은 유쾌한 일이 되고, 일이 없을 때에는 오락을 찾게 되는 것이다. 한동안 일한 후에는 다시 휴식의 욕구가 일게 된다.

③ 성적인 욕구

하나님께서는 인간을 남·녀의 두 성으로 만드셨고 서로 친화하도록 하셨다.

위의 두 욕구들과는 달리 이 욕구는 개인의 건강에 필수적인 것은 아니나 인류의 번식을 위해 필수적이다.

이 욕구의 바른 사용은 매우 중요하고, 이 욕구의 오용에 의한 악들은 너무 큼으로 **하나님**과 인간은 엄격한 법으로 울타리를 치고 있는 것이다. 이 법들의 한계 안에서 이 기능을 행사하는 것이나 거절하는 것은 옳은 것이다.

2) 정신적인 욕구들

정신적인 조직에서 일고 있는 욕구들을 분석하기는 더욱 힘들다.

① 행복을 위한 욕구

창조주 하나님의 소원은 **하나님**의 창조 목적에 신실한 사람들마다

행복하게 되는 것이다.

그러므로 행복에 대한 인간의 욕구는 이기적인 것이 아니다.

죄를 떠난 이 욕구는 바른 것이다.

구원받지 못한 자들에 대한 가장 강한 호소는 그들이 구원받게 되면 구원받기 전 보다 더 행복하게 될 것이라는 사실이다.

그러나 행복에 대한 그들의 개념이 **중생(신생)**에 의해서 바뀌어야 할 필요가 있다.

② 지식에 대한 욕구

이것은 **창조주**에 의해서 인간의 본성에 심어진 또 다른 욕구이다.

하나님께서는 "그의 백성들이 지식이 없어서 망한다."(호 4:6)고 말씀하셨다.

그러므로 바른 종류의 지식에 대한 바른 종류의 욕구는 죄된 것이 아니다.

> (호 4:6) 내 백성이 지식이 없으므로 망하는도다 네가 지식을 버렸으니 나도 너를 버려 내 제사장이 되지 못하게 할 것이요 네가 네 하나님의 율법을 잊었으니 나도 네 자녀들을 잊어버리리라

③ 능력에 대한 욕구

이 욕구에 대한 **하나님**의 호소가 **요한 계시록** 2:26에 나와 있다.

"이기는 자와 끝까지 내 일을 지키는 그에게 만국을 다스리는 권세를 주리라."

하나님께서는 틀린 욕구에 호소하는 분이 아니시다.

하나님께서는 **성령 세례**를 구하는 자에게 권능(행 1:8)을 말씀하심으로 자극하고 계신 것이다.

(행 1:8) 오직 성령이 너희에게 임하시면 너희가 권능을 받고 예루살렘과 온 유대와 사마리아와 땅 끝까지 이르러 내 증인이 되리라 하시니라

④ 소유에 대한 욕구

성경은 **마태복음** 6:19, 20에서 이 욕구에 대해 말하고 있다.

"너희를 위하여 보물을 땅에 쌓아 두지 말라 거기는 좀과 동록이 해하며 도적이 구멍을 뚫고 도적질하느니라. 오직 너희를 위하여 보물을 하늘에 쌓아 두라 거기는 좀이나 동록이 해하지 못하며 도적이 구멍을 뚫지도 못하고 도적질도 못하느니라"

⑤ 사회에 대한 욕구

하나님께서는 인간의 본성 가운데 같은 종류, 같은 목적을 가진 다른 사람들과 교제를 가지고 싶어 하는 욕구가 있도록 만드셨다.

구원받은 이들의 교제는 언제나 기쁜 것이다.

⑥ 존경받고 싶은 욕구

이 욕구는 타락한 인간들의 본성에서 교만으로 변했다.

하나님께서 이간들이 타락하기 전 있게 하신 최초의 이 욕구를 이해하기는 매우 힘들다.

이 욕구가 없다면 **그리스도인**들의 옷차림은 단정치 못 할 것이다.

10. 죄의 몸

성경은 몸과, **죄의 몸**을 구별짓고 있다.

로마서 6:6에 나와 있는 "죄의 몸"과 7:24에 나와 있는 "사망의 몸"은 인간이 몸과 마음의 욕구들을 불법적으로 지나치게 채우도록 해서 죄에 빠지게 하는 **죄성**으로 나와 있다.

모든 사람들은 마음에서 죄를 범했으므로 **하나님**의 영광에 이르지 못했다.

죄의 몸은 또한 **아담**의 범죄와 타락으로 유전된 "타고난 죄"로써 알려져 있다.

죄의 몸은 여러 면에서 자연적인 욕구들에 영향을 주고 있다.

(롬 6:6) 우리가 알거니와 우리 옛 사람이 예수와 함께 십자가에 못 박힌 것은 죄의 몸이 멸하여 다시는 우리가 죄에게 종 노릇 하지 아니하려 함이니

(롬 7:24) 오호라 나는 곤고한 사람이로다 이 사망의 몸에서 누가 나를 건져 내랴

1) 몸의 타락된 욕구들

모든 몸의 욕구들은 **아담**의 모든 후손의 본성 안에 있는 **타고난 죄**의 결과로서 주어진 것이다.

그 경향은 틀린 것에 대한 욕구를 채우려고 하거나 아니면 옳은 것에 대한 과다한 욕구를 채우려는 것이다.

타고난 죄가 음주나 흡연과 같은 습관의 발달을 가져오게 하는 잘못된 욕구들의 기초가 된다.

중생의 효과는 개인이 책망 받아야 할 습관들을 제거하는 것이고, **성결의 은혜(성화)**는 인류의 조상인 **아담**으로부터 유전된 오용(誤用)의 경향을 제거하는 것이다.

2) 마음의 타락된 욕구들

타고난 죄의 결과로 마음의 욕구들도 타락하게 되었다.

행복에 대한 욕구가 세상이 쾌락이라고 말하는 것을 쫓는 것으로 타락한 것이고, **지식**에 대한 욕구가 **하나님**의 구원의 방법보다는 다른 방법을 탐색하는 것으로 타락한 것이며, **하나님**을 기쁘게 해 드릴 수 있는 길을 찾는 대신 자신의 만족을 위한 길을 찾도록 된 것이다.

능력에 대한 욕구가 권모술수를 통한 영달이나 금력 추구에 **빠지**게 하고, **사회**에 대한 욕구는 쾌락을 위해 많은 사람들이 술집에 모이도록 했다.

존경에 대한 욕구는 교만이 자라게 하여 유행을 따르게 하고, 사치스런 생활과 명성을 추구 하도록 타락한 것이다.

11. 몸을 복종시킴

바울은 몸에 관해서 **고린도 전서** 9:27에서 다음과 같이 말했다.

"내가 내 몸을 쳐 복종하게 함은 내가 남에게 전파한 후에 자기가 도리어 버림이 될까 두려워함이로다."

바울이 여기서 말한 바는 **죄의 몸**을 누르고 있다는 것을 말한 것이 아니고, 몸의 자연적인 욕구들이 적절하게 조종되고 있다는 말이다.

성결의 은혜를 받은 후에 **죄** 짓는 일을 못하도록 고삐를 잡아야만
하는 욕구들의 움직임이 자기 안에 있는 것을 느꼈다고 실망해서는
안된다.

　새로 **성결의 은혜**를 받은 자들이 자연적인 욕구들의 움직임을 느
끼게 될 때에 **성결의 은혜**를 받은 줄로 생각했던 것을 **성결**케 되지 못
한 것으로 너무 자주 결론짓거나, 아니면 '**성령**께서는 단지 **타고난 죄**
를 억누르며 그것을 잡아두려고 힘쓰시는 분이시다'라고 결론짓는
것을 보게 된다.

　사실은 **옛 사람**이 십자가에 못 박히고, **성령**께서는 자연적인 욕구
들을 조종하시며, 의에 합당한 행위의 한계 내에서 욕구들이 지켜지
도록 **능력**을 주시는 것이다.

　성결의 은혜를 받은 자가 자연적인 욕구들의 움직임을 **타고난 죄**의
발동으로 속기가 쉽다.

제13장 영화의 교리

하나님의 자녀가 된 자가 마지막까지 믿음을 지키다가 **주** 안에서 잠들게 되는 경우 **주님** 재림시 **부활**하게 될 것이고, 살고 있는 성도들은 변화되어, 모두 부활하신 **주님**의 **몸**과 같이 될 것이다.

1. 그리스도인의 몸

몸의 **영화**(Glorification)의 필요성을 이해하기 위해 이 제목에 대해 **성경**이 무엇을 말하고 있는 지를 살펴야 하겠다.

인간의 **전적인 구속**은 십자가 위에서 **그리스도**로 말미암아 값이 지불되고 산 바 되었지만 이 **구속**이 모두 한꺼번에 경험되어지는 것은 아니다.

1) 우리들의 현재의 몸

살고 있는 현재의 우리의 몸은 **성경**에 여러 모양으로 기술되어 있다.

① 낮은 몸

바울이 **빌립보서** 3:21에서 말한 "낮은 몸"은 구원받은 자의 몸을 분명히 밝힌 것이다. 그러므로 **구원**받고 **성결의 은혜**를 받았지만 아직도 천한 몸일 수 있다는 것을 알 수 있다.

(빌 3:21) 그가 만물을 자기에게 복종케 하실 수 있는 자의 역사로 우리의 낮은 몸을 자기 영광의 몸의 형체와 같이 변케 하시리라

② 썩을 몸

고린도 전서 15:53의 말씀 "이 썩을 것이 불가불 썩지 아니할 것을 입겠고"란 말씀은 **그리스도인**들의 현재의 몸은 썩을 몸이란 것을 사도 바울이 말한 것이다.

(고전 15:53) 이 썩을 것이 불가불 썩지 아니할 것을 입겠고 이 죽을 것이 죽지 아니함을 입으리로다

③ 종속된 몸

로마서 8:20에 나와 있는 **피조물**이란 말에는 **그리스도인**들의 몸도 들어 있는 것이다. 23절의 말씀은 **성령**의 처음 익은 열매를 받은 우리까지도 속으로 탄식하며, "**양자**될 것 곧 우리 몸의 **구속**을 기다리느니라"고 하였다.

다시 말하면 **그리스도인**들이 살고 있는 몸은 **영화**를 위한 장래의 어떤 사건을 기다리고 있다는 것이다.

(롬 8:20) 피조물이 허무한 데 굴복하는 것은 자기 뜻이 아니요 오직 굴복케 하시는 이로 말미암음이라

2) 몸과 속죄

몸의 치유가 **속죄**(Atonement) 안에 있는 것이라고 주장되고 있다.

하나님께서는 자주 병자를 위한 기도에 응답하시나 신실한 **그리스**

도인들도 병들고 죽는 것이다.

중생과 성결을 통한 구원은 영적인 면에서 완전한 것이나, 몸의 전적 구원은 부활 때에 있게 되는 것이다.

2. 두 가지 부활

모든 사람들은 결국 죽음에서 일으킴을 받게 된다.

"땅의 티끌 가운데서 자는 자 중에 많이 깨어 영생을 얻는 자도 있겠고 수욕을 받아서 무궁히 부끄러움을 입을 자도 있을 것이며"(단 12:2)

"이를 기이히 여기지 말라 무덤 속에 있는 자가 다 그의 음성을 들을 때가 오나니, 선한 일을 행한 자는 생명의 부활로 악한 일을 행한 자는 심판의 부활로 나오리라."(요 5:28-29)

1) 첫째 부활

"이 첫째 부활에 참여하는 자들은 복이 있고 거룩하도다 둘째 사망이 그들을 다스리는 권세가 없고 도리어 그들이 하나님과 그리스도의 제사장이 되어 천 년 동안 그리스도로 더불어 왕 노릇 하리라."(계 20:6)

부활의 순서가 고린도 전서 15:22-24에 나와 있다.

"아담 안에서 모든 사람이 죽은 것같이 그리스도 안에서 모든 사람이 삶을 얻으리라. 그러나 각각 자기 차례대로 되리니 먼저는 첫 열매인 그리스도요 다음에는 그리스도 강림하실 때에 그에게 붙은 자요. 그 후에는 나중이니 저가 모든 정사와 모든 권세와 능력을 멸하시고 나라를 아버지 **하나님**께 바칠 때라."

① 첫 열매인 그리스도

예수 그리스도는 **부활**하신 첫 번째 분이시다.

바울은 이것이 **구약성경**에 미리 말씀된 것이라고 하였다(행 26:22, 23).

> (행 26:22,23) 하나님의 도우심을 받아 내가 오늘까지 서서 높고 낮은 사람 앞에서 증거하는 것은 선지자들과 모세가 반드시 되리라고 말한 것밖에 없으니, 곧 그리스도가 고난을 받으실 것과 죽은 자 가운데서 먼저 다시 살아나사 이스라엘과 이방인들에게 빛을 선전하시리라 함이니이다 하니라

예수님의 **부활**이 있기 전 다시 살아난 자들이 있었으나 그들에게는 **부활**이란 말이 쓰이지 않았으며, 다시 일어난 그들의 몸은 **주님**의 **부활**의 몸과는 차이가 있는 것이다(요 11:44, 요 20:6-8).

> (요 11:44) 죽은 자가 수족을 베로 동인 채로 나오는데 그 얼굴은 수건에 싸였더라 예수께서 가라사대 풀어 놓아 다니게 하라 하시니라
>
> (요 20:6-8) 시몬 베드로도 따라와서 무덤에 들어가 보니 세마포가 놓였고, 또 머리를 쌌던 수건은 세마포와 함께 놓이지 않고 딴 곳에 개켜 있더라. 그 때에야 무덤에 먼저 왔던 그 다른 제자도 들어가 보고 믿더라

예수님께서 다시 오실 때 성도들의 **부활**이 있을 것이다.

② 교회

주님 재림시 교회가 **휴거**될 것이다.

"주께서 호령과 천사장의 소리와 하나님의 나팔로 친히 하늘로 좇아 강림하시리니 **그리스도** 안에서 죽은 자들이 먼저 일어나고, 그 후에 우리 살아 남은 자도 저희와 함께 구름 속으로 끌어올려 공중에서 주를 영접하게 하시리니 그리하여 우리가 항상 주와 함께 있으리라."(살전 4:16-17)

"보라 내가 너희에게 비밀을 말하노니 우리가 다 잠잘 것이 아니요 마지막 나팔에 순식간에 홀연히 다 변화하리니, 나팔 소리가 나매 죽은 자들이 썩지 아니할 것으로 다시 살고 우리도 변화하리라."(고전 15:51,52)

위의 말씀을 통해 **주님**께서 다시 오실 때에 참 교회의 **그리스도인**들은 변화되어 **주님**의 **부활**하신 몸과 같이 된다는 것을 알 수 있다.

③ 환난 중의 성도들

계시록 20:4-6의 말씀은 **그리스도**의 **재림**으로 교회의 **휴거**가 있을 때로부터 **천년 왕국**을 세우기까지의 사이에 있게 될 **대 환난** 중에 **예수님**께 신실한 성도들이 순교를 통해서 **첫째 부활**에 동침케 될 것이 말씀되어 있다.

> (계 20:4–6) 또 내가 보좌들을 보니 거기 앉은 자들이 있어 심판하는 권세를 받았더라 또 내가 보니 예수의 증거와 하나님의 말씀을 인하여 목 베임을 받은 자의 영혼들과 또 짐승과 그의 우상에게 경배하지도 아니하고 이마와 손

에 그의 표를 받지도 아니한 자들이 살아서 그리스도로 더불어 천 년 동안 왕 노릇 하니, (그 나머지 죽은 자들은 그 천 년이 차기까지 살지 못하더라) 이는 첫째 부활이라. 이 첫째 부활에 참여하는 자들은 복이 있고 거룩하도다 둘째 사망이 그들을 다스리는 권세가 없고 도리어 그들이 하나님과 그리스도의 제 사장이 되어 천 년 동안 그리스도로 더불어 왕 노릇 하리라

2) 둘째 부활

성경은 **첫째 부활**에 참여치 못한 자들의 상태에 대해 말한 것이 거의 없으나 그들의 경우를 **둘째 부활**로 불러 구분할 수 있다.

구원받지 못하고 죽은 자는 성도들처럼 영광스러운 몸으로 일으 킴을 받지 못할 것이다.

① 구원받지 못하고 죽은 악한 자

둘째 부활에 해당하는 자로 크고 작은 모든 죽은 악인들이 땅이나 바다의 무덤에서 심판 받기 위해 직접 **백 보좌** 앞에 서게 될 것이다 (계 20:11-15).

(계 20:11-15) 또 내가 크고 흰 보좌와 그 위에 앉으신 자를 보니 땅과 하늘 이 그 앞에서 피하여 간데없더라. 또 내가 보니 죽은 자들이 무론 대소하고 그 보좌 앞에 섰는데 책들이 펴 있고 또 다른 책이 펴졌으니 곧 생명책이라 죽은 자들이 자기 행위를 따라 책들에 기록된 대로 심판을 받으니, 바다가 그 가운 데서 죽은 자들을 내어 주고 또 사망과 음부도 그 가운데서 죽은 자들을 내어 주매 각 사람이 자기의 행위대로 심판을 받고, 사망과 음부도 불못에 던지우 니 이것은 둘째 사망 곧 불못이라. 누구든지 생명책에 기록되지 못한 자는 불

못에 던지우더라

② 때

계시록 20:5의 말씀에 "그 나머지 죽은 자들은 그 천년이 차기까지 살지 못하더라"로부터 구원받지 못하고 죽은 자는 **천년 왕국** 끝까지 일으킴을 받지 못하리라는 것을 알 수 있다.

(계 20:5) (그 나머지 죽은 자들은 그 천 년이 차기까지 살지 못하더라) 이는 첫째 부활이라

③ 그들의 운명

그들의 영과 몸은 다시 연합되어 행한 대로 심판을 받게 되는데, **생명책**이 펴지고 그들의 이름이 없는 것이 증명된 후 **계시록** 20:15의 말씀대로 불못에 던짐을 받게 된다(계 14:9-11, 20:10, 20:15).

(계 14:9-11) 또 다른 천사 곧 셋째가 그 뒤를 따라 큰 음성으로 가로되 만일 누구든지 짐승과 그의 우상에게 경배하고 이마에나 손에 표를 받으면, 그도 하나님의 진노의 포도주를 마시리니 그 진노의 잔에 섞인 것이 없이 부은 포도주라 거룩한 천사들 앞과 어린 양 앞에서 불과 유황으로 고난을 받으리니, 그 고난의 연기가 세세토록 올라가리로다 짐승과 그의 우상에게 경배하고 그 이름의 표를 받는 자는 누구든지 밤낮 쉼을 얻지 못하리라 하더라

(계 20:10) 또 저희를 미혹하는 마귀가 불과 유황 못에 던지우니 거기는 그 짐승과 거짓 선지자도 있어 세세토록 밤낮 괴로움을 받으리라

(계 20:15) 누구든지 생명책에 기록되지 못한 자는 불못에 던지우더라

3. 부활의 몸

1) 예수님의 몸과 같은 몸

"그가 만물을 자기에게 복종케 하실 수 있는 자의 역사로 우리의
낮은 몸을 자기 영광의 몸의 형체와 같이 변케 하시리라"(빌 3:21)

"사랑하는 자들아 우리가 지금은 **하나님**의 자녀라 장래에 어떻게
될 것은 아직 나타나지 아니하였으나 그가 나타내심이 되면 우리가
그와 같을 줄을 아는 것은 그의 계신 그대로 볼 것을 인함이니"(요일
3:2)

① 같은 몸

"**도마**에게 이르시되 네 손가락을 이리 내밀어 내 손을 보고 네 손
을 내밀어 내 옆구리에 넣어 보라 그리하고 믿음 없는 자가 되지 말
고 믿는 자가 되라"(요 20:27)

② 살과 뼈들

살과 뼈를 가진 몸이다.

"내 손과 발을 보고 나인 줄 알라 또 나를 만져 보라 영은 살과 뼈
가 없으되 너희 보는 바와 같이 나는 있느니라"(눅 24:39)

주님께서는 살과 피를 가진 몸으로 말씀하지 아니하시고, 살과 뼈
를 가진 몸으로 말씀하셨다. 주님은 피를 **갈보리**에서 다 쏟으셨던 것
이다.

"혈과 육은 **하나님** 나라를 유업으로 받을 수 없고"(고전 15:50)라

고 하였다.

영원한 상태에 들어갈 수 있기 전에 몸은 변화를 받아야만 한다.
(고전 15:50) 형제들아 내가 이것을 말하노니 혈과 육은 하나님 나라를 유업
으로 받을 수 없고 또한 썩은 것은 썩지 아니한 것을 유업으로 받지 못하느
니라

③ 먹을 수 있음

"이에 구운 생선 한 토막을 드리매, 받으사 그 앞에서 잡수시더
라"(눅 24:42-43)

'변화된 몸이 어떻게 변화되지 않은 음식을 먹을 수 있을까?' 우리
는 풀 길이 없으나 믿는 것뿐이다.

여러 종류의 음식이 몸 속에서 살로 바뀌고 있는 것 보다 더 신비
스러운 것은 아니다.

④ 자연 법칙에 구애받지 않음

"저희 눈이 밝아져 그인 줄 알아보더니 **예수**는 저희에게 보이지 아
니하시는지라"(눅 24:31)

"이 날 곧 안식 후 첫날 저녁 때에 제자들이 유대인들을 두려워하
여 모인 곳에 문들을 닫았더니 **예수**께서 오사 가운데 서서 가라사대
너희에게 평강이 있을지어다"(요 20:19)

"이 말씀을 마치시고 저희 보는 데서 올리워 가시니 구름이 저를
가리워 보이지 않게 하더라"(행 1:9)

부활하신 후 **예수님**의 몸은 원하시는 대로 보이기도 하고, 보이지

않기도 했고, 단단한 물질을 통과하실 수도 있었으며, **중력의 법칙**에 구애받지를 않으셨다. **요한복음** 7:39의 말씀을 보아 **주님**께서는 승천하신 후 더 많은 변화가 있었으리라고 말할 수 있다.

성도들이 **부활**할 경우 우리들은 모든 면에서 **영화**된 **주님**의 **인성**과는 같을 것이나, **그리스도**의 본질적인 **신성**과는 같을 수가 없다(히 2:10,11).

> (히 2:10,11) 만물이 인하고 만물이 말미암은 자에게는 많은 아들을 이끌어 영광에 들어가게 하시는 일에 저희 구원의 주를 고난으로 말미암아 온전케 하심이 합당하도다. 거룩하게 하시는 자와 거룩하게 함을 입은 자들이 다 하나에서 난지라 그러므로 형제라 부르시기를 부끄러워 아니하시고

2) 신령한 몸

"육의 몸으로 심고 신령한 몸으로 다시 사나니 육의 몸이 있은즉 또 신령한 몸이 있느니라"(고전 15:44)

예수님은 자신의 **부활**하신 몸이 **영**이 아님을 제자들에게 보여 주셨다.

지금 우리가 살고 있는 몸은 "자연적"인 것으로 인간의 동물적 본성에 적응되도록 된 몸이요, **부활**해서 살게 될 몸은 "영적"인 것으로 인간의 영적 본성에 적응되도록 된 몸이다.

① 새 몸

사람이 **거듭**날 때 **새 피조물**(고후 5:17)이 되는 것처럼 **부활**한 몸은 **새 몸**이 된다.

"만일 땅에 있는 우리의 장막 집이 무너지면 **하나님**께서 지으신 집 곧 손으로 지은 것이 아니요 하늘에 있는 영원한 집이 우리에게 있는 줄 아나니, 과연 우리가 여기 있어 탄식하며 하늘로부터 오는 처소로 덧입기를 간절히 사모하노니"(고후 5:1-2)

중생 후에도 각인의 개성이 그대로 있듯이 **부활**이 있은 후에도 몸의 동일성이 있어서 각자가 그대로 인식될 것이다.

(고후 5:17) 그런즉 누구든지 그리스도 안에 있으면 새로운 피조물이라 이전 것은 지나갔으니 보라 새 것이 되었도다

② 꼭 같은 물질이어야 할 필요가 없다

고린도 전서 15장 35절에서 44절까지 보면 **부활**하게 될 **새 몸**은 동일한 물질이어야 할 필요가 있는 것이 아니다.

심기운 씨는 썩게 되며, 그 씨로부터 자란 줄기에서 다른 씨가 있게 되는데, 그것은 심기운 씨와 같지만 다른 물질로 조직된 것이다.

(고전 15:35–44) 누가 묻기를 죽은 자들이 어떻게 다시 살며 어떠한 몸으로 오느냐 하리니. 어리석은 자여 너의 뿌리는 씨가 죽지 않으면 살아나지 못하겠고, 또 너의 뿌리는 것은 장래 형체를 뿌리는 것이 아니요 다만 밀이나 다른 것의 알갱이뿐이로되. 하나님이 그 뜻대로 저에게 형체를 주시되 각 종자에게 그 형체를 주시느니라. 육체는 다 같은 육체가 아니니 하나는 사람의 육체요 하나는 짐승의 육체요 하나는 새의 육체요 하나는 물고기의 육체라. 하늘에 속한 형체도 있고 땅에 속한 형체도 있으나 하늘에 속한 자의 영광이 따로 있고 땅에 속한 자의 영광이 따로 있으니. 해의 영광도 다르며 달의 영광도 다르며 별의 영광도 다른데 별과 별의 영광이 다르도다. 죽은 자의 부활도 이와

같으니 썩을 것으로 심고 썩지 아니할 것으로 다시 살며, 욕된 것으로 심고 영광스러운 것으로 다시 살며 약한 것으로 심고 강한 것으로 다시 살며, 육의 몸으로 심고 신령한 몸으로 다시 사나니 육의 몸이 있은즉 또 신령한 몸이 있느니라.

③ 인식

부자가 죽어 고통 중에 **나사로**와 **아브라함**을 알아보았듯 **부활**한 성도들은 제각기 알아보게 될 것이다(눅16:23).

베드로와 **야고보**와 **요한**이 변화 산상에서 **모세**와 **엘리야**를 알아보듯 알 것이다(마17:3).

(눅 16:23) 저가 음부에서 고통 중에 눈을 들어 멀리 아브라함과 그의 품에 있는 나사로를 보고

(마 17:3) 때에 모세와 엘리야가 예수로 더불어 말씀하는 것이 저희에게 보이거늘

제14장 천국

"**하늘**"이란 단어는 **성경**에서 여러 가지로 쓰이고 있다.

성경의 맨 첫 절에 "**하늘들**"이라고 나와 있는데, 이것은 땅 밖의 모든 창조를 말한 것이 분명하다.

전통적인 문헌들에 따르면 **유대인**들은 하늘을 7개의 층으로 나누고 있다.

성경에는 셋으로 나와 있는 것을 알 수 있다.

첫째는 창세기 1:8에 나와 있는 것으로 **대기권 하늘**을 들 수 있고, **바울**이 **고린도 후서** 12:2에서 말한 **셋째 하늘**은 **첫째 하늘**과의 사이에 **둘째 하늘**이 있음을 말해주고 있다.

> (창 1:8) 하나님이 궁창을 하늘이라 칭하시니라 저녁이 되며 아침이 되니 이는 둘째 날이니라
>
> (고후 12:2) 내가 그리스도 안에 있는 한 사람을 아노니 십사 년 전에 그가 셋째 하늘에 이끌려 간 자라 (그가 몸 안에 있었는지 몸 밖에 있었는지 나는 모르거니와 하나님은 아시느니라)

이 **둘째 하늘**은 **성경**에 특별히 기술되어 있지 않은데, 이것은 **별**들이 있는 **하늘**을 가리킨 것이 분명하다.

성경에는(신 10:14, 왕상 8:27) **하늘의 하늘**이란 표현이 나와 있는데 이것은 광활함을 나타낸 것이다.

에베소서 4:10에 **예수님**은 곧 모든 하늘 위에 오르신 자로 나와 있

는데 이것은 **주님**께서 모든 하늘을 통치하신다는 것을 보이고 있다.

　　천국(하늘나라)은 장차 의인들이 거하게 될 곳으로 **성경**은 말하고 있다.

　　(신 10:14) 하늘과 모든 하늘의 하늘과 땅과 그 위의 만물은 본래 네 하나님 여호와께 속한 것이로되

　　(왕상 8:27) 하나님이 참으로 땅에 거하시리이까 하늘과 하늘들의 하늘이라도 주를 용납지 못하겠거든 하물며 내가 건축한 이 전이오리이까

　　(엡 4:10) 내리셨던 그가 곧 모든 하늘 위에 오르신 자니 이는 만물을 충만케 하려 하심이니라

1. 천국은 한 장소이다

성경은 **천국**이 한 장소임을 명백히 밝히고 있다.

1) 위치

　　천국의 위치가 지리학적으로나 천문학적인 용어로는 육적인 마음에 만족을 줄 수 없다.

　　천국은 위치의 일반적인 용어들로 나와 있어 한 장소임을 보이고 있다.

① 위에 있다

"저희를 떠나 하늘로 올리우시니"(눅 24:51)

"내가 보매 **성령**이 비둘기 같이 하늘로서 내려와서"(요 1:32)

"하늘로부터 큰 음성이 있어 이리로 올라오라."(계 11:12)

(눅 24:51) 축복하실 때에 저희를 떠나 (하늘로 올리우) 시니

(요 1:32) 요한이 또 증거하여 가로되 내가 보매 성령이 비둘기같이 하늘로서 내려와서 그의 위에 머물렀더라

(계 11:12) 하늘로부터 큰 음성이 있어 이리로 올라오라 함을 저희가 듣고 구름을 타고 하늘로 올라가니 저희 원수들도 구경하더라

② 높다

"하늘이 땅 보다 높음 같이 내 길은 너희 길 보다 높으며, 내 생각은 너희 생각 보다 높으니라."(사 55:9)

③ 넓다

"나 **여호와**가 이같이 말하노라. 위로 하늘을 측량할 수 있으며"(렘 31:37)

이 말은 사람이 측량할 수 없이 넓다는 것을 함축하고 있다.

(렘 31:37) 나 여호와가 이같이 말하노라 위로 하늘을 측량할 수 있으며 아래로 땅의 기초를 탐지할 수 있다면 내가 이스라엘 자손의 행한 모든 일을 인하여 그들을 다 버리리라 여호와의 말이니라

2) 거민들

천국은 한 장소임으로 거민들이 있다.

① 하나님이 그곳에 계심

"하늘에 계신 우리 아버지여"(마 6:9)

(마 6:9) 그러므로 너희는 이렇게 기도하라 하늘에 계신 우리 아버지여 이름 이 거룩히 여김을 받으시오며

② 그리스도께서 그곳에서 오셨음

"첫 사람은 땅에서 났으니 흙에 속한 자이거니와 둘째 사람은 하 늘에서 나셨느니라."(고전 15:47)

③ 그리스도께서 그곳으로 되돌아가심

"올라가실 때에 제자들이 자세히 하늘을 쳐다보고 있는데 흰 옷 입은 두 사람이 저희 곁에 서서"(행 1:10)

④ 그리스도께서 그곳에서 다시 오실 것임

"주께서 친히 하늘로 좇아 강림하시리니"(살전 4:16)

(살전 4:16) 주께서 호령과 천사장의 소리와 하나님의 나팔로 친히 하늘로 좇 아 강림하시리니 그리스도 안에서 죽은 자들이 먼저 일어나고

⑤ 성령께서 그곳에서 오셨음

"하늘로부터 보내신 **성령**을 힘입어"(벧전 1:12)

(벧전 1:12) 이 섬긴 바가 자기를 위한 것이 아니요 너희를 위한 것임이 계시 로 알게 되었으니 이것은 하늘로부터 보내신 성령을 힘입어 복음을 전하는 자들로 이제 너희에게 고한 것이요 천사들도 살펴보기를 원하는 것이니라

⑥ 천사들이 그곳에 있음

"**천사**들이 떠나 하늘로 올라가니"(눅 2:15)

"내가 또 보고 들으매 보좌와 생물들과 장로들을 둘러선 많은 **천사**의 음성이 있으니 그 수가 만만이요 천천이라."(계 5:11)

(눅 2:15) 천사들이 떠나 하늘로 올라가니 목자가 서로 말하되 이제 베들레헴까지 가서 주께서 우리에게 알리신 바 이 이루어진 일을 보자 하고

⑦ 인간들이 그곳에 있게 될 것임

구원받은 모든 자들의 본향은 **천국**이다(계 5:9, 7:9-17).

(계 5:9) 새 노래를 노래하여 가로되 책을 가지시고 그 인봉을 떼기에 합당하시도다 일찍 죽임을 당하사 각 족속과 방언과 백성과 나라 가운데서 사람들을 피로 사서 하나님께 드리시고

(계 7:9-17) 이 일 후에 내가 보니 각 나라와 족속과 백성과 방언에서 아무라도 능히 셀 수 없는 큰 무리가 흰 옷을 입고 손에 종려가지를 들고 보좌 앞과 어린 양 앞에 서서, 큰 소리로 외쳐 가로되 구원하심이 보좌에 앉으신 우리 하나님과 어린 양에게 있도다 하니, 모든 천사가 보좌와 장로들과 네 생물의 주위에 섰다가 보좌 앞에 엎드려 얼굴을 대고 하나님께 경배하여, 가로되 아멘 찬송과 영광과 지혜와 감사와 존귀와 능력과 힘이 우리 하나님께 세세토록 있을지로다 아멘 하더라. 장로 중에 하나가 응답하여 내게 이르되 이 흰 옷 입은 자들이 누구며 또 어디서 왔느뇨. 내가 가로되 내 주여 당신이 알리이다 하니 그가 나더러 이르되 이는 큰 환난에서 나오는 자들인데 어린 양의 피에 그 옷을 씻어 희게 하였느니라. 그러므로 그들이 하나님의 보좌 앞에 있고 또 그의 성전에서 밤낮 하나님을 섬기매 보좌에 앉으신 이가 그들 위에 장막을 치

시리니, 저희가 다시 주리지도 아니하며 목마르지도 아니하고 해나 아무 뜨거운 기운에 상하지 아니할지니, 이는 보좌 가운데 계신 어린 양이 저희의 목자가 되사 생명수 샘으로 인도하시고 하나님께서 저희 눈에서 모든 눈물을 씻어 주실 것임이러라

2. 의인들이 거할 곳이다

의인들이 죽게 될 때에 즉시 마지막 처소로 가지 않는다는 것이 **성경**에 나와 있다. 그러므로 간략하나마 설명이 필요하다.

1) 중간장소

"**스올**"이라는 **히브리어**는 "지옥", "무덤", "음부" 등 여러 가지로 번역이 되어 있고, "**하이데스**"란 **헬라어**는 "지옥"이나 "무덤"으로 번역되어 있는데, 사람이 죽은 다음 마지막 처소에 가기 전 사람들의 영들이 가 있을 장소로 분명히 나와 있는 것이다.

두 단어는 정확하게 동일한 의미를 가지고 있는 것으로 선한 자든 악한 자든 간에 죽은 자가 거하는 곳으로 나와 있다.

① "스올"과 "하이데스"에 있어서의 두 구획

부자와 **나사로**에 관해서 하신 **예수님**의 말씀을 보아 죽은 자가 가는 이 중간 장소에는 두 구획이 있는 것으로 말할 수 있는데, 왜냐하면 전에 땅에 살던 두 사람이 서로 큰 구렁을 사이에 두고 **나사로**는 위로 받는 편에 있고, 부자는 고통 받는 쪽에 있기 때문이다.

부자는 불꽃 중에 고통을 받고는 있었으나 아직 최종적인 **불못**(지옥)에 있는 것은 아니었고, **나사로**가 있던 곳은 위로는 받고 있었으나 천국은 아직 아니었던 것이다.

② 낙원

죽은 자가 가 있는 구획, 즉 **나사로**가 죽어 **천사**들에게 받들려 간 곳은 "**아브라함의 품**"이라 불렸다.

이곳은 죽어가는 오른편 강도에게 **예수님**께서 "네가 오늘 나와 **낙원**에 있으리라."(눅 23:43)고 말씀하신 **낙원**임에 틀림없다.

세상을 떠난 의인들이 가 있던 음부의 한 구획 즉 **낙원** 또는 **아브라함의 품**이라 불리던 곳에서 **주님**은 **부활**과 동시에 그들을 데리고 **하늘**로 가셔서 그곳을 비우셨다. (엡 4:8).

> (엡 4:8) 그가 위로 올라가실 때에 사로잡힌 자를 사로잡고 사람들에게 선물을 주셨다 하였도다.

마지막, **지옥**이나 **천국**에 가기 전 중간 장소에서도 부자는 고통을 받았고, **나사로**는 행복을 느꼈다.

우리들의 운명은 살아 있는 동안에 우리들의 믿음으로 결정되는 것이다.

2) 사망으로부터 하늘나라까지

한 영혼이 이 세상에서 저 세상까지 가는 정확한 경로가 나와 있는 것은 아니다 대강 다음과 같이 살펴 볼 수 있다.

① 구약 성도들

구약에서는 성도가 세상을 떠나게 될 때에 "조상에게로 돌아갔다"(창 15:15, 25:8, 49:33)라고 나와 있다.

> (창 15:15) 너는 장수하다가 평안히 조상에게로 돌아가 장사될 것이요
>
> (창 25:8) 그가 수가 높고 나이 많아 기운이 진하여 죽어 자기 열조에게로 돌아가매
>
> (창 49:33) 야곱이 아들에게 명하기를 마치고 그 발을 침상에 거두고 기운이 진하여 그 열조에게로 돌아갔더라

"스올"의 그 부분은 **나사로**를 받아들인 **아브라함의 품**인 것이다.

예수님께서 돌아가셨을 때 "땅 아래로 내려 가셨다"(엡 4:9)고 했는데 바로 **"하이데스"**를 방문하신 것이요(시 16:10, 행 2:27), 그곳은 **낙원**으로 알려진 부분으로 세상을 떠난 이들이 가 있는 곳이다.

> (엡 4:9) 올라가셨다 하였은즉 땅 아래 곳으로 내리셨던 것이 아니면 무엇이냐
>
> (시 16:10) 이는 내 영혼을 음부에 버리지 아니하시며 주의 거룩한 자로 썩지 않게 하실 것임이니이다
>
> (행 2:27) 이는 내 영혼을 음부에 버리지 아니하시며 주의 거룩한 자로 썩음을 당치 않게 하실 것임이로다

② 신약 성도들

예수님께서 **부활**하신 다음에 죽은 성도들을 가리킨 말이다.

그리스도인이 세상을 떠나게 될 때 주께로 돌아가게 된다.

바울은 **빌립보서** 1:23에서 다음과 같이 썼다.

"내가 그 두 사이에 끼였으니 떠나서 **그리스도**와 함께 있을 욕망을 가진 이것이 더욱 좋으나"

3) 교회를 위한 특별 장소
신부인 **교회**를 위해 특별한 장소가 있음을 **성경**은 말하고 있다.

① 많은 처소
"내 아버지 집에 거할 곳이 많도다."(요 14:2)라고 **예수님**께서 제자들에게 말씀하셨다.

"내가 너희를 위해서 처소를 예비하러 간다."(요 14:3)고 **예수님**이 말씀하신 것을 보아 많은 거처가 있으나 특별히 **신부(교회)**를 위해 준비하러 가신 것으로 볼 수 있다.

> (요 14:2-3) 내 아버지 집에 거할 곳이 많도다 그렇지 않으면 너희에게 일렀으리라 내가 너희를 위하여 처소를 예비하러 가노니, 가서 너희를 위하여 처소를 예비하면 내가 다시 와서 너희를 내게로 영접하여 나 있는 곳에 너희도 있게 하리라

② 준비된 신부
신부를 위해 **주님**께서 한 처소를 준비하는 동안 **성령**을 세상에 보내사 **신부(교회)**를 마련하고 계신 것이다.

4) 하늘나라의 다른 거민들
하늘나라는 구원받은 영혼들이 각각 능력에 따라 질서 있게 맡은

일을 수행하고 있는 곳이라고 말할 수 있다.

예수 그리스도의 **보혈**을 통해 동일한 은혜로 말미암아 평등하게 구원받은 모든 성도들이지만 받을 **영광**은 다른 것이다.

① 보좌

요한 계시록 4장과 5장에 나와 있는 **요한**이 본 **하늘나라**에서는 "보좌에 앉으신 한 분이 있다."(계 4:2)

(계 4:2) 내가 곧 성령에 감동하였더니 보라 하늘에 보좌를 베풀었고 그 보좌 위에 앉으신 이가 있는데

성부 하나님께서 보좌에 앉으시고, **성자**께서는 죄의 반역을 굴복시키신 다음 모든 것을 **성부**께 복종시키신 것이다(고전 15:25-28).

(고전 15:25~28) 저가 모든 원수를 그 발 아래 둘 때까지 불가불 왕 노릇 하시리니, 맨 나중에 멸망받을 원수는 사망이니라. 만물을 저의 발 아래 두셨다 하셨으니 만물을 아래 둔다 말씀하실 때에 만물을 저의 아래 두신 이가 그 중에 들지 아니한 것이 분명하도다. 만물을 저에게 복종하게 하신 때에는 아들 자신도 그 때에 만물을 자기에게 복종케 하신 이에게 복종케 되리니 이는 하나님이 만유의 주로서 만유 안에 계시려 하심이라

성부 하나님께 **성자 예수 그리스도**와 **성령**께서 종속되어 있다.

모든 죄의 문제들은 **하나님**께 속한 **하늘나라**의 여러 계층과 질서를 흔들어 놓으려는 **루시퍼**(계명성)로 말미암아 시작된 것이다.

예수님의 역사는 **하늘나라**와 땅의 질서를 회복하시려는 것인데, 모

든 것이 **하나님**께 자원하여 복종케 하며, 거절하는 자는 **불못**에 던져
짐으로 회복을 방해하는 요소를 제거하시려는 것이다.

② 이기는 자들

　계시록 2장과 3장에 나와 있는 7교회에는 "이기는 자들"이 나와 있다.
　"이기는 그에게는 내가 내 보좌에 함께 앉게 하여 주기를 내가 이
기고 아버지 보좌에 함께 앉은 것과 같이 하리라"(계 3:21)
　성부의 보좌가 먼저 있고, **성자**가 아버지의 보좌에 함께 앉았고,
이기는 자가 **성자**와 함께 앉은 것으로 나와 있다.

　(계 2:11) 귀 있는 자는 성령이 교회들에게 하시는 말씀을 들을지어다 이기는
　자는 둘째 사망의 해를 받지 아니하리라

　(계 2:26) 이기는 자와 끝까지 내 일을 지키는 그에게 만국을 다스리는 권세
　를 주리니

　(계 3:5) 이기는 자는 이와 같이 흰 옷을 입을 것이요 내가 그 이름을 생명책
　에서 반드시 흐리지 아니하고 그 이름을 내 아버지 앞과 그 천사들 앞에서 시
　인하리라

　(계 3:21) 이기는 그에게는 내가 내 보좌에 함께 앉게 하여 주기를 내가 이기
　고 아버지의 보좌에 함께 앉은 것과 같이 하리라

③ 섬기는 자

　계시록 7:9-17까지에는 구원받은 무리들이 나와 있다.
　"그들이 **하나님**의 보좌 앞에 있고, 또 그의 성전에서 밤낮 **하나님**을
섬기매"(계 7:15)

이들은 보좌에 있는 자가 아니요, 보좌 앞에 있는 자들이라는 것을 주목하기 바란다.

계시록 4:10에는 면류관을 가지고 있는 개인들이 나와 있는데, 그들은 보좌에 앉으신 이 앞에 엎드려 경배하고 있었다.

하늘나라에서는 모두가 각각 다른 것에 종속되어 있지만 완전한 **행복**을 누리게 되는 것이다.

(계 7:9~17) 이 일 후에 내가 보니 각 나라와 족속과 백성과 방언에서 아무라도 능히 셀 수 없는 큰 무리가 흰 옷을 입고 손에 종려가지를 들고 보좌 앞과 어린 양 앞에 서서, 큰 소리로 외쳐 가로되 구원하심이 보좌에 앉으신 우리 하나님과 어린 양에게 있도다 하니, 모든 천사가 보좌와 장로들과 네 생물의 주위에 섰다가 보좌 앞에 엎드려 얼굴을 대고 하나님께 경배하여, 가로되 아멘 찬송과 영광과 지혜와 감사와 존귀와 능력과 힘이 우리 하나님께 세세토록 있을지로다 아멘 하더라. 장로 중에 하나가 응답하여 내게 이르되 이 흰 옷 입은 자들이 누구며 또 어디서 왔느뇨. 내가 가로되 내 주여 당신이 알리이다 하니 그가 나더러 이르되 이는 큰 환난에서 나오는 자들인데 어린양의 피에 그 옷을 씻어 희게 하였느니라. 그러므로 그들이 하나님의 보좌 앞에 있고 또 그의 성전에서 밤낮 하나님을 섬기매 보좌에 앉으신 이가 그들 위에 장막을 치시리니, 저희가 다시 주리지도 아니하며 목마르지도 아니하고 해나 아무 뜨거운 기운에 상하지 아니할지니, 이는 보좌 가운데 계신 어린 양이 저희의 목자가 되사 생명수 샘으로 인도하시고 하나님께서 저희 눈에서 모든 눈물을 씻어 주실 것임이러라

(계 4:10) 이십사 장로들이 보좌에 앉으신 이 앞에 엎드려 세세토록 사시는 이에게 경배하고 자기의 면류관을 보좌 앞에 던지며 가로되

④ 하늘나라의 다른 거민들

위에서 언급한 거민들 외에 다른 많은 거민들이 있다. 대 **천사들**, **스랍들**, **그룹들**, **장로들**, 살아 있는 **피조물들**, 보통 **천사들** 등이 **하늘나라**에 있는데, 각각 계층이 있고 **하나님**께서 주신 위치에서 그들은 가장 **행복**하다고 우리는 믿어도 될 것이다.

이 세상에서의 **인간**의 **의무**는 자신을 **하나님**께 복종시키는 것이다.

제15장 지 옥

모든 영혼은 어디에선가 영원히 존재할 것이다. **천국**에 합당치 못한 자는 **지옥**에 보냄을 받을 것이다.

성경에는 영이나 물질의 멸절이 암시되어 있지 않다.

영원하신 **하나님**, 구원받은 자의 끝없는 기쁨, 악한 자가 받을 끝없는 고통이 같은 **헬라어** 즉 '세세토록'으로 나와 있다.

"세세토록 살아계신 자"(계 10:6)

"저희가 세세토록 왕노릇 하리라."(계 22:5)

"세세토록 밤낮 괴로움을 받으리라."(계 20:10)

(계 10:6) 세세토록 살아 계신 자 곧 하늘과 그 가운데 있는 물건이며 땅과 그 가운데 있는 물건이며 바다와 그 가운데 있는 물건을 창조하신 이를 가리켜 맹세하여 가로되 지체하지 아니하리니

(계 22:5) 다시 밤이 없겠고 등불과 햇빛이 쓸데없으니 이는 주 하나님이 저희에게 비취심이라 저희가 세세토록 왕 노릇 하리로다

(계 20:10) 또 저희를 미혹하는 마귀가 불과 유황 못에 던지우니 거기는 그 짐승과 거짓 선지자도 있어 세세토록 밤낮 괴로움을 받으리라

1. 지옥은 한 장소이다

천국이 한 장소인 것처럼 **지옥**이 한 장소로 **성경**에 나와 있다.

1) 위치

육적 마음은 **하늘나라**의 위치에 대한 **성경** 말씀을 이해하기도 쉽지 않지만, **지옥**의 위치에 대한 이해는 더욱 힘들다.

① 아래에 있다

하늘나라에 관한 위치를 나타내는 모든 말들은 위를 가리키고 **지옥**에 관한 말은 아래를 가리키고 있다.

"사망이 홀연히 저희에게 임하여 산 채로 음부에 내려갈찌어다."(시 55:15)

"아래의 음부가 너로 인하여 소동하여"(사 14:9)

(시 55:15) 사망이 홀연히 저희에게 임하여 산 채로 음부에 내려갈지어다 이는 악독이 저희 거처에 있고 저희 가운데 있음이로다

(사 14:9) 아래의 음부가 너로 인하여 소동하여 너의 옴을 영접하되 그것이 세상에서의 모든 영웅을 너로 인하여 동하게 하며 열방의 모든 왕으로 그 보좌에서 일어서게 하므로

② 깊다

"하늘보다 높으시니 네가 어찌 하겠으며 음부 보다 깊으시니 네가 어찌 알겠느냐?"(욥 11:8)

③ 넓다

"음부가 그 욕망을 크게 내어 한량없이 그 입을 벌린 즉."(사 5:14)

(사 5:14) 음부가 그 욕망을 크게 내어 한량없이 그 입을 벌린즉 그들의 호화

로움과 그들의 많은 무리와 그들의 떠드는 것과 그 중에서 연락하는 자가 거기 빠질 것이라

2) 거민들

지옥에도 **천국**처럼 거민들이 있다. **불못**인 **지옥**에는 아직 거민이 없지만 고통 받는 **음부**에 있는 거민들이 그곳에 가게 될 것이다.

① 마귀와 그의 천사들

불못(지옥)은 특별히 **마귀**와 타락한 **천사**들을 위해 마련된 곳이다. "**마귀**와 그 사자들을 위하여 예비된 영영한 불에 들어가라."(마 25:41)

(마 25:41) 또 왼편에 있는 자들에게 이르시되 저주를 받은 자들아 나를 떠나 마귀와 그 사자들을 위하여 예비된 영영한 불에 들어가라

② 악한 자들

지옥은 악한 자를 위해 있는 곳이다. "악인이 음부로 돌아감이여, **하나님**을 잊어버린 모든 열방이 그리하리로다."(시 9:17)

2. 지옥은 악한 자의 처소이다

우리가 앞서 **성경**을 통해 살핀 바에 의하면 악인들이 죽은 다음 바로 마지막 **지옥**(불못)에 가는 것이 아니라, 최후 심판을 기다리기 위

해 고통 받는 중간 장소에 간다는 것을 알게 되었다.

1) 스올

이 **구약성경**의 **히브리어**는 여러 말로 번역된 것을 앞장에서 배웠다.
그 번역들은 문맥에 의해서 결정된 것으로 보인다.

① 지옥

A.V.(Authorized Version) 번역자들은 31곳에서 "**스올**"이 "**지옥**"을
의미하는 것으로 말하고 있다.

어느 경우에나 악한 자가 죽어 고통 받는 곳으로 나와 있다.

"그러나 이제 네가 음부(지옥) 곧 구덩이의 맨 밑에 빠치우리로
다."(사 14:15)

② 구덩이

세 곳에서 "**스올**"이 "구덩이"로 번역되었다.

문맥은 그 의미가 사실상 **지옥**과 같음을 보이고 있다.

"**스올**"이 "구덩이"로 번역된 곳은 매우 깊은 곳임을 의미하고 있다.

이스라엘 백성중 반역자들에 관해 언급된 **민수기** 16:30, 33에 나와
있는 것을 볼 수 있다.

> (민 16:30) 만일 여호와께서 새 일을 행하사 땅으로 입을 열어 이 사람들과
> 그들의 모든 소속을 삼켜 산 채로 음부에 빠지게 하시면 이 사람들이 과연 여
> 호와를 멸시한 것인 줄을 너희가 알리라
>
> (민 16:33) 그들과 그 모든 소속이 산 채로 음부에 빠지며 땅이 그 위에 합하

니 그들이 총회 중에서 망하니라

③ 무덤

31곳에서 **"스올"**이 "무덤"으로 번역되어 있다.

무덤으로 번역된 곳은 몸보다는 영혼이 가는 곳으로 나와 있다.

선한 자나 악한 자나 가는 곳으로 쓰였다.

야곱은 자신에 대해 다음과 같이 말했다.

"내가 음부(무덤)에 내려 아들에게로 가리라."(창 37:35)

욥은 악한 자에 대해서 이 말을 했다.

"그 날을 형통하게 지내다가 경각간에 음부(무덤)에 내려가느니라."(욥 21:13)

> (창 37:35) 그 모든 자녀가 위로하되 그가 그 위로를 받지 아니하여 가로되 내가 슬퍼하며 음부에 내려 아들에게로 가리라 하고 그 아비가 그를 위하여 울었더라
>
> (욥 21:13) 그 날을 형통하게 지내다가 경각간에 음부에 내려가느니라

2) 하이데스

신약성경에서 **지옥**으로 번역된 **헬라어**가 **"하이데스"**이다.

① 지옥

A.V.(Authorized Version)에서 **"하이데스"**는 10군데 **"지옥"**으로 번역되어 있는데, 고통 받는 곳으로 나와 있다.

"저가 음부(지옥)에서 고통 중에 눈을 들어"(눅 16:23)

(눅 16:23) 저가 음부에서 고통 중에 눈을 들어 멀리 아브라함과 그의 품에 있는 나사로를 보고

② 무덤

"하이데스"가 한 번 **고린도 전서** 15:55에서 "무덤"으로 번역되어 있다.

"사망(무덤)아 너의 이기는 것이 어디 있느냐 사망아 너의 쏘는 것이 어디 있느냐"

3) 게헨나

신약성경에 이 **헬라어** 단어가 12번 나와 있는데, 매번 번역된 의미는 고통 받는 곳으로 되어 있다.

① 지옥

12번 중에 7번 **"게헨나"**가 수식어 없이 **"지옥"**으로 번역되어 있다.

마태복음 10장 28절의 말씀은 다음과 같다.

"몸은 죽여도 영혼은 능히 죽이지 못하는 자들을 두려워하지 말고 오직 몸과 영혼을 능히 지옥에 멸하시는 자를 두려워하라."(마 10:28)

② 지옥불

세 번 **"게헨나"**가 "불"과 함께 쓰였다.

그 예로서 **마태복음** 18:9을 들 수 있다.

"만일 네 눈이 너를 범죄케 하거든 빼어 내버리라 한 눈으로 영생

에 들어가는 것이 두 눈을 가지고 지옥 불에 던지우는 것보다 나으니라."(마 18:9)

③ 꺼지지 않는 불

"게헨나"가 "꺼지지 않는 불"과 함께 두 번 쓰였다.

그 예로서 **마가복음** 9:34을 들 수 있다.

"불구자로 영생에 들어가는 것이 두 손을 가지고 지옥 꺼지지 않는 불에 들어가는 것보다 나으니라."

4) 타타루스

이것은 **헬라어** "**타르타로스**"의 **라틴어**역이다.

신약성경에 한 번 나와 있는데 "**지옥**"으로 번역되었다.

"**하나님**이 범죄한 **천사**들을 용서치 아니하시고, **지옥**에 던져 어두운 구덩이에 두어 심판 때까지 지키게 하셨으며."(벧후 2:4)

"**타타루스**"는 "**하이데스**"나 "**스올**"과 의미가 같지만, 악한 **천사**들을 감금시켜 놓은 아래 세상의 한 다른 구획을 암시하는 것 같다.

5) 아비스

헬라어 "**아부소스**" "**아비스**"는 **신약성경**에서 아래 세상의 구획을 묘사하는데 쓰였다.

① 무저갱

"**아비스**"가 7번 "**무저갱**"으로 번역되었다.

그 예로는 **계시록** 20:2, 3을 들 수 있다.

(계 20:2,3) 용을 잡으니 곧 옛 뱀이요 마귀요 사단이라 잡아 일천 년 동안 결박하여, 무저갱에 던져 잠그고 그 위에 인봉하여 천 년이 차도록 다시는 만국을 미혹하지 못하게 하였다가 그 후에는 반드시 잠깐 놓이리라.

② 깊다
헬라어 "아부소스"가 두 곳에서 "깊다"로 번역되었다.

6) 영원한 불
악한 자들이 있게 될 마지막 처소로 **마태복음** 25:41에 나와 있다.

(마 25:41) 또 왼편에 있는 자들에게 이르시되 저주를 받은 자들아 나를 떠나 마귀와 그 사자들을 위하여 예비된 영영한 불에 들어가라

7) 영 벌
회개하지 않는 자들의 마지막 결과로서 **마태복음** 25:46에 나와 있다.

(마 25:46) 저희는 영벌에, 의인들은 영생에 들어가리라 하시니라

8) 영원한 멸망
악한 자들의 운명으로 **데살로니가 후서** 1:9에 나와 있다.

(살후 1:9) 이런 자들이 주의 얼굴과 그의 힘의 영광을 떠나 영원한 멸망의 형벌을 받으리로다

9) 불 못

요한 계시록 19장, 20장, 21장에 악한 **천사**들과 사람들의 마지막 처소로서 5번 나와 있다.

5번 가운데 3번은 **유황**이 불과 연결되어 나와 있다.

(계 20:14) 사망과 음부도 불못에 던지우니 이것은 둘째 사망 곧 불못이라

(계 20:15) 누구든지 생명책에 기록되지 못한 자는 불못에 던지우더라

3. 아래 세상의 범위

앞 장과 본 장에서의 공부를 통해 아래 세상은 지층과 같이 한 구획 아래 다른 구획들로 되어 있는 것을 알게 되었다.

첫째 - **하이데스**의 이 구획에는 **구약** 시대에 죽은 의인들이 가 있는 곳으로 "**아브라함의 품**"이라 불리기도 하고, "**낙원**"으로 불리는 곳이다.

둘째 - 의인과 악인을 갈라놓아 아무도 건널 수 없는 큰 구렁이다.

셋째 - **하이데스**의 이 구획에는 악한 자가 죽게 될 때 가는 곳으로 **누가복음** 16장에 나와 있는 대로 부자가 고통 받고 있는 곳이다.

넷째 - **타타루스**와 같다고 볼 수 있는 **무저갱**으로 악한 **천사**들이 묶여 있는 곳이요, **천년 왕국** 때에 **마귀**가 있을 곳이다.

다섯째 - 큰 구렁 아래 있는 모든 것들이 최종적으로 들어가게 될 **불못**이다.

성경은 **신명기** 32:22과 **시편** 86:13에서 가장 "낮은 음부(지옥)"를 말해주고 있다.

(신 32:22) 내 분노의 불이 일어나서 음부 깊은 곳까지 사르며 땅의 그 소산

을 삼키며 산들의 터도 붙게 하는도다

(시 86:13) 이는 내게 향하신 주의 인자가 크사 내 영혼을 깊은 음부에서 건
지셨음이니이다

4. 그리스도께서 음부를 방문하심

그리스도께서 십자가에 달려 돌아가신 후 아래 세상을 방문하셨다.
"요나가 밤낮 사흘을 큰 물고기 뱃속에 있었던 것같이 인자도 밤
낮 사흘을 땅 속에 있으리라."(마 12:40)

위의 말씀은 **그리스도**께서 죽은 자들이 거하는 곳을 방문하신 것
이라고 해석할 수밖에 없다.

1) 스올과 하이데스

시편 16:10과 **사도행전** 2:27의 말씀을 비교하면 **예수**께서는 동일한
장소인 **스올**과 **하이데스**를 방문하신 것이다.

(시 16:10) 이는 내 영혼을 음부에 버리지 아니하시며 주의 거룩한 자로 썩지
않게 하실 것임이니이다

(행 2:27) 이는 내 영혼을 음부에 버리지 아니하시며 주의 거룩한 자로 썩음
을 당치 않게 하실 것임이로다

2) 낙원

예수님이 오른 편 강도에게 "오늘 네가 나와 함께 **낙원**에 있으리라
(눅 23:43)고 하신 약속의 말씀으로부터 **주**께서 아래 세상을 방문하

신 것은 곧 **낙원**을 방문하신 것이 분명하다.

3) 고통받는 곳

베드로 전서 3:18-20까지의 말씀을 통해서 알 수 있는 바는 **예수님**이 아래 세상(음부)을 방문하셨을 때 **음부** 중 고통 받고 있는 불순종의 영들에게 영으로 가서서 **하나님**의 말씀대로 순종과 불순종의 결과가 어떤 것인가를 확인시키신 것 같다.

성경은 세상을 떠난 **영혼**에게 두 번째 **구원**의 기회가 있음을 결코 말하고 있지 않다.

> (벧전 3:18–20) 그리스도께서도 한 번 죄를 위하여 죽으사 의인으로서 불의한 자를 대신하셨으니 이는 우리를 하나님 앞으로 인도하려 하심이라 육체로는 죽임을 당하시고 영으로는 살리심을 받으셨으니, 저가 또한 영으로 옥에 있는 영들에게 전파하시니라. 그들은 전에 노아의 날 방주 예비할 동안 하나님이 오래 참고 기다리실 때에 순종치 아니하던 자들이라 방주에서 물로 말미암아 구원을 얻은 자가 몇 명뿐이니 겨우 여덟 명이라.

4) 결과

예수님이 아래 세상을 방문하셨다가 위로 올라가실 때 **낙원**이라 불리는 곳 즉 **하이데스**의 위쪽 구획에 있던 의로운 영들을 데리고 올라 가심으로 **낙원**을 **폐지**시키셨다.

"그가 위로 올라가실 때에 사로잡힌 자를 사로잡고 사람들에게 선물을 주셨다."(엡 4:8)는 말씀에 "사로잡힌 자"란 "사망"을 가리킨 말로 승리하셨다는 뜻이 된다.

5. 악한 자의 마지막 운명

1) 첫째 수용자

불못에 가게 될 자가 첫 번째로 언급된 곳은 **요한 계시록** 19:20의 말씀이다.

"짐승이 잡히고 그 앞에서 이적을 행하던 거짓 선지자도 함께 잡혔으니 이는 짐승의 표를 받고, 그의 우상에게 경배하던 자들을 이적으로 미혹하던 자라, 이 둘이 산채로 유황 불 붙는 못에 던지우고."

이 일은 **천년 왕국**이 시작되기 직전에 있게 된다.

① 짐승

이 짐승은 **예수님 재림** 직전에 있게 될 세계 연합 정부의 우두머리를 가리키는데 **다니엘서** 7:7, 8, 24, 25에 나와 있는 **다니엘**의 이상 중 4째 짐승에게서 나온 "작은 뿔"로서 **데살로니가 후서** 2:8에는 "불법한 자, 악한 자"로 나와 있고 "**적 그리스도**"로 알려져 있다.

(단 7:7,8) 내가 밤 이상 가운데 그 다음에 본 넷째 짐승은 무섭고 놀라우며 또 극히 강하며 또 큰 철 이가 있어서 먹고 부숴뜨리고 그 나머지를 발로 밟았으며 이 짐승은 전의 모든 짐승과 다르고 또 열 뿔이 있으므로, 내가 그 뿔을 유심히 보는 중 다른 작은 뿔이 그 사이에서 나더니 먼저 뿔 중에 셋이 그 앞에 뿌리까지 뽑혔으며 이 작은 뿔에는 사람의 눈 같은 눈이 있고 또 입이 있어 큰 말을 하였느니라.

(단 7:24,5) 그 열 뿔은 이 나라에서 일어날 열 왕이요 그 후에 또 하나가 일어나리니 그는 먼저 있던 자들과 다르고 또 세 왕을 복종시킬 것이며. 그가 장차 말로 지극히 높으신 자를 대적하며 또 지극히 높으신 자의 성도를 괴롭게 할 것이며 그가 또 때와 법을 변개코자 할 것이며 성도는 그의 손에 붙인 바 되어 한 때와 두 때와 반 때를 지내리라.

(살후 2:8) 그 때에 불법한 자가 나타나리니 주 예수께서 그 입의 기운으로 저를 죽이시고 강림하여 나타나심으로 폐하시리라

이 짐승은 **요한 계시록** 13:1-10에 잘 묘사되어 있다.

(계 13:1-10) 내가 보니 바다에서 한 짐승이 나오는데 뿔이 열이요 머리가 일곱이라 그 뿔에는 열 면류관이 있고 그 머리들에는 참람된 이름들이 있더라. 내가 본 짐승은 표범과 비슷하고 그 발은 곰의 발 같고 그 입은 사자의 입 같은데 용이 자기의 능력과 보좌와 큰 권세를 그에게 주었더라. 그의 머리 하나가 상하여 죽게 된 것 같더니 그 죽게 되었던 상처가 나으매 온 땅이 이상히 여겨 짐승을 따르고, 용이 짐승에게 권세를 주므로 용에게 경배하며 짐승에게 경배하여 가로되 누가 이 짐승과 같으뇨 누가 능히 이로 더불어 싸우리요 하더라. 또 짐승이 큰 말과 참람된 말 하는 입을 받고 또 마흔두 달 일할 권세를 받으니라. 짐승이 입을 벌려 하나님을 향하여 훼방하되 그의 이름과 그의 장막 곧 하늘에 거하는 자들을 훼방하더라. 또 권세를 받아 성도들과 싸워 이기게 되고 각 족속과 백성과 방언과 나라를 다스리는 권세를 받으니, 죽임을 당한 어린 양의 생명책에 창세 이후로 녹명되지 못하고 이 땅에 사는 자들은 다 짐승에게 경배하리라. 누구든지 귀가 있거든 들을지어다. 사로잡는 자는 사로잡힐 것이요 칼에 죽이는 자는 자기도 마땅히 칼에 죽으리니 성도

들의 인내와 믿음이 여기 있느니라

② 거짓 선지자

이것은 **요한 계시록** 13:11-18까지 나와 있는 "**짐승**"이다. 이는 세계 연합 종교의 우두머리이다.

(계 13:11-18) 내가 보매 또 다른 짐승이 땅에서 올라오니 새끼 양같이 두 뿔이 있고 용처럼 말하더라. 저가 먼저 나온 짐승의 모든 권세를 그 앞에서 행하고 땅과 땅에 거하는 자들로 처음 짐승에게 경배하게 하니 곧 죽게 되었던 상처가 나은 자니라. 큰 이적을 행하되 심지어 사람들 앞에서 불이 하늘로부터 땅에 내려오게 하고, 짐승 앞에서 받은 바 이적을 행함으로 땅에 거하는 자들을 미혹하며 땅에 거하는 자들에게 이르기를 칼에 상하였다가 살아난 짐승을 위하여 우상을 만들라 하더라. 저가 권세를 받아 그 짐승의 우상에게 생기를 주어 그 짐승의 우상으로 말하게 하고 또 짐승의 우상에게 경배하지 아니하는 자는 몇이든지 다 죽이게 하더라. 저가 모든 자 곧 작은 자나 큰 자나 부자나 빈궁한 자나 자유한 자나 종들로 그 오른손에나 이마에 표를 받게 하고, 누구든지 이 표를 가진 자 외에는 매매를 못하게 하니 이 표는 곧 짐승의 이름이나 그 이름의 수라. 지혜가 여기 있으니 총명 있는 자는 그 짐승의 수를 세어 보라 그 수는 사람의 수니 육백육십육이니라

예수님 재림 시 **적 그리스도**의 동역자 및 동맹자들이 있게 될 것이다.

천년 왕국 기간에 오직 짐승과 거짓 선지자, 이 둘이 **불못**에 있게 되리라고 **성경**은 말하고 있다.

나머지 죽은 악한 자들은 **천년** 동안 **하이데스**에 남아 있고 **마귀**는 **무저갱**에 묶여 있으며 그의 타락한 **천사**들도 함께 있을 것이다.

2) 다음 수용자

마귀가 다음으로 **불못**에 들어가게 된다(계 20:7-10).

(계 20:7-10) 천 년이 차매 사단이 그 옥에서 놓여, 나와서 땅의 사방 백성 곧 곡과 마곡을 미혹하고 모아 싸움을 붙이니 그 수가 바다 모래 같으리라. 저희가 지면에 널리 퍼져 성도들의 진과 사랑하시는 성을 두르매 하늘에서 불이 내려와 저희를 소멸하고, 또 저희를 미혹하는 마귀가 불과 유황 못에 던지우니 거기는 그 짐승과 거짓 선지자도 있어 세세토록 밤낮 괴로움을 받으리라.

천년 왕국 끝에 놓임을 받아 나라들을 속인 후에 **요한 계시록** 20:10에 나와 있는 대로 **불못**에 들어가게 된다.

(계 20:10) 또 저희를 미혹하는 마귀가 불과 유황 못에 던지우니 거기는 그 짐승과 거짓 선지자도 있어 세세토록 밤낮 괴로움을 받으리라

3) 타락한 천사들

베드로 후서 2:4의 말씀과 **유다서** 6절 또 **마태복음** 25:41의 말씀으로 타락한 **천사**들은 심판을 받아 **마귀**가 가게 되는 곳 곧 **불못**으로 가게 된다는 것을 알 수 있다.

(벧후 2:4) 하나님이 범죄한 천사들을 용서치 아니하시고 지옥에 던져 어두운 구덩이에 두어 심판 때까지 지키게 하셨으며

(유 1:6) 또 자기 지위를 지키지 아니하고 자기 처소를 떠난 천사들을 큰 날의 심판까지 영원한 결박으로 흑암에 가두셨으며

(마 25:41) 또 왼편에 있는 자들에게 이르시되 저주를 받은 자들아 나를 떠나 마귀와 그 사자들을 위하여 예비된 영영한 불에 들어가라

4) 악한 자들

세상을 떠난 악한 자들의 심판이 **요한 계시록** 20:12-15에 나와 있다.

(계 20:12-15) 또 내가 보니 죽은 자들이 무론 대소하고 그 보좌 앞에 섰는데 책들이 펴 있고 또 다른 책이 펴졌으니 곧 생명책이라 죽은 자들이 자기 행위를 따라 책들에 기록된 대로 심판을 받으니. 바다가 그 가운데서 죽은 자들을 내어 주고 또 사망과 음부도 그 가운데서 죽은 자들을 내어 주매 각 사람이 자기의 행위대로 심판을 받고. 사망과 음부도 불못에 던지우니 이것은 둘째 사망 곧 불못이라. 누구든지 생명책에 기록되지 못한 자는 불못에 던지우더라

이 말씀을 통해서 알 수 있는 바는 **음부**에서 고통 받던 자들이 나와서 심판을 받게 된다는 것이다.

인류의 시작에서 **천년 왕국**이 끝나기까지 **하이데스**에 가 있는 모든 자들이 "행한대로" 심판을 받게 된다(마 7:21, 16:27).

(마 7:21) 나더러 주여 주여 하는 자마다 천국에 다 들어갈 것이 아니요 다만 하늘에 계신 내 아버지의 뜻대로 행하는 자라야 들어가리라

(마 16:27) 인자가 아버지의 영광으로 그 천사들과 함께 오리니 그 때에 각 사람의 행한 대로 갚으리라

이들은 **그리스도**의 은혜 밖에 있는 자들이요, 그들을 위한 **그리스도**의 **구속**의 역사를 받아들이지 않은 자들이다.

그들의 행위가 기록된 책과 함께 **생명책**이 열리게 되는데, 그것은 그들의 이름이 거기에 없음을 보이기 위함이다.

이 **백보좌** 심판이 있은 후에 죽은 악한 자들은 마지막 처소인 **불못**에 던짐을 받는다.

하이데스(음부)에 있던 악한 자들이 **불못**에 들어간다는 사실을 주목해야 되겠다.

큰 구렁 아래 있던 아래 세상의 모든 것들이 **불못**에 들어가게 된다.

"사망과 음부(**하이데스**)도 **불못**에 던지운다."(계20:14)

(계 20:14) 사망과 음부도 불못에 던지우니 이것은 둘째 사망 곧 불못이라

제16장 미래사

성경을 읽는 분들은 장래의 일을 읽게 됨으로 흥분을 경험하게 된다.

성경만이 **미래**를 밝히고 있다.

앞으로 있게 될 일의 순서를 따라 살펴고자 한다.

배도하는 일이 있고 불법의 사람 곧 **멸망의 아들**이 자기를 **하나님** 이라 한 후에 **주님**께서 **재림**하신다(살후 2:3, 단 7:23-25, 8:23-25).

(살후 2:3) 누가 아무렇게 하여도 너희가 미혹하지 말라 먼저 배도하는 일이 있고 저 불법의 사람 곧 멸망의 아들이 나타나기 전에는 이르지 아니하리니

(단 7:23-25) 모신 자가 이처럼 이르되 넷째 짐승은 곧 땅의 넷째 나라인데 이는 모든 나라보다 달라서 천하를 삼키고 밟아 부숴뜨릴 것이며, 그 열 뿔은 이 나라에서 일어날 열 왕이요 그 후에 또 하나가 일어나리니 그는 먼저 있던 자들과 다르고 또 세 왕을 복종시킬 것이며, 그가 장차 말로 지극히 높으신 자를 대적하며 또 지극히 높으신 자의 성도를 괴롭게 할 것이며 그가 또 때와 법을 변개코자 할 것이며 성도는 그의 손에 붙인 바 되어 한 때와 두 때와 반 때를 지내리라

(단 8:23-25) 이 네 나라 마지막 때에 패역자들이 가득할 즈음에 한 왕이 일어나리니 그 얼굴은 엄장하며 궤휼에 능하며, 그 권세가 강할 것이나 자기의 힘으로 말미암은 것이 아니며 그가 장차 비상하게 파괴를 행하고 자의로 행하여 형통하며 강한 자들과 거룩한 백성을 멸하리라. 그가 꾀를 베풀어 제 손으로 궤휼을 이루고 마음에 스스로 큰 체하며 또 평화한 때에 많은 무리를 멸

하며 또 스스로 서서 만왕의 왕을 대적할 것이나 그가 사람의 손을 말미암지 않고 깨어지리라

1. 성도들을 위해 그리스도께서 오심

유대땅 **베들레헴**에 동정녀 **마리아**를 통해 나신 **예수 그리스도**는 **죄인**들을 위해서 오셨으나, 이제 다시 오실 때에는 구원받은 **성도**들을 위해 오시게 된다.

데살로니가 전서 4:13-18에 보면 **그리스도**께서 성도들을 위해 다시 오실 때에 **그리스도** 안에서 죽은 자들이 먼저 일어나고, 그 후에 살아남은 **그리스도인**들이 저희와 함께 구름 속으로 끌어 올려 공중에서 **주**를 영접하게 될 것이다. 공중으로 들림 받아 주를 영접하게 되는 것을 **휴거**(Rapture)라 부른다.

(살전 4:13-18) 형제들아 자는 자들에 관하여는 너희가 알지 못함을 우리가 원치 아니하노니 이는 소망 없는 다른 이와 같이 슬퍼하지 않게 하려 함이라. 우리가 예수의 죽었다가 다시 사심을 믿을진대 이와 같이 예수 안에서 자는 자들도 하나님이 저와 함께 데리고 오시리라. 우리가 주의 말씀으로 너희에게 이것을 말하노니 주 강림하실 때까지 우리 살아 남아 있는 자도 자는 자보다 결단코 앞서지 못하리라. 주께서 호령과 천사장의 소리와 하나님의 나팔로 친히 하늘로 좇아 강림하시리니 그리스도 안에서 죽은 자들이 먼저 일어나고, 그 후에 우리 살아 남은 자도 저희와 함께 구름 속으로 끌어올려 공중에서 주를 영접하게 하시리니 그리하여 우리가 항상 주와 함께 있으리라. 그러므로 이 여러 말로 서로 위로하라.

주의 **재림**은 어느 순간에라도 있게 될 것이고(계 22:7), 참으로 구원받은 자가 순식간에 홀연히 다 신령한 몸으로 바뀌어 공중에 들림받아(휴거) **주**를 영접하게 될 것이며(고전 15:23, 51-52) 어린양의 혼인 잔치에 참여하게 된다(계 11:18, 19:7,8).

(계 22:7) 보라 내가 속히 오리니 이 책의 예언의 말씀을 지키는 자가 복이 있으리라 하더라.

(고전 15:23) 그러나 각각 자기 차례대로 되리니 먼저는 첫 열매인 그리스도요 다음에는 그리스도 강림하실 때에 그에게 붙은 자요

(고전 15:51-52) 보라 내가 너희에게 비밀을 말하노니 우리가 다 잠잘 것이 아니요 마지막 나팔에 순식간에 홀연히 다 변화하리니, 나팔 소리가 나매 죽은 자들이 썩지 아니할 것으로 다시 살고 우리도 변화하리라

(계 11:18) 이방들이 분노하매 주의 진노가 임하여 죽은 자를 심판하시며 종 선지자들과 성도들과 또 무론 대소하고 주의 이름을 경외하는 자들에게 상주시며 또 땅을 망하게 하는 자들을 멸망시키실 때로소이다 하더라

(계 19:7,8) 우리가 즐거워하고 크게 기뻐하여 그에게 영광을 돌리세 어린 양의 혼인 기약이 이르렀고 그 아내가 예비하였으니, 그에게 허락하사 빛나고 깨끗한 세마포를 입게 하셨은즉 이 세마포는 성도들의 옳은 행실이로다 하더라

2. 대 환난

성도들의 **휴거**가 있은 후 이 땅에서는 **대 환난**으로 알려진 7년 간의 고통과 슬픔이 있게 될 것이다(마 24:5-31, 계 6:15-17, 단 9:27).

(마 24:5-31) 많은 사람이 내 이름으로 와서 이르되 나는 그리스도라 하여 많은 사람을 미혹케 하리라. 난리와 난리 소문을 듣겠으나 너희는 삼가 두려워 말라 이런 일이 있어야 하되 끝은 아직 아니니라. 민족이 민족을, 나라가 나라를 대적하여 일어나겠고 처처에 기근과 지진이 있으리니. 이 모든 것이 재난의 시작이니라. 그 때에 사람들이 너희를 환난에 넘겨주겠으며 너희를 죽이리니 너희가 내 이름을 위하여 모든 민족에게 미움을 받으리라. 그 때에 많은 사람이 시험에 빠져 서로 잡아 주고 서로 미워하겠으며, 거짓 선지자가 많이 일어나 많은 사람을 미혹하게 하겠으며, 불법이 성하므로 많은 사람의 사랑이 식어지리라. 그러나 끝까지 견디는 자는 구원을 얻으리라. 이 천국 복음이 모든 민족에게 증거 되기 위하여 온 세상에 전파되리니 그제야 끝이 오리라. 그러므로 너희가 선지자 다니엘의 말한 바 멸망의 가증한 것이 거룩한 곳에 선 것을 보거든 (읽는 자는 깨달을진저). 그 때에 유대에 있는 자들은 산으로 도망할지어다. 지붕 위에 있는 자는 집 안에 있는 물건을 가지러 내려가지 말며, 밭에 있는 자는 겉옷을 가지러 뒤로 돌이키지 말지어다. 그 날에는 아이 밴 자들과 젖먹이는 자들에게 화가 있으리로다. 너희의 도망하는 일이 겨울에나 안식일에 되지 않도록 기도하라. 이는 그 때에 큰 환난이 있겠음이라 창세로부터 지금까지 이런 환난이 없었고 후에도 없으리라. 그 날들을 감하지 아니할 것이면 모든 육체가 구원을 얻지 못할 것이나 그러나 택하신 자들을 위하여 그 날들을 감하시리라. 그 때에 사람이 너희에게 말하되 보라 그리스도가 여기 있다 혹 저기 있다 하여도 믿지 말라. 거짓 그리스도들과 거짓 선지자들이 일어나 큰 표적과 기사를 보이어 할 수만 있으면 택하신 자들도 미혹하게 하리라. 보라 내가 너희에게 미리 말하였노라. 그러면 사람들이 너희에게 말하되 보라 그리스도가 광야에 있다 하여도 나가지 말고 보라 골방에 있다

하여도 믿지 말라. 번개가 동편에서 나서 서편까지 번쩍임같이 인자의 임함도 그러하리라. 주검이 있는 곳에는 독수리들이 모일지니라. 그 날 환난 후에 즉시 해가 어두워지며 달이 빛을 내지 아니하며 별들이 하늘에서 떨어지며 하늘의 권능들이 흔들리리라. 그 때에 인자의 징조가 하늘에서 보이겠고 그 때에 땅의 모든 족속들이 통곡하며 그들이 인자가 구름을 타고 능력과 큰 영광으로 오는 것을 보리라. 저가 큰 나팔 소리와 함께 천사들을 보내리니 저희가 그 택하신 자들을 하늘 이 끝에서 저 끝까지 사방에서 모으리라.

(계 6:15-17) 땅의 임금들과 왕족들과 장군들과 부자들과 강한 자들과 각 종과 자주자가 굴과 산 바위 틈에 숨어. 산과 바위에게 이르되 우리 위에 떨어져 보좌에 앉으신 이의 낯에서와 어린 양의 진노에서 우리를 가리우라. 그들의 진노의 큰 날이 이르렀으니 누가 능히 서리요 하더라.

(단 9:27) 그가 장차 많은 사람으로 더불어 한 이레 동안의 언약을 굳게 정하겠고 그가 그 이레의 절반에 제사와 예물을 금지할 것이며 또 잔포하여 미운 물건이 날개를 의지하여 설 것이며 또 이미 정한 종말까지 진노가 황폐케 하는 자에게 쏟아지리라 하였느니라.

적 그리스도로 알려진 악한 통치자가 일어나 사람들에게 **짐승의 표**를 받게 하고 자기를 경배하도록 요구할 것이다(계 13:1-18).

(계 13:1-18) 내가 보니 바다에서 한 짐승이 나오는데 뿔이 열이요 머리가 일곱이라 그 뿔에는 열 면류관이 있고 그 머리들에는 참람된 이름들이 있더라. 내가 본 짐승은 표범과 비슷하고 그 발은 곰의 발 같고 그 입은 사자의 입 같은데 용이 자기의 능력과 보좌와 큰 권세를 그에게 주었더라. 그의 머리 하나가 상하여 죽게 된 것 같더니 그 죽게 되었던 상처가 나으매 온 땅이 이상

히 여겨 짐승을 따르고, 용이 짐승에게 권세를 주므로 용에게 경배하며 짐승에게 경배하여 가로되 누가 이 짐승과 같으뇨 누가 능히 이로 더불어 싸우리요 하더라. 또 짐승이 큰 말과 참람된 말하는 입을 받고 또 마흔 두 달 일할 권세를 받으니라. 짐승이 입을 벌려 하나님을 향하여 훼방하되 그의 이름과 그의 장막 곧 하늘에 거하는 자들을 훼방하더라. 또 권세를 받아 성도들과 싸워 이기게 되고 각 족속과 백성과 방언과 나라를 다스리는 권세를 받으니, 죽임을 당한 어린 양의 생명책에 창세 이후로 녹명되지 못하고 이 땅에 사는 자들은 다 짐승에게 경배하리라. 누구든지 귀가 있거든 들을지어다. 사로잡는 자는 사로잡힐 것이요 칼에 죽이는 자는 자기도 마땅히 칼에 죽으리니 성도들의 인내와 믿음이 여기 있느니라. 내가 보매 또 다른 짐승이 땅에서 올라오니 새끼 양같이 두 뿔이 있고 용처럼 말하더라. 저가 먼저 나온 짐승의 모든 권세를 그 앞에서 행하고 땅과 땅에 거하는 자들로 처음 짐승에게 경배하게 하니 곧 죽게 되었던 상처가 나은 자니라. 큰 이적을 행하되 심지어 사람들 앞에서 불이 하늘로부터 땅에 내려오게 하고, 짐승 앞에서 받은 바 이적을 행함으로 땅에 거하는 자들을 미혹하며 땅에 거하는 자들에게 이르기를 칼에 상하였다가 살아난 짐승을 위하여 우상을 만들라 하더라. 저가 권세를 받아 그 짐승의 우상에게 생기를 주어 그 짐승의 우상으로 말하게 하고 또 짐승의 우상에게 경배하지 아니하는 자는 몇이든지 다 죽이게 하더라. 저가 모든 자 곧 작은 자나 큰 자나 부자나 빈궁한 자나 자유한 자나 종들로 그 오른손에나 이마에 표를 받게 하고, 누구든지 이 표를 가진 자 외에는 매매를 못하게 하니 이 표는 곧 짐승의 이름이나 그 이름의 수라. 지혜가 여기 있으니 총명 있는 자는 그 짐승의 수를 세어 보라 그 수는 사람의 수니 육백육십육이니라 공중 권세 잡은 **사탄**은 7년 환난의 중간에 지상에 내려와 **하나님**을 대항하도록 사람들을 미혹하여 발악을 할 것이다(계 12:7-10, 13-17).

(계 12:7-10) 하늘에 전쟁이 있으니 미가엘과 그의 사자들이 용으로 더불어 싸울새 용과 그의 사자들도 싸우나. 이기지 못하여 다시 하늘에서 저희의 있을 곳을 얻지 못한지라. 큰 용이 내어쫓기니 옛 뱀 곧 마귀라고도 하고 사단이라고도 하는 온 천하를 꾀는 자라 땅으로 내어쫓기니 그의 사자들도 저와 함께 내어쫓기니라. 내가 또 들으니 하늘에 큰 음성이 있어 가로되 이제 우리 하나님의 구원과 능력과 나라와 또 그의 그리스도의 권세가 이루었으니 우리 형제들을 참소하던 자 곧 우리 하나님 앞에서 밤낮 참소하던 자가 쫓겨났고

(계 12:13-17) 용이 자기가 땅으로 내어쫓긴 것을 보고 남자를 낳은 여자를 핍박하는지라. 그 여자가 큰 독수리의 두 날개를 받아 광야 자기 곳으로 날아가 거기서 그 뱀의 낯을 피하여 한 때와 두 때와 반 때를 양육받으매. 여자의 뒤에서 뱀이 그 입으로 물을 강같이 토하여 여자를 물에 떠내려가게 하려 하되. 땅이 여자를 도와 그 입을 벌려 용의 입에서 토한 강물을 삼키니. 용이 여자에게 분노하여 돌아가서 그 여자의 남은 자손 곧 하나님의 계명을 지키며 예수의 증거를 가진 자들로 더불어 싸우려고 바다 모래 위에 섰더라

휴거되지 못한 자들 중 이 기간에 **예수님**의 증거와 **하나님**의 말씀을 인하여 짐승의 표를 받지 않고 순교를 당한 144,000명의 **유대인**들은 **주님**의 지상 **재림**시 **부활**하게 될 것이다(계 20:4-6).

(계 20:4-6) 또 내가 보좌들을 보니 거기 앉은 자들이 있어 심판하는 권세를 받았더라 또 내가 보니 예수의 증거와 하나님의 말씀을 인하여 목 베임을 받

은 자의 영혼들과 또 짐승과 그의 우상에게 경배하지도 아니하고 이마와 손에 그의 표를 받지도 아니한 자들이 살아서 그리스도로 더불어 천 년 동안 왕노릇 하니, (그 나머지 죽은 자들은 그 천 년이 차기까지 살지 못하더라) 이는 첫째 부활이라. 이 첫째 부활에 참여하는 자들은 복이 있고 거룩하도다 둘째 사망이 그들을 다스리는 권세가 없고 도리어 그들이 하나님과 그리스도의 제사장이 되어 천 년 동안 그리스도로 더불어 왕 노릇하리라

3. 통치하기 위해 그리스도께서 오심

말라기 4:1-3과 **요한 계시록** 19:11-16의 말씀을 통해서 알 수 있는 바는 **7년 환난** 끝에 **주 예수 그리스도**께서 크신 능력과 영광으로 성도들과 함께 이 땅에 오셔서 **적 그리스도**를 포함해서 모든 적들을 파멸시키실 것이고, **사탄**을 천년간 **무저갱**에 묶어 두실 것이라는 사실이다.

(말 4:1-3) 만군의 여호와가 이르노라 보라 극렬한 풀무불 같은 날이 이르리니 교만한 자와 악을 행하는 자는 다 초개같을 것이라 그 이르는 날이 그들을 살라 그 뿌리와 가지를 남기지 아니할 것이로되 내 이름을 경외하는 너희에게는 의로운 해가 떠올라서 치료하는 광선을 발하리니 너희가 나가서 외양간에서 나온 송아지같이 뛰리라 또 너희가 악인을 밟을 것이니 그들이 나의 정한 날에 너희 발바닥 밑에 재와 같으리라 만군의 여호와의 말이니라

(계 19:11-16) 또 내가 하늘이 열린 것을 보니 보라 백마와 탄 자가 있으니 그 이름은 충신과 진실이라 그가 공의로 심판하며 싸우더라 그 눈이 불꽃같고 그 머리에 많은 면류관이 있고 또 이름 쓴 것이 하나가 있으니 자기밖에

아는 자가 없고, 또 그가 피 뿌린 옷을 입었는데 그 이름은 하나님의 말씀이라 칭하더라. 하늘에 있는 군대들이 희고 깨끗한 세마포를 입고 백마를 타고 그를 따르더라. 그의 입에서 이한 검이 나오니 그것으로 만국을 치겠고 친히 저희를 철장으로 다스리며 또 친히 하나님 곧 전능하신 이의 맹렬한 진노의 포도주 틀을 밟겠고, 그 옷과 그 다리에 이름 쓴 것이 있으니 만왕의 왕이요 만주의 주라 하였더라.

4. 천년 왕국

예수 그리스도께서는 오셔서 모든 나라들을 심판하실 것(마 25:31-34)이고, **이스라엘**을 회복시키시며(렘 23:6-8) 이 땅 위에 그의 나라를 세우시고, 천년 동안 **공평**과 **의**로 통치하실 것이다(계 20:6).

(마 25:31-34) 인자가 자기 영광으로 모든 천사와 함께 올 때에 자기 영광의 보좌에 앉으리니, 모든 민족을 그 앞에 모으고 각각 분별하기를 목자가 양과 염소를 분별하는 것같이 하여, 양은 그 오른편에, 염소는 왼편에 두리라. 그 때에 임금이 그 오른편에 있는 자들에게 이르시되 내 아버지께 복받을 자들이여 나아와 창세로부터 너희를 위하여 예비된 나라를 상속하라

(렘 23:6-8) 그의 날에 유다는 구원을 얻겠고 이스라엘은 평안히 거할 것이며 그 이름은 여호와 우리의 의라 일컬음을 받으리라. 그러므로 나 여호와가 말하노라 보라 날이 이르리니 그들이 다시는 이스라엘 자손을 애굽 땅에서 인도하여 내신 여호와의 사심으로 맹세하지 아니하고, 이스라엘 집 자손을 북방 땅, 그 모든 쫓겨났던 나라에서 인도하여 내신 여호와의 사심으로 맹세할 것이며 그들이 자기 땅에 거하리라 하시니라

(계 20:6) 이 첫째 부활에 참여하는 자들은 복이 있고 거룩하도다 둘째 사망이 그들을 다스리는 권세가 없고 도리어 그들이 하나님과 그리스도의 제사장이 되어 천 년 동안 그리스도로 더불어 왕 노릇 하리라

이 기간이 **천년 왕국**으로 알려져 있다.

참된 평화와 행복의 시대가 될 것이다.

자연은 완전히 달라지는데, **사자**가 **어린 양**과 함께 눕게 될 것이고, 사막에는 장미꽃이 피게 될 것이며, 전쟁이 없게 될 것이다.

다음의 성구들이 위의 사실을 말해 준다.

이사야서 11:1-16, 12:1-6, 27:12, 13, 32:1, 35:1-7, 40:27-31, 65:17-25, **예레미야서** 23:3-6, 31:1-40, **스가랴서** 12:10-14, 14:16.

(사 11:1-16) 이새의 줄기에서 한 싹이 나며 그 뿌리에서 한 가지가 나서 결실할 것이요 여호와의 신 곧 지혜와 총명의 신이요 모략과 재능의 신이요 지식과 여호와를 경외하는 신이 그 위에 강림하시리니 그가 여호와를 경외함으로 즐거움을 삼을 것이며 그 눈에 보이는 대로 심판치 아니하며 귀에 들리는 대로 판단치 아니하며 공의로 빈핍한 자를 심판하며 정직으로 세상의 겸손한 자를 판단할 것이며 그 입의 막대기로 세상을 치며 입술의 기운으로 악인을 죽일 것이며 공의로 그 허리띠를 삼으며 성실로 몸의 띠를 삼으리라 그 때에 이리가 어린 양과 함께 거하며 표범이 어린 염소와 함께 누우며 송아지와 어린 사자와 살진 짐승이 함께 있어 어린아이에게 끌리며 암소와 곰이 함께 먹으며 그것들의 새끼가 함께 엎드리며 사자가 소처럼 풀을 먹을 것이며 젖 먹는 아이가 독사의 구멍에서 장난하며 젖 뗀 어린아이가 독사의 굴에 손을 넣을 것이라 나의 거룩한 산 모든 곳에서 해됨도 없고 상함도 없을 것이니 이는

물이 바다를 덮음같이 여호와를 아는 지식이 세상에 충만할 것임이니라. 그 날에 이새의 뿌리에서 한 싹이 나서 만민의 기호로 설 것이요 열방이 그에게로 돌아오리니 그 거한 곳이 영화로우리라. 그 날에 주께서 다시 손을 펴사 그 남은 백성을 앗수르와 애굽과 바드로스와 구스와 엘람과 시날과 하맛과 바다 섬들에서 돌아오게 하실 것이라. 여호와께서 열방을 향하여 기호를 세우시고 이스라엘의 쫓긴 자를 모으시며 땅 사방에서 유다의 이산한 자를 모으시리니. 에브라임의 투기는 없어지고 유다를 괴롭게 하던 자는 끊어지며 에브라임은 유다를 투기하지 아니하며 유다는 에브라임을 괴롭게 하지 아니할 것이요. 그들이 서로 블레셋 사람의 어깨에 날아 앉고 함께 동방 백성을 노략하며 에돔과 모압에 손을 대며 암몬 자손을 자기에게 복종시키리라. 여호와께서 애굽 해고를 말리우시고 손을 유브라데 하수 위에 흔들어 뜨거운 바람을 일으켜서 그 하수를 쳐서 일곱 갈래로 나눠 신 신고 건너가게 하실 것이라. 그의 남아 있는 백성을 위하여 앗수르에서부터 돌아오는 대로가 있게 하시되 이스라엘이 애굽 땅에서 나오던 날과 같게 하시리라

(사 12:1-6) 그 날에 네가 말하기를 여호와여 주께서 전에는 내게 노하셨사오나 이제는 그 노가 쉬었고 또 나를 안위하시오니 내가 주께 감사하겠나이다 할 것이니라. 보라 하나님은 나의 구원이시라 내가 의뢰하고 두려움이 없으리니 주 여호와는 나의 힘이시며 나의 노래시며 나의 구원이심이라. 그러므로 너희가 기쁨으로 구원의 우물들에서 물을 길으리로다. 그 날에 너희가 또 말하기를 여호와께 감사하라 그 이름을 부르며 그 행하심을 만국 중에 선포하며 그 이름이 높다 하라. 여호와를 찬송할 것은 극히 아름다운 일을 하셨음이니 온 세계에 알게 할지어다. 시온의 거민아 소리를 높여 부르라 이스라엘의 거룩하신 자가 너희 중에서 크심이니라 할 것이니라

(사 27:12,13) 너희 이스라엘 자손들아 그 날에 여호와께서 창일하는 하수에서부터 애굽 시내에까지 과실을 떠는 것같이 너희를 일일이 모으시리라. 그 날에 큰 나팔을 울려 불리니 앗수르 땅에서 파멸케 된 자와 애굽 땅으로 쫓겨난 자가 돌아와서 예루살렘 성산에서 여호와께 경배하리라

(사 32:1) 보라 장차 한 왕이 의로 통치할 것이요 방백들이 공평으로 정사할 것이며

(사 35:1-7) 광야와 메마른 땅이 기뻐하며 사막이 백합화같이 피어 즐거워하며. 무성하게 피어 기쁜 노래로 즐거워하며 레바논의 영광과 갈멜과 사론의 아름다움을 얻을 것이라 그것들이 여호와의 영광 곧 우리 하나님의 아름다움을 보리로다. 너희는 약한 손을 강하게 하여 주며 떨리는 무릎을 굳게 하여 주며, 겁내는 자에게 이르기를 너는 굳세게 하라, 두려워 말라, 보라 너희 하나님이 오사 보수하시며 보복하여 주실 것이라 그가 오사 너희를 구하시리라 하라. 그 때에 소경의 눈이 밝을 것이며 귀머거리의 귀가 열릴 것이며, 그 때에 저는 자는 사슴같이 뛸 것이며 벙어리의 혀는 노래하리니 이는 광야에서 물이 솟겠고 사막에서 시내가 흐를 것임이라. 뜨거운 사막이 변하여 못이 될 것이며 메마른 땅이 변하여 원천이 될 것이며 시랑의 눕던 곳에 풀과 갈대와 부들이 날 것이며

(사 40:27-31) 야곱아 네가 어찌하여 말하며 이스라엘아 네가 어찌하여 이르기를 내 사정은 여호와께 숨겨졌으며 원통한 것은 내 하나님에게서 수리하심을 받지 못한다 하느냐. 너는 알지 못하였느냐 듣지 못하였느냐 영원하신 하나님 여호와, 땅 끝까지 창조하신 자는 피곤치 아니하시며 곤비치 아니하시며 명철이 한이 없으시며. 피곤한 자에게는 능력을 주시며 무능한 자에게는 힘을 더하시나니, 소년이라도 피곤하며 곤비하며 장정이라도 넘어지며 자빠지

되, 오직 여호와를 앙망하는 자는 새 힘을 얻으리니 독수리의 날개 치며 올라 감 같을 것이요 달음박질하여도 곤비치 아니하겠고 걸어가도 피곤치 아니하리로다

(사 65:17-25) 보라 내가 새 하늘과 새 땅을 창조하나니 이전 것은 기억되거나 마음에 생각나지 아니할 것이라. 너희는 나의 창조하는 것을 인하여 영원히 기뻐하며 즐거워할지니라 보라 내가 예루살렘으로 즐거움을 창조하며 그 백성으로 기쁨을 삼고, 내가 예루살렘을 즐거워하며 나의 백성을 기뻐하리니 우는 소리와 부르짖는 소리가 그 가운데서 다시는 들리지 아니할 것이며, 거기는 날 수가 많지 못하여 죽는 유아와 수한이 차지 못한 노인이 다시는 없을 것이라 곧 백 세에 죽는 자가 아이겠고 백 세에 못되어 죽는 자는 저주받은 것이리라. 그들이 가옥을 건축하고 그것에 거하겠고 포도원을 재배하고 열매를 먹을 것이며, 그들의 건축한 데 타인이 거하지 아니할 것이며 그들의 재배한 것을 타인이 먹지 아니하리니 이는 내 백성의 수한이 나무의 수한과 같겠고 나의 택한 자가 그 손으로 일한 것을 길이 누릴 것임이며, 그들의 수고가 헛되지 않겠고 그들의 생산한 것이 재난에 걸리지 아니하리니 그들은 여호와의 복된 자의 자손이요 그 소생도 그들과 함께 될 것임이라. 그들이 부르기 전에 내가 응답하겠고 그들이 말을 마치기 전에 내가 들을 것이며, 이리와 어린 양이 함께 먹을 것이며 사자가 소처럼 짚을 먹을 것이며 뱀은 흙으로 식물을 삼을 것이니 나의 성산에서는 해함도 없겠고 상함도 없으리라 여호와의 말이니라

(렘 23:3-6) 내가 내 양 무리의 남은 자를 그 몰려갔던 모든 지방에서 모아내어 다시 그 우리로 돌아오게 하리니 그들의 생육이 번성할 것이며, 내가 그들을 기르는 목자들을 그들 위에 세우리니 그들이 다시는 두려워하거나 놀라거

나 축이 나지 아니하리라 여호와의 말이니라. 나 여호와가 말하노라 보라 때가 이르리니 내가 다윗에게 한 의로운 가지를 일으킬 것이라 그가 왕이 되어 지혜롭게 행사하며 세상에서 공평과 정의를 행할 것이며. 그의 날에 유다는 구원을 얻겠고 이스라엘은 평안히 거할 것이며 그 이름은 여호와 우리의 의라 일컬음을 받으리라

(렘 31:1-40) 나 여호와가 말하노라 그 때에 내가 이스라엘 모든 가족의 하나님이 되고 그들은 내 백성이 되리라. 나 여호와가 이같이 말하노라 칼에서 벗어난 백성이 광야에서 은혜를 얻었나니 곧 내가 이스라엘로 안식을 얻게 하러 갈 때에라. 나 여호와가 옛적에 이스라엘에게 나타나 이르기를 내가 무궁한 사랑으로 너를 사랑하는 고로 인자함으로 너를 인도하였다 하였노라. 처녀 이스라엘아 내가 다시 너를 세우리니 네가 세움을 입을 것이요 네가 다시 소고로 너를 장식하고 즐거운 무리처럼 춤추며 나올 것이며. 네가 다시 사마리아 산들에 포도원을 심되 심는 자가 심고 그 과실을 먹으리라. 에브라임 산 위에서 파수꾼이 외치는 날이 이를 것이라 이르기를 너희는 일어나라 우리가 시온에 올라가서 우리 하나님 여호와께로 나아가자 하리라. 나 여호와가 이같이 말하노라 너희는 야곱을 위하여 기뻐 노래하며 만국의 머리 된 자를 위하여 외쳐 전파하며 찬양하며 이르기를 여호와여 주의 백성 이스라엘의 남은 자를 구원하소서 하라. 보라 내가 그들을 북편 땅에서 인도하며 땅 끝에서부터 모으리니 그들 중에는 소경과 절뚝발이와 잉태한 여인과 해산하는 여인이 함께 하여 큰 무리를 이루어 이 곳으로 돌아오되. 울며 올 것이며 그들이 나의 인도함을 입고 간구할 때에 내가 그들로 넘어지지 아니하고 하숫가의 바른 길로 행하게 하리라 나는 이스라엘의 아비요 에브라임은 나의 장자니라. 열방이여 너희는 나 여호와의 말을 듣고 먼 섬에 전파하여 이르기를 이스라엘

을 흩으신 자가 그를 모으시고 목자가 그 양 무리에게 행함같이 그를 지키시리로다. 여호와께서 야곱을 속량하시되 그들보다 강한 자의 손에서 구속하셨으니. 그들이 와서 시온의 높은 곳에서 찬송하며 여호와의 은사 곧 곡식과 새 포도주와 기름과 어린 양의 떼와 소의 떼에 모일 것이라 그 심령은 물댄 동산 같겠고 다시는 근심이 없으리로다 할지어다. 그 때에 처녀는 춤추며 즐거워 하겠고 청년과 노인이 함께 즐거워하리니 내가 그들의 슬픔을 돌이켜 즐겁게 하며 그들을 위로하여 근심한 후에 기쁨을 얻게 할 것임이니라. 내가 기름으로 제사장들의 심령에 흡족케 하며 내 은혜로 내 백성에게 만족케 하리라 여호와의 말이니라. 나 여호와가 이같이 말하노라 라마에서 슬퍼하며 통곡하는 소리가 들리니 라헬이 그 자식을 위하여 애곡하는 것이라 그가 자식이 없으므로 위로 받기를 거절하는도다. 나 여호와가 이같이 말하노라 네 소리를 금하여 울지 말며 네 눈을 금하여 눈물을 흘리지 말라 네 일에 갚음을 받을 것인즉 그들이 그 대적의 땅에서 돌아오리라 여호와의 말이니라. 나 여호와가 말하노라 너의 최후에 소망이 있을 것이라 너의 자녀가 자기들의 경내로 돌아오리라. 에브라임이 스스로 탄식함을 내가 정녕히 들었노니 이르기를 주께서 나를 징벌하시매 멍에에 익숙지 못한 송아지 같은 내가 징벌을 받았나이다 주는 나의 하나님 여호와시니 나를 이끌어 돌이키소서 그리하시면 내가 돌아오겠나이다. 내가 돌이킴을 받은 후에 뉘우쳤고 내가 교훈을 받은 후에 내 볼기를 쳤사오니 이는 어렸을 때의 치욕을 진고로 부끄럽고 욕됨이니이다 하도다. 에브라임은 나의 사랑하는 아들 기뻐하는 자식이 아니냐 내가 그를 책망하여 말할 때마다 깊이 생각하노라 그러므로 그를 위하여 내 마음이 측은한즉 내가 반드시 그를 긍휼히 여기리라 여호와의 말이니라. 처녀 이스라엘아 너를 위하여 길표를 세우며 너를 위하여 표목을 만들고 대로 곧 네가 전에 가던 길에 착념하라 돌아오라 네 성읍들로 돌아오라. 패역한 딸아 네가 어느 때까지 방황하겠느냐 여호와가 새 일을 세상에 창조하였나니 곧 여자가 남자를 안으리라. 나 만군의 여호와 이스라엘의 하나님이 이같이 말하노라 내가 그 사로잡힌 자를 돌아오게 할 때에 그들이 유다 땅과 그 성읍들에서 다시 이 말을 쓰리니 곧 의로운 처소여, 거룩한 산이여, 여호와께서 네게 복 주시기를 원하노라 할 것이며, 유다와 그 모든 성읍의 농부와 양 떼를 인도하는 자가 거기 함께 거하리니. 이는 내가 그 피곤한 심령을 만족케 하며 무릇 슬픈 심령을 상쾌케 하였음이니라 하시기로, 내가 깨어 보니 내 잠이 달았더라. 여호와께서 가라사대 보라 내가 사람의 씨와 짐승의 씨를 이스라엘 집과 유다 집에 뿌릴 날이 이르리니. 내가 경성하여 그들을 뽑으며 훼파하며 전복하며 멸하며 곤란케 하던 것같이 경성하여 그들을 세우며 심으리라 여호와의 말이니라. 그 때에 그들이 다시는 이르기를 아비가 신 포도를 먹었으므로 아들들의 이가 시다 하지 아니하겠고, 신 포도를 먹는 자마다 그 이가 심같이 각기 자기 죄악으로만 죽으리라. 나 여호와가 말하노라 보라 날이 이르리니 내가 이스라엘 집과 유다 집에 새 언약을 세우리라. 나 여호와가 말하노라 이 언약은 내가 그들의 열조의 손을 잡고 애굽 땅에서 인도하여 내던 날에 세운 것과 같지 아니할 것은 내가 그들의 남편이 되었어도 그들이 내 언약을 파하였음이니라. 나 여호와가 말하노라 그러나 그 날 후에 내가 이스라엘 집에 세울 언약은 이러하니 곧 내가 나의 법을 그들의 속에 두며 그 마음에 기록하여 나는 그들의 하나님이 되고 그들은 내 백성이 될 것이라. 그들이 다시는 각기 이웃과 형제를 가리켜 이르기를 너는 여호와를 알라 하지 아니하리니 이는 작은 자로부터 큰 자까지 다 나를 앎이니라 내가 그들의 죄악을 사하고 다시는 그 죄를 기억지 아니하리라 여호와의 말이니라. 나 여호와는 해를 낮의 빛으로 주었고 달과 별들을 밤의 빛으로 규정하였고 바다를 격동시켜 그 파도로 소리치게 하나니 내 이름은 만군의 여호와니라 내가 말하노라. 이 규정이 내 앞에서 폐할진대 이스라엘 자손도 내 앞에서 폐함을 입어 영영히 나라가 되지 못하리라. 나 여호와가 이같이 말하노라 위로 하늘을 측량할 수 있으며 아래로 땅의 기초를 탐지할 수 있다면 내가 이스라엘 자손의 행한 모든 일을 인하여 그들을 다 버리리라 여호와의 말이니라. 나 여호와가 말하노라 보라. 날이 이르리니 이 성을 하나넬 망대에서부터 모퉁이 문까지 여호와를 위하여 건축할 것이라. 측량줄이 곧게 가렙 산에 이르고 고아 방면으로 돌아. 시체와 재의 골짜기와 기드론 시내에 이르는 데까지와 동편 말 문 모퉁이에 이르기까지의 모든 밭에 이르리니 다 여호와의 성지가 되고 영영히 다시는 뽑히거나 전복되지 아니하리라

(슥 12:10-14) 내가 다윗의 집과 예루살렘 거민에게 은총과 간구하는 심령을 부어 주리니 그들이 그 찌른 바 그를 바라보고 그를 위하여 애통하기를 독자를 위하여 애통하듯 하며 그를 위하여 통곡하기를 장자를 위하여 통곡하듯 하리로다. 그 날에 예루살렘에 큰 애통이 있으리니 므깃도 골짜기 하다드림몬에 있던 애통과 같을 것이라. 온 땅 각 족속이 따로 애통하되 다윗의 족속이 따로 하고 그 아내들이 따로 하며 나단의 족속이 따로 하고 그 아내들이 따로 하며. 레위의 족속이 따로 하고 그 아내들이 따로 하며 시므이의 족속이 따로 하고 그 아내들이 따로 하며. 모든 남은 족속도 각기 따로 하고 그 아내들이 따로 하리라.

(슥 14:16) 예루살렘을 치러 왔던 열국 중에 남은 자가 해마다 올라와서 그 왕 만군의 여호와께 숭배하며 초막절을 지킬 것이라

5. 백 보좌 심판

그리스도의 **천년** 통치가 끝날 무렵 묶였던 **사탄**이 잠시 놓여 나와
서(계 20:2-3) 땅의 사방 백성을 미혹하여 모아 싸움을 일으키나(계
20:7-8) 하늘에서 **불**이 내려와 저희를 소멸하고(계 20:9), **마귀**는 **불
못**에 던짐을 받고(계 20:10), 죽은 악한 자들이 **부활**(둘째 부활)되어
백보좌 앞에서 대 심판을 받게 된다(계 20:12-13).

(계 20:2-3) 용을 잡으니 곧 옛 뱀이요 마귀요 사단이라 잡아 일천 년 동안
결박하여. 무저갱에 던져 잠그고 그 위에 인봉하여 천 년이 차도록 다시는 만
국을 미혹하지 못하게 하였다가 그 후에는 반드시 잠깐 놓이리라

(계 20:7-10) 천 년이 차매 사단이 그 옥에서 놓여. 나와서 땅의 사방 백성 곧
곡과 마곡을 미혹하고 모아 싸움을 붙이리니 그 수가 바다 모래 같으리라. 저
희가 지면에 널리 퍼져 성도들의 진과 사랑하시는 성을 두르매 하늘에서 불
이 내려와 저희를 소멸하고, 또 저희를 미혹하는 마귀가 불과 유황 못에 던지
우니 거기는 그 짐승과 거짓 선지자도 있어 세세토록 밤낮 괴로움을 받으리
라

(계 20:12-13) 또 내가 보니 죽은 자들이 무론 대소하고 그 보좌 앞에 섰는데
책들이 펴 있고 또 다른 책이 펴졌으니 곧 생명책이라 죽은 자들이 자기 행위
를 따라 책들에 기록된 대로 심판을 받으니. 바다가 그 가운데서 죽은 자들을
내어 주고 또 사망과 음부도 그 가운데서 죽은 자들을 내어 주매 각 사람이
자기의 행위대로 심판을 받고

구원받지 못한 자들이 받게 되는 **심판**이다.

무덤이 불신자들을 내어놓을 것이고, **음부**가 그들을 내어놓게 되는데, 그들이 **그리스도** 앞에서 심판을 받게 된다.

그들의 이름이 **어린양**의 **생명책**에 없는 까닭에 **불못**에 던짐을 받아 의식 중에 영원히 고통의 형벌을 받게 된다(계 20:14,15).

(계 20:14,15) 사망과 음부도 불못에 던지우니 이것은 둘째 사망 곧 불못이라. 누구든지 생명책에 기록되지 못한 자는 불못에 던지우더라

6. 영원

마지막은 영원한 상태가 된다.

우리가 알고 있는 하늘과 땅은 불에 체질이 녹아져 사라질 것이고(벧후 3:12, 13), 우리가 아는 시간은 끝날 것이다.

(벧후 3:12-13) 하나님의 날이 임하기를 바라보고 간절히 사모하라 그 날에 하늘이 불에 타서 풀어지고 체질이 뜨거운 불에 녹아지려니와. 우리는 그의 약속대로 의의 거하는 바 새 하늘과 새 땅을 바라보도다

예수 그리스도를 거절한 모든 자들은 **불못**에서 영원히 고통을 받을 것이고, **구원**받은 **하나님**의 자녀들은 새 하늘과 새 땅, 즉 거룩한 성, **새 예루살렘**에서 영원한 행복을 누리게 될 것이다(계 21:1-8).

(계 21:1-8) 또 내가 새 하늘과 새 땅을 보니 처음 하늘과 처음 땅이 없어졌고 바다도 다시 있지 않더라. 또 내가 보매 거룩한 성 새 예루살렘이 하나님께로부터 하늘에서 내려오니 그 예비한 것이 신부가 남편을 위하여 단장한 것같더라. 내가 들으니 보좌에서 큰 음성이 나서 가로되 보라 하나님의 장막이

사람들과 함께 있으매 하나님이 저희와 함께 거하시리니 저희는 하나님의 백성이 되고 하나님은 친히 저희와 함께 계셔서, 모든 눈물을 그 눈에서 씻기시매 다시 사망이 없고 애통하는 것이나 곡하는 것이나 아픈 것이 다시 있지 아니하리니 처음 것들이 다 지나갔음이러라. 보좌에 앉으신 이가 가라사대 보라 내가 만물을 새롭게 하노라 하시고 또 가라사대 이 말은 신실하고 참되니 기록하라 하시고, 또 내게 말씀하시되 이루었도다 나는 알파와 오메가요 처음과 나중이라 내가 생명수 샘물로 목마른 자에게 값없이 주리니. 이기는 자는 이것들을 유업으로 얻으리라 나는 저의 하나님이 되고 그는 내 아들이 되리라. 그러나 두려워하는 자들과 믿지 아니하는 자들과 흉악한 자들과 살인자들과 행음자들과 술객들과 우상 숭배자들과 모든 거짓말하는 자들은 불과 유황으로 타는 못에 참여하리니 이것이 둘째 사망이라 하나님의 말씀을 공부하며 우리 모두가 직면하게 될 질문은 다음과 같다.

나는 어디에서 영원을 보내게 될 것인가?

참 고 문 헌

1. BINNEY'S THEOLOGICAL COMPEND 〈1902〉 AMOS
   BINNEY & DANIEL STEELE.
2. WHAT CHRISTIANS BELIEVE 〈1951〉 MOODY PRESS
3. BIBLE DOCTRINES 〈1970〉 WILLIAM M. SMITH
4. CHRISTIAN THEOLOGY 〈1971〉 H. ORTON WILEY
5. DAKE'S ANNOTATED REFERENCE BIBLE 〈1971〉 DAKE
6. MAJOR BIBLE THEMES 〈1972〉 LEWIS S. SHAFER
7. THE WAY OF HOLINESS 〈1978〉 D.M. YOCUM
8. DAVID BUDENSIEK'S TEACHING NOTE 〈1981〉

그리스도인의 바른 신앙

2023년 10월 25일 초판 1쇄 인쇄
2023년 11월 01일 초판 1쇄 발행

지은이 | 최성균
펴낸이 | 조일구
펴낸곳 | 성결사
등 록 | 종로 라 00070
주 소 | 서울특별시 종로구 인왕산로1가길 11 (03026)
전 화 | 070-7132-0050
팩 스 | 02)725-7079
ISBN | 978-89-94625-898 13230
편집 | 청우